Ruhe sanft,

Koslowski

Joachim H. Peters

Ruhe sanft, Koslowski

Roman

Verlag topp+möller
Detmold 2012

Vorwort
Bereits zum vierten Mal darf ich darauf hinweisen, dass es sich bei diesem Buch um einen Roman handelt, in dem Handlung und Personen frei erfunden sind. Was es aber tatsächlich gibt, ist Pickert, eine lippische Spezialität. Sollten Sie ihn noch nicht probiert haben, so werden Sie durch dieses Buch vielleicht auf den Geschmack kommen. Am besten schmeckt Pickert natürlich hausgemacht.

Dazu empfehlen die Lipper „Lipp'sche" Leberwurst oder Rübenkraut. Er schmeckt zu einer Tasse Kaffee mindestens genauso gut wie zu einem Glas Bier.

Wenn Sie ihn probieren möchten, finden Sie im Nachwort ein Rezept, das auf die Lagenser Mutter von Oma Edith zurückgeht.

Joachim H. Peters   Detmold, im Juni 2012

Bibliografische Information Der Deutschen Bibliothek
Die Deutsche Bibliothek verzeichnet diese Publikation in der Deutschen Nationalbibliografie; detaillierte bibliografische Daten sind im Internet über http://dnb.ddb.de abrufbar.

ISBN: 978-3-936867-40-4

Erste Auflage 2012
© Verlag topp+möller /
Joachim H. Peters 2012

Verlag und Gesamtherstellung: topp+möller, Detmold
Lektorat: Volker Maria Neumann

Für Fritz
Jäger, Freund & Lipper

Gebrauche Deine Kraft, man lebt nur,
wenn man schafft!
  (Inschrift an einem Haus in Detmold-Hiddesen)

Ich bin, ich weiß nicht wer
Ich komme, ich weiß nicht woher
Ich gehe, ich weiß nicht wohin
Mich wundert, dass ich so fröhlich bin
  (Über den Verfasser dieser Zeilen streiten sich die Gelehrten)

Eins

Irgendwo im Nirgendwo - 9 nach Christus

„Wann, beim Jupiter, wird dieser verdammte Regen endlich aufhören?"

Antonius Aurelius versuchte, durch das Blätterdach der riesigen Bäume einen Blick auf den Himmel Germaniens zu werfen. Aufstöhnend lehnte er sich an einen dieser Giganten und streckte vorsichtig sein verletztes Bein. Die Wunde am Oberschenkel schien glücklicherweise nicht tief zu sein, doch sie schmerzte höllisch. Mit Schaudern dachte der verletzte Legionär, der fernab seiner Heimat im Schlamm Germaniens lag, wie ihm der bärtige Barbar seinen Speer in den Oberschenkel gestoßen hatte. Nur den Göttern Roms war es zu verdanken, dass einer seiner Kameraden es beobachtet und dem Germanen mit seinem Schwert den Kopf von den Schultern geschlagen hatte. Doch weiter hatte er sich um seinen verletzten Kameraden nicht kümmern können, da hinter ihm bereits neue Kämpfer scheinbar aus dem Nichts aufgetaucht waren und sich in den Kampf gestürzt hatten. In so einem Gemetzel blieb sich jeder selbst überlassen, musste sehen, wie er das Massaker überlebte.

Antonius war langsam und vorsichtig hinter einen Baum gerutscht und hatte sich dort versteckt. Er wusste, dass es ihm nichts nutzen würde, wenn er sich tot stellte, denn die germanischen Krieger plünderten die Leichen ihrer Feinde aus, hackten ihnen Finger und Hände ab, um an Armreifen und Ringe der Toten zu gelangen. Und wenn sie bemerkten, dass das Opfer noch lebte ...

Antonius drückte eine Hand auf die blutende Wunde und dachte an die zurückliegenden Tage. Auf Befehl des Heerführers Varus war er mit seiner Legion aufgebrochen. Zusammen mit zwei anderen Legionen und einem großen Tross *von Versorgungskräften hatten sie den Befehl zum Abmarsch erhalten. Antonius wusste nicht, warum dieser Befehl ergangen war, aber er war ein zu kleines Licht in dieser riesigen römischen Armee, als dass man es ihm erklärt hätte. Er war Legionär. Wenn man ihm befahl zu marschieren, marschierte er, wenn man ihm befahl zu kämpfen, kämpfte er. Und wenn es den Göttern gefiel, dann lebte er am Ende der Schlacht sogar noch.*

Aus diesem Marsch war ein Kampf geworden. Ein Kampf, den kein Zenturio befehlen musste. Ein Kampf, der immer noch um ihn herum tobte und bei dem es nur noch um das blanke Überleben ging. Bereits lange Zeit waren sie durch die unwirtlichen Wälder Germaniens marschiert. Das Wetter war so schrecklich wie dieses ganze verfluchte Land.
Als riesiger Lindwurm hatte sich der Zug der Soldaten dahingeschleppt. Überall nur Morast, Sümpfe und Feuchtigkeit. Die Kleider wurden nicht mehr trocken und Ungeziefer und Hunger quälten sie.

Ein Pferd, welches auf einer oberschenkeldicken Baumwurzel ausgerutscht war und sich den Vorderlauf gebrochen hatte, musste man töten. Antonius hatte in der Nähe gestanden. Beim Zusehen kam ihm eine Vorahnung. Die, dass es ihm bald ebenso ergehen könnte wie dem geplagten Tier.
Und diese Vorahnung hatte ihn nicht getrogen. Nur ein paar Stunden später hörte er zuerst Kampflärm vor und hinter sich, dann waren die barbarischen Bewohner dieses Landes wie ein Haufen tollwütiger Hunde aus der Deckung des Urwaldes von allen Seiten über sie hergefallen.
Fluchend hatte er sich eingereiht, als der Befehl zur Verteidigung kam. Antonius Aurelius wusste nicht, wer für diesen Angriff verantwortlich war. Immer wieder war von Verrat geredet worden. Erst nur hinter vorgehaltener Hand, später dann immer offener. Dabei war auch immer häufiger

der Name Arminius gefallen. Ein römischer Offizier germanischer Herkunft, der Auxiliartruppen befehligte. Antonius hatte ihn jedoch noch nie gesehen. All das mochte große Politik sein, für ihn zählte im Moment bloß noch das reine Überleben.

Er richtete sich vorsichtig am Stamm des Baumriesen auf und kroch weiter zurück in Deckung, als er Pferdehufe auf den Boden trommeln hörte. Eine Gruppe von vielleicht dreißig Reitern galoppierte an ihm vorbei, ohne ihn zu bemerken. Antonius sah sich um. Überall lagen Leichen, teilweise grausam entstellt, andere wieder so, als würden sie friedlich schlafen.

Was hätte er darum gegeben, nur wenige Stunden ohne Angst um sein Leben schlafen zu können. Atemlos blieb er liegen, das Hufgetrappel verklang im Wald. Von den dreißig Kilogramm seiner Ausrüstung waren ihm bloß sein Schwert und sein Brustpanzer geblieben. Eine Sandale hatte er ebenso verloren wie seinen Beutel. Und damit auch seinen gesamten Proviant. Antonius griff nach einer abgebrochenen und blutbefleckten Lanze, die neben ihm auf dem Boden lag.

Darauf gestützt humpelte er weiter in den Wald. Er musste versuchen, sich alleine durchzuschlagen. Vielleicht hatte er Glück und traf auf andere Truppenteile. Diese verdammten Germanen konnten doch nicht drei Legionen aufgerieben haben. Das war bei der militärischen Überlegenheit des römischen Heeres doch vollkommen unmöglich. Vorsichtig sah er sich um, dann verschwand er im Dickicht des Waldes. Wohin er sich wandte, war vollkommen gleichgültig, denn er musste sich eingestehen, dass er die Orientierung bereits hoffnungslos verloren hatte.

Der Morgen graute, als Antonius vom schrillen Schrei eines Greifvogels aufgeschreckt wurde. Er wusste nicht, wie weit er in dieser Nacht gehumpelt war. Immer wieder hatte er Schreie gehört, hatte in der Dunkelheit Flammen auflodern gesehen, sich aber nicht getraut, sich den Feuern zu nähern. Wer konnte wissen, wen er dort angetroffen hätte?

Und an einen Kampf war in seinem Zustand nicht zu denken. Also hatte er sich versteckt, an einer Quelle seinen Durst gestillt und sich dann weitergeschleppt.

Langsam wurde es heller, und Nebelschwaden zogen über den feuchten Waldboden. Seine Wunde hatte sich nicht wieder geöffnet, doch der Verband, den er aus einem Stück Stoff hergestellt hatte, war nass von seinem Blut. Er war todmüde, ihm war kalt, und seine Kraft ließ immer mehr nach. Wie glücklich war er, als er ein paar Beeren fand, die er sich gierig in den Mund stopfte.

Sein Weg hatte ihn immer tiefer in den Wald geführt, weg vom Schlachtfeld und den Wegen. Später war er auf eine Spur gestoßen, die darauf hindeutete, dass er den Weg seiner Kameraden wiedergefunden hatte. Der Boden war von vielen Füßen und Pferdehufen zertrampelt. Das Gelände vor ihm stieg langsam an. Der Weg machte eine Biegung – und dann sah er, wer die breite Spur gezogen hatte.

Vor ihm lagen die Leichen von Menschen und Pferden. Ein Fuhrwerk war umgestürzt, die Pferde hingen tot im Geschirr. Antonius stiegen die Tränen in die Augen. Vor ihm lagen Legionäre der Prätorianergarde, die für den persönlichen Schutz des Varus zuständig war. Wenn schon diese Elitetruppe das Gemetzel nicht überlebt hatte, was war dann mit Varus? Wie betäubt, auf den angebrochenen Speer gestützt, humpelte er weiter.

Der Boden war vom Regen aufgeweicht, Eingeweide und Blut machten ihn noch schlüpfriger. Der Geruch von Tod und

Verwesung lag in der Luft. Antonius schleppte sich weiter bergan. Eine fürchterliche Ahnung begleitete ihn. Bereits hinter der nächsten Wegbiegung bewahrheitete sie sich. Auf einer Art Plateau hatte es einen weiteren Kampf gegeben. Dort lagen andere Soldaten als seine Kameraden aus der Zenturie.

Als er auf sie zuging, immer bedacht, nicht auf eine der Leichen zu treten, sah er aber zu seiner Verwunderung, dass es sich um Offiziere handelte. Männer, die er persönlich nie zu Gesicht bekommen hatte.

Schlagartig wurde ihm bewusst, dass er sich geirrt hatte. Auf dieser Lichtung hatte kein Kampf stattgefunden. Er sah sich genauer um. Die Lage der Leichen und ihre Verletzungen ließen nur einen Schluss zu: Diese Männer hatten sich selbst gerichtet. Antonius ließ sich auf einen Stein nieder, zu schwer setzte ihm die Erkenntnis zu, was dies bedeutete.

Kleider und Waffen bewiesen, dass es sich um hohe Offiziere handelte. Sie hatten sich in ihre Schwerter gestürzt. Ihr Selbstmord bewies, dass die Schlacht verloren war. Mit einem Schlag erkannte Antonius, was das für ihn hieß. Auch er war verloren!

Allein in diesem barbarischen Land, umgeben von Feinden, die ihn ohne zu fragen erschlagen würden. Nur weil er ein Römer war. Einer dieser verhassten Besatzer. Tränen schossen Antonius in die Augen. Einen Moment lang ging ihm der Gedanke durch den Kopf, es wäre am besten, wenn er es seinen Vorgesetzten gleich tun und ihnen zu den Göttern folgen würde.

In diesem Moment trug ihm der Wind erneute Kampfgeräusche zu. Antonius lauschte in den Wald. Schwerter klirrten aufeinander, Männer brüllten, Pferde wieherten. Wieder überkam ihn Panik. Hektisch zog er sich bis zum Rande der Lichtung zurück. An einer Seite hatte man einen großen Holzstoß aufgeschichtet. Während Antonius sich ins Dickicht schlug, erkannte er, was geschehen war. Die hohen Herren hatten sich selbst getötet, um so die Verantwortung für die verlorene Schlacht auf sich zu nehmen. Die Leibgarde hatte daraufhin beschlossen, ihre Leichen an Ort und Stelle rituell zu verbrennen. Dabei waren sie vermutlich gestört worden und hatten einen erneuten Angriff der Germanen abwehren müssen. Der Kampflärm sprach eine deutliche Sprache.

Antonius ließ den Blick über die Lichtung schweifen. Er war allein. Allein mit den Leichen der Männer, die ihn in diese Situation gebracht hatten. Er richtete sich auf und blickte zu einer Leiche hinüber, die in besonders kostbare Gewänder gehüllt war. Vom Aussehen dieser Leiche angezogen humpelte Antonius vorsichtig zurück auf die Lichtung. In ihrem Körper steckte ein kunstvoll verziertes Kurzschwert, die Hände seines ehemaligen Besitzers hielten den Griff aus Elfenbein noch krampfhaft umklammert. Antonius näherte sich vorsichtig, seine Sinne waren zum Teil bei dem Kampflärm. Sollte dieser verstummen oder näher kommen, würde er sich sicherheitshalber erst einmal wieder verstecken müssen. Wer konnte wissen, wer Sieger dieses Kampfes blieb?

Antonius erreichte die Leiche und sah auf sie hinunter. Er musste den Kopf drehen, damit er dem Toten besser ins Gesicht sehen konnte. Dessen Gesichtsausdruck verriet sogar im Tode noch tiefe Enttäuschung. Plötzlich schreckte er zurück. Der Mann, der hier vor ihm lag, war niemand anderer als Publius Quinctilius Varus, Senator und Statthalter in Germanien, der den Feldzug gegen die Germanen geleitet hatte.

Nur einmal hatte Antonius ihn leibhaftig gesehen, als er an der Spitze seiner Offiziere die Front der angetretenen Legionen abgeritten hatte.

Nun lag der große Feldherr tot vor ihm.

Anscheinend hatte er mehr Mut zum Sterben als zum Kämpfen bewiesen. Antonius wurde übel, als er daran dachte, dass dieser Mann Schuld am Tod seiner Kameraden und an seiner eigenen Lage war. Nur der Drill der römischen Legion und die Achtung vor den Toten verhinderte, dass Antonius auf die Leiche spuckte. Fassungslos blickte er darauf hinab und nahm am Rande wahr, dass der Lärm des Kampfes sich wieder zurück in Richtung Lichtung verlagerte. Es wurde brenzlig, und er riss sich von seinen Gedanken los. Nur weg!

Niemanden mehr sehen und vor allem nicht mehr kämpfen müssen.

Ein letzter Blick fiel auf Varus' Leiche, und Antonius hätte hinterher nicht mehr sagen können, warum er so gehandelt hatte. Bevor er sich abwandte, griff er nach dem wertvollen Schwert des Varus und löste dessen eiskalte Finger mit einiger Mühe vom Griff. Er zog die Klinge aus der Leiche und wischte das Blut notdürftig an ihrer Kleidung ab, dann steckte er das Schwert in seinen Gürtel und humpelte zurück in Richtung des schützenden Waldrandes.

Aufziehender Nebel und das dichte Unterholz verschluckten den verletzten Legionär, der nur noch eines wollte: Überleben!

Zwei

Detmold - heute

Nach der polizeilichen Kriminalstatistik war Lippe ein äußerst sicheres Pflaster, aber auch hier gab es Kriminelle und Kriminalbeamte. Ein Vertreter der zweiten Spezies saß in seinem Büro an der Bielefelder Straße und mühte sich damit ab, aus einem Programm der Polizei Luftbilder auszudrucken. Er konnte zwar nicht erkennen, welchen Nutzen sie bei der Aufklärung eines Fahrraddiebstahls haben könnten, aber wenn es so gewünscht war ... Vermutlich dachte man daran, diese Art der Kriminalität demnächst aus der Luft zu bekämpfen.

Fluchend stellte Walfried Eugelink fest, dass der Computer soeben wieder abgestürzt war. Entnervt schaltete er ihn aus und beschloss für heute Schluss zu machen. Warum diese Kiste immer wieder mal selbstständig die Arbeit einstellte, verstand Eugelink nicht. Fast vermutete er, dass die Rechner heimlich eine eigene Gewerkschaft gegründet hatten und – im Gegensatz zu ihm – streiken durften.

Heute war nicht sein Tag, resümierte der Kriminalbeamte aus Detmold und lehnte sich in seinem Bürostuhl zurück. Er reckte sich und gähnte. Wie viele Jahre machte er diesen Job nun eigentlich schon? Mit leichtem Schrecken wurde ihm beim Nachrechnen bewusst, dass es nun schon über fünfunddreißig Jahre waren.

Fünfunddreißig Jahre, mal langweilig, weil voller Routine und alltäglichem Trott. Dann wieder aufregend und lebensgefährlich, wie er es vor nicht allzu langer Zeit selbst hatte erleben müssen. Er schüttelte sich, als er an die Narbe auf seinem Kopf fasste. Fast wäre er das Opfer seines Berufes geworden und sein Name hätte nicht mehr an der Tür des stellvertretenden Kommissariatsleiters gestanden, sondern auf einer Gedenktafel im Flur des Dienstgebäudes. Nur äußerst ungern erinnerte er sich an die Situation, die ihn fast das Leben gekostet hätte.

Walfried Eugelink beugte sich vor und klappte die vor ihm liegende Akte zu. Feierabend. Das hier konnte auch bis morgen warten, und vielleicht war das gestohlene Fahrrad bis dahin sowieso schon wieder aufgetaucht.

Er angelte seine Jacke von der Stuhllehne und sah sich an der Tür noch einmal um. Gerade als er das Licht löschen wollte, schellte sein Telefon. Eugelink ließ die Hand sinken, fluchte leise und ging zurück zum Schreibtisch. Mürrisch hob er den Hörer ab und meldete sich. Der Anruf kam aus dem Hause, genauer gesagt aus der Etage über ihm, aus der Leitstelle.

„Horst Schlömer hier. Hallo Walfried, gut, dass ich dich noch erwische. Tut mir leid, aber du musst dringend noch mal raus."

Eugelink seufzte hörbar. Ade, du schöner Feierabend. „Was gibt es denn so Dringendes?", wollte er von seinem Kollegen wissen.

Dieser raschelte an seinem Arbeitsplatz mit einigen Papieren, im Hintergrund konnte Eugelink Fetzen des Funkverkehrs hören.

„Die Besatzung von Hermann 11/32 hat sich gemeldet. Du kennst doch einen gewissen Koslowski, oder?"

Dem Kriminalbeamten rutschte das Herz in die Hose. Verdammt, das konnte nichts Gutes bedeuten. Das Leben seines Freundes stand in letzter Zeit unter keinem guten Stern. Genau genommen verlief es absolut desaströs. Zu viel Alkohol und schwere Depressionen. Was war mit dem wohl wieder los?

Hilflos hatte er mit ansehen müssen, dass Koslowski in letzter Zeit immer mehr unter die Räder gekommen war. Nun schien er erneut in Schwierigkeiten zu sein.

Erst letzte Woche hatte er sich am Bahnhof mit einigen Punkern angelegt und nur mit Hilfe von zwei Streifenwagenbesatzungen hatte man die Streithähne auseinanderbringen können. Momentan war Koslowski tatsächlich auf Krawall gebürstet.

„Klar kenne ich ihn", antwortete Eugelink. „Was ist mit ihm los?"

Schlömer hustete in den Hörer. Das feuchtkalte Herbstwetter war anscheinend auch an ihm nicht spurlos vorbeigegangen. „Was genau passiert ist, kann ich dir nicht sagen. Aber die Kollegen baten darum, dass du sofort kommst."

Eugelink langte nach der Tasche mit Fahrtenbuch und Schlüssel. „Wohin soll ich fahren?"

Schlömer schwieg zwei Sekunden betroffen. „Du findest deinen Freund in Hiddesen. Genauer gesagt auf dem dortigen Friedhof. Er liegt im Leichenschauhaus."

Drei

Das Zimmer im Bielefelder Etap-Hotel wirkte unpersönlich, doch das, was sich vor wenigen Minuten hier abgespielt hatte, war äußerst intim gewesen. Auf dem Bett lagen zwei erschöpfte Menschen, die sich kurz vorher stürmisch geliebt hatten. So lautstark, dass ein entnervter Zimmernachbar sogar gegen die Wand geklopft und „Ruhe!" geschrien hatte. Doch auch davon hatten sich die beiden nicht irritieren lassen und waren erst nach einem gemeinsamen Höhepunkt in die Kissen gesunken.

Nun lagen sie nebeneinander und hielten sich an den Händen. Lichter von der Straße spiegelten sich an der Decke. Die Dunkelheit im Zimmer umfing sie wie ein schwarzes Laken und machte das Erlebte nur noch intensiver.

„Was denkt dein Mann denn, wo du gerade bist?" Der junge, blonde Mann drehte sich auf die Seite und streichelte zärtlich den Arm der Frau, die neben ihm lag. Bei der Berührung richteten sich ihre Härchen steil auf, und ein Schauer lief durch ihren Körper.

„Er denkt, ich bin bei einer Freundin in Oeynhausen. Aber egal, er wird dort auf keinen Fall anrufen, falls du das befürchtest. Und die Freundin wird auch dichthalten. Sie ist eingeweiht. Mach dir also keine Sorgen, mein Liebling."

Henrik Sommer hatte in seinen zweiundzwanzig Jahren vorher noch nie darüber nachgedacht, wie wohl Sex mit einer Frau sein könnte, die mindestens doppelt so alt war wie er selbst. Aber Clarissa hatte ihn verzaubert.

Sie hatten sich im Zug nach Bielefeld getroffen. Er kam aus Berlin, wo er Kunst studierte. Sie von irgendeiner Messe. Sie hatten im selben Abteil gesessen und waren ins Gespräch gekommen. Ihre betont weibliche Figur und ihre tiefe Stimme, in Verbindung mit ihrer löwenmähnigen Frisur, hatten dem jungen Studenten den Atem geraubt. Und als sie den reisenden Geschäftsmann, der sie anbaggern wollte, kalt abservierte und sich lieber ihm zuwandte, war es um ihn geschehen.

Ihr Gespräch war immer anregender geworden, und Henrik konnte den Blick kaum noch von ihren schlanken Beinen abwenden, die in einem engen Kostümrock steckten.

Sie hatte seinen Blick bemerkt, ihre Haltung aber nicht geändert. Im Gegenteil. Sie hatte sich sogar so hingesetzt, dass ihre Beine noch besser zur Geltung kamen. Und als sie sich dann verschwörerisch vorbeugte und lachend ihre Hand auf seine legte, bekam er sogar noch einen tieferen Einblick auf ihre körperlichen Vorzüge. Vorzüge, die er inzwischen immer besser kennen und schätzen gelernt hatte.

In Bielefeld angekommen, hatte er allen Mut zusammengenommen und gefragt, ob er sie wiedersehen dürfe.

Zu seiner Verwunderung hatte sie daraufhin lediglich eine Visitenkarte aus der Tasche gezogen, ihre Lippen darauf verewigt und sie ihm mit einem Lächeln hingehalten.

Erst später wurde ihm klar, dass er viel zu hektisch danach gegriffen hatte. Aber in dem Moment hatte er zugelangt wie der Ertrinkende nach dem rettenden Strohhalm.

Vor ungefähr sechs Wochen hatten sie sich zum ersten Mal in der Bielefelder City auf ein Glas Bier getroffen und waren sich dabei noch näher gekommen. So nah, dass beide wussten, dass sie sich spätestens beim nächsten Mal auf offener Straße die Kleider vom Leib reißen würden. Und um das zu verhindern, waren sie bei ihrem folgenden Treffen gleich ins Hotel gegangen.

Hier hatte sie ihm etwas gezeigt, von dem er bislang nicht einmal geträumt hatte. Nach dem Orgasmus hatte er lange Zeit stumm dagelegen und überlegt, wie langweilig sein Sexualleben bislang doch gewesen war. Diese jungen

Hühner, die nach außen extrem cool und lasziv taten, sich im Bett aber meist nur bewegungs- und einfallslos vögeln ließen, konnten ihm in Zukunft gestohlen bleiben.

Clarissa hatte ihm gezeigt, dass auch in der Liebe Erfahrung eine große Rolle spielte. Sie hatte ihn langsam aber sicher in Regionen entführt, von denen er nicht mal geahnt hatte, dass es sie gab.

Er wusste schon nicht mehr, wie oft sie sich bereits getroffen hatten. Aber das war auch egal. Hauptsache, sie waren zusammen.

Hatte nach dem ersten Treffen im Hotel noch der Gedanke an Sex die Hauptrolle gespielt, so rückte der ganz allmählich an die zweite Stelle, und ein Gefühl von Liebe und Geborgenheit machte sich breit. Bei genauerer Überlegung hätte Henrik vermutlich selber festgestellt, dass sie bei ihm die Rolle der früh verschwundenen Mutter ersetzte. Aber zu solchen tiefschürfenden Gedanken war er nicht fähig. Wie hießt es doch so schön? Liebe macht blind.

Dass sie verheiratet war, unglücklich, wie sie sagte, hatte er erst beim zweiten Mal erfahren. Und erstaunlicherweise hatte es ihn nicht gestört. Ihr Mann war doch selbst schuld, wenn er sich nicht um sie kümmerte.

Sie hatte davon gesprochen, sich scheiden zu lassen und wollte dann gerne in Spanien leben. Lachend hatten beide festgestellt, dass ihre Liebe zu Spanien eine weitere Gemeinsamkeit war.

Vor Jahren hatte sie in Cadaqués Urlaub gemacht und sich in das kleine Fischerdorf an der Costa Brava verliebt. Der Ort mit seinen knapp dreitausend Einwohnern hatte sich bereits in der Vergangenheit zu einem Treffpunkt von Künstlern entwickelt. Max Ernst, Picasso und Miró hatten dort gewohnt. Dalí hatte in Cadaqués einen großen Teil seiner Kindheit verbracht.

Als Clarissa auf das Dorf zu sprechen kam, war Henrik sofort Feuer und Flamme gewesen. Er hatte in seinen Semesterferien selbst eine Zeitlang am Hafen von Cadaqués gewohnt und dort gemalt. Beide waren sich sofort einig, sollten sie jemals zusammenleben, dann nur dort.

Clarissa erhob sich vom Bett und trat nackt ans Fenster. Der junge Mann bewunderte ihre weiblichen Rundungen, und seltsamerweise erregte es ihn, dass man sie dabei von der Straße aus sehen konnte. Langsam drehte sie sich um und strich sich die Haare aus dem Gesicht.

„Ich habe gestern mit einem Freund gesprochen, der mit Immobilien handelt." Als sie sah, dass er bei dem Wort Freund zusammengezuckt war, kam sie ans Bett und legte ihm die Hand auf die Brust. „Ich sollte wohl besser sagen mit einem Bekannten", beruhigte sie ihn. Zufrieden bemerkte sie, dass sich sein Gesichtsausdruck sofort wieder entspannte.

„Er hat mir Exposés von ein paar Häusern in der Gegend von Cadaqués gezeigt. Da sind einige wirklich schöne Anwesen dabei. Nicht gerade billig, aber es wäre genau das, was uns sicher gefallen würde. Ein Platz, wo man zusammen leben könnte." Sie beugte sich zu ihm hinunter, und als sie ihn küsste, fielen ihre Haare wie ein Vorhang über sein Gesicht.

Henrik Sommer fasste sie an der Taille und zog sie zu sich aufs Bett. „Schatz, ich könnte mir nichts Schöneres vorstellen. Aber das Problem dabei ist, dass uns dazu das nötige Kleingeld fehlt."

Clarissa Langeland richtete den Oberkörper auf und stützte sich auf ihre Ellbogen. „Für mich steht fest, dass ich mich noch dieses Jahr scheiden lassen werde. Mit dir habe ich das Glück meines Lebens gefunden und will nicht mehr auf dich verzichten."

Henrik Sommer küsste ihren Nacken. Dann biss er leicht zu.

„Hör auf, du Wüstling!", spielte sie die Entrüstete. „Mir ist es ernst damit, ich will hier weg. Weg aus dieser Kälte, weg von meinem Mann und weg aus Deutschland."

Mit einer Kopfbewegung warf sie ihre Haarpracht nach hinten und sah zur Decke. „Ich habe dir ja schon mal gesagt, dass mein Mann mir da Schwierigkeiten machen wird. Einer Scheidung wird er keinesfalls zustimmen, und er wird alles daran setzen, mich finanziell zu ruinieren, wenn er erfährt, dass es dich gibt."

Henrik Sommer seufzte hörbar. Er würde alles tun, damit er diese Frau für sich behalten konnte. Dabei war ihm egal, ob sie in Deutschland oder in Spanien leben würden. Wobei sich Spanien natürlich verlockender anhörte. Wenn er nur mit ihr zusammen sein konnte. „Wie stellst du es dir denn vor, hier die Biege zu machen?", fragte er seine Geliebte.

Clarissa Langeland drehte sich zu ihm um und fuhr durch die Haare auf seiner Brust. „Ich habe eine Idee. Ich weiß, wie wir an das Geld meines Mannes kommen."

Henrik sah sie erstaunt an.

„Er wird es uns ohne Probleme zur Verfügung stellen und nicht mal wissen, dass wir es haben." Clarissa lächelte ihren jugendlichen Liebhaber sinnlich an. „Ich habe mir nämlich überlegt, dass du mich entführst und Lösegeld verlangst." Amüsiert beobachtete sie das Mienenspiel des Mannes neben ihr.

Dieser schien zunächst vollkommen perplex zu sein und wies den Plan vehement zurück. Aber nachdem Clarissa ihre ganze Überzeugungskraft und andere Tricks eingesetzt hatte, um ihn davon zu überzeugen, dass ihr Plan goldrichtig war, fand auch er immer mehr Gefallen daran.

„Hat er denn so viel Geld?", wollte Henrik wissen.

Clarissa lachte. „Keine Sorge, das Sägewerk, an dem er beteiligt ist, wirft schon genug ab."

Es dauerte zwar eine Zeitlang, aber am Ende waren sie sich über ihr Vorgehen einig. Albern und total aufgedreht begannen sie, ihre Zukunft in Cadaqués zu planen und ihr Wolkenkuckucksheim einzurichten.

Doch schon kurze Zeit später sorgte frisch erwachtes Verlangen dafür, dass sie sich wieder anderen Dingen zuwandten.

Vier

„Das könnt ihr doch mit uns nicht machen!" Wütend warf Jürgen Baumschulte den Kugelschreiber auf den Tisch. „So geht das nicht! So mir nichts, dir nichts über unsere Köpfe hinweg."

Einige der Anwesenden applaudierten ihm. Baumschulte hatte sich in Rage geredet. Der Landrat, der auf der gegenüberliegenden Seite des Raumes saß, verfolgte diesen Ausbruch mit Gelassenheit. Baumschulte war Vorsitzender der Vereinigung „Pro Nationalpark". Diese Vereinigung hatte den Landrat, der ebenfalls die Gründung eines Nationalparks in Lippe befürwortete, und die diesem Plan entgegenstehenden Waldbauern zu einer Diskussion ins Fürstliche Forsthaus Kreuzkrug eingeladen. Baumschulte hatte soeben eine, wie er meinte, flammende Rede für den Nationalpark gehalten. Er sah sich als Vorreiter für einen Nationalpark, der in Deutschland seinesgleichen suchen würde. Ein Park, der die heimische Tourismusindustrie beflügeln und das Lipperland über seine Grenzen hinaus zu neuer Geltung bringen würde. Und Baumschulte sah sich bereits ziemlich weit oben in einer noch aufzustellenden Verwaltung dieses Nationalparks.

„Man kann doch nicht zulassen, dass nur wegen ein paar Festmetern Holz die großartige Idee eines Nationalparks auf lippischem Grund und Boden ad acta gelegt wird. Es ist schon schlimm genug, dass der Fürst sich dieser Sache gegenüber verschließt und nun auch noch Sie als Waldbauern? Denken Sie doch nur daran, wie sehr die Region davon profitieren könnte."

Dabei deutete Baumschulte auf die Gruppe von Waldbesitzern, die sich an mehreren Tischen versammelt hatte.

Diese schüttelten mit trotzigen Mienen die Köpfe. Einer von ihnen, ein dicker, knollennasiger Mann mit einigen großen Waldanteilen, zeigte mit seinem fleischigen Zeigefinger auf Baumschulte.

„Was willst du denn überhaupt von uns? Du hast ja nichts zu verlieren. Nur große Klappe. Von wegen Tourismus, hast dir vermutlich schon ein Plätzchen ausgesucht in der Verwaltung des Nationalparks, was? Und überhaupt, uns kann der Tourismus gestohlen bleiben. Das ist unser Wald und unser Holz. Glaubst du armer Wicht, ich werde demnächst mit den liegengebliebenen Werbebroschüren eures Nationalparks heizen?"

Baumschulte glaubte seinen Ohren nicht zu trauen.
„Herr Meierkord, seien Sie doch nicht so kurzsichtig", forderte er den Waldbesitzer auf. „Denken Sie doch mal an die Zukunft, sehen Sie auch mal das Wohl Ihrer Kinder!"
Der Angesprochene erhob sich zu voller Größe. „Mensch, Baumschulte, Sie sind doch ein Spinner, diese Nationalparkgeschichte hat doch schon in der Eifel nicht funktioniert. Reden Sie doch mal mit den Leuten da." Hermann Meierkord sah sich triumphierend um. „Und was die Zukunft angeht, meine Blagen sollen nicht erfrieren, weil wir kein Holz mehr aus dem Wald holen dürfen."
Baumschulte schnappte nach Luft. „Sie sind und bleiben ein Kleingeist, und mit Leuten wie Ihnen, die nur ihren momentanen Vorteil sehen, kann man nicht diskutieren. Sie haben doch die Vorteile gehört, die der Herr Landrat vorgetragen hat. Das müssten doch selbst Sie mit ihrem begrenzten Horizont begreifen."

Lautes Raunen wurde im Kreise der Anwesenden hörbar, und Meierkords Antwort ließ auch nicht lange auf sich warten. „Halten Sie doch bloß die Klappe, sie Dullhermchen. Sie sind ja nicht mal Lipper, aber hier große Töne spucken. Sie sind doch auch nur auf Ihren Vorteil aus."
Baumschulte lief rot an. Das brauchte er sich nicht sagen lassen. Sprachlos ließ er sich von seinem Tischnachbarn auf den Stuhl herunterziehen.

Als die Diskussion einen Lautstärkepegel erreicht hatte, den nur noch eine startende Boeing hätte überbieten können, klopfte der Landrat auf den Tisch und erhob sich. Der Respekt gegenüber seiner Person war noch so groß, dass alle Anwesenden verstummten und ihm zuhörten.

Er ließ noch einmal alle Punkte, die seiner Meinung nach für einen Nationalpark sprachen, Revue passieren, dann räumte er ein, dass man heute sicherlich zu keinem einvernehmlichen Ergebnis kommen würde, und empfahl, dass alle Anwesenden sich das Für und Wider noch einmal durch den Kopf gehen lassen sollten. Mit dieser Aufforderung verabschiedete er sich und begab sich nach vorne in die Gaststube, um dort seinen Deckel zu bezahlen. Als er den Saal verließ, setzte die Diskussion sofort wieder lautstark ein.

Vorne in der Gaststube traf der Landrat den Wirt an, der – mit seinem üblichen langen, weißen Vorbinder bekleidet – dabei war, Weingläser zu polieren. Eines davon hielt er gerade prüfend gegen das Licht. „Na, da hinten geht ja ganz schön die Post ab", kommentierte er den Lärm aus dem Saal.

„Sie können sicher sein, ich bin auch lieber zum Essen hier als zu solchen fruchtlosen Debatten", bekundete der Landrat und legte Geld für die Getränke auf den Tisch. „Die Fronten sind derart verhärtet, ich bin mal gespannt, wohin das alles noch führt. Man kann nur hoffen, dass alle einen klaren Kopf behalten."

Der Wirt warf die Münzen in seine Geldbörse. „Da können sie aber froh sein, dass heute nur die Waldbesitzer da waren. Wenn noch einige Jäger dazugekommen wären, die beim Landesverband Reviere gepachtet haben, dann aber gute Nacht." Unheilvoll drohte der Wirt mit dem Zeigefinger.

Der Landrat zog seinen Mantel über. Es war zwar nur ein kurzer Weg zum Wagen, aber für diese Jahreszeit schon recht kalt. Typisch November eben. Doch die frische Nachtluft würde ihm gut tun. Solche Diskussionen sorgten nicht selten für Kopfschmerzen. Manchmal fragte er sich, warum er sich das eigentlich alles antat. Aber auch solche Auseinandersetzungen gehörten nun mal zur Politik. Von der Idee eines Nationalparks war er überzeugt. Auch wenn andere ihm unterstellten, dass er sich damit nur ein Denkmal setzen wollte.

Er verabschiedete sich per Handschlag vom Wirt und ließ sich von ihm zur Eingangstür des Fürstlichen Forsthauses begleiten. Draußen empfing ihn ein sternenklarer Himmel, den Atem sah man bereits als weiße Wölkchen. Langsam schritt der Landrat zum Parkplatz und genoss die frische, kühle Nachtluft. Sein Dienstwagen stand um die Ecke, und es waren ja nur ein paar Kilometer. Der Vorteil der heutigen Veranstaltung war, dass der Termin auf seinem Heimweg lag. Und dort konnte er bei einem Glas Bier und einem Blick in ein Fernsehprogramm ohne Politik hoffentlich noch etwas abschalten.

Als er zu seinem Dienstwagen kam, blieb er wie angewurzelt stehen. Irgendein Spinner hatte die gesamten Scheiben mit Aufklebern der Nationalparkgegner bepflastert. Kaum eine Stelle war frei. Den Versuch die Aufkleber abzufriemeln, gab er schnell auf, sie saßen wie angekleistert auf den Scheiben.

Resigniert ließ der Landrat die Schultern hängen. Dann drehte er sich kopfschüttelnd um, zog den Mantel enger, klappte den Kragen hoch und machte sich zu Fuß auf den Weg nach Hause. Morgen früh würde er den Wagen abholen und reinigen lassen. Sich jetzt noch darüber aufzuregen, dafür war er zu müde. Er wollte nur noch nach Hause. Und zum Glück war das heute ja quasi ein Heimspiel gewesen.

Fünf

Walfried Eugelink fuhr vom Hof der Kreispolizeibehörde und musste an der roten Ampel warten. Was war nun bloß geschehen? Verdammt, dass es mit Koslowski mal ein schlimmes Ende nehmen würde, hatte er schon länger befürchtet.

Den hatte das Schicksal dermaßen aus der Bahn geworfen, dass Eugelink sich wunderte, dass es erst jetzt zu diesem Drama kam. Koslowski tot? Eugelink konnte es kaum fassen. Der Mann hatte ihm mal das Leben gerettet. Auch anderen Menschen hatte er oft geholfen und sich um sie gekümmert. Wie oft, überlegte Eugelink, während er den Automatikwahlhebel betätigte, hatte Koslowski seine Haut für andere zu Markte getragen?

Dabei wurde er zusammengeschlagen, angeschossen, halb abgestochen und überfahren. Doch immer wieder war sein Freund auf die Beine gekommen und hatte letztendlich jeden noch so aussichtslosen Kampf für sich entscheiden können. Bis zu einem bestimmten Tag.

Eugelink gab auf der Bielefelder Straße Gas. Ja, dieser unsägliche Tag. Der Tag, an dem Koslowski gleichzeitig mit der Frau, die er geliebt hatte, auch seinen Lebenswillen verlor. Nachdem er einen psychopathischen Killer zur Strecke gebracht hatte, schlug dieser noch aus dem Grab zurück und tötete Lisa Brandes. Und auch, wenn alle Freunde Koslowski versicherten, dass er keine Chance gehabt hatte, diesen Anschlag zu verhindern, so zerfraßen ihn doch Schuldgefühle und Selbstzweifel. Aus dem souveränen Mann wurde ein psychisches Wrack, und der Alkohol spielte in seinem Leben plötzlich eine bestimmende Rolle. Und wenn auch Koslowski das alte Sprichwort kannte, dass Sorgen schwimmen können, so versuchte er doch immer häufiger, sie zu ertränken.

Und so kam, was kommen musste. Es entstand ein Teufelskreis von Alkohol, Selbstvorwürfen und Zweifeln. War er nüchtern, trieb ihn sein Gewissen in die Arme des Alkohols, war er betrunken, kamen seine psychischen Probleme noch deutlicher zum Vorschein und machten ihn zusätzlich auch noch aggressiv. Wenn er am nächsten Tag wieder zu sich kam, begann das Spiel von Neuem. Er ließ niemanden an sich heran. Keiner seiner Freunde konnte mehr zu ihm vordringen. Der Zug war abgefahren. Es gab bloß noch einen einzigen Menschen, der Koslowski helfen konnte, und das war er selbst.

An der Kreuzung Heidenoldendorfer Straße bog Eugelink ab und fuhr die Hiddeser Straße in Richtung Pivitsheide. Tränen traten ihm in die Augen, wenn er daran dachte, was er mit Koslowski alles erlebt hatte. Nicht nur, dass er ihm das Leben gerettet hatte, er war auch ein guter Freund geworden. Nicht nur für ihn, sondern auch für seine beiden kleinen Jungs, die Koslowski sehr mochten. Die gerne mit ihm spielten und bei seinen Erzählungen an seinen Lippen hingen. Das alles sollte jetzt vorbei sein? Und auch wenn Eugelink als Kriminalbeamter immer wieder mit dem Tod konfrontiert wurde, das hier machte ihn garantiert fertig. Denn diesmal war der Tod so nah, dass er glaubte, schon dessen Atem riechen zu können.

Er bog nach links ab und überlegte, wie lange er Koslowski nun schon kannte. Im gleichen Moment berichtigte er sich selbst: gekannt hatte. An den genauen Zeitpunkt, an dem Koslowski nach Lippe gekommen war, konnte sich niemand so genau erinnern. Auch nicht, woher er kam und wie seine Vergangenheit aussah. Irgendwann hatte sich herausgestellt, dass er früher einmal bei der Polizei in Oberhausen gewesen war. Aber mehr war aus ihm nicht herauszubekommen, und diese Tatsache hatte Eugelink auch nur zufällig erfahren, weil ein ehemaliger Kollege Koslowskis in einen Fall verwickelt war und ihm davon erzählt hatte. Vieles an Koslowskis Person lag im Dunkeln, aber seltsamerweise störte das niemanden. Er war einfach da, man mochte ihn und hatte ihn ganz selbstverständlich aufgenommen. Mittlerweile war er zu einem festen Bestandteil der Dorfgemeinschaft in Hiddesen geworden. Nicht so bedeutend wie der Hermann, aber immerhin ... So hatte er es selber einmal amüsiert erklärt.

Der Gedanke an Koslowskis Lachen trieb Eugelink wieder die Tränen in die Augen. Und das alles sollte jetzt mit einem Schlag vorbei sein? Wie mochte Koslowski wohl gestorben sein? Eugelink vermutete, dass sein Herz einfach ausgesetzt haben dürfte. Kein Wunder, nach dem Raubbau, den er in den letzten Wochen an seiner Gesundheit getrieben hatte. Oder aber er war das Opfer eines Verkehrsunfalls geworden. Betrunken auf die Straße getorkelt und überfahren. Diese und weitere Horrorszenarien schlichen sich in Eugelinks Bewusstsein.

Er durchfuhr die Kurven an den Pferdewiesen und erreichte nach wenigen Augenblicken die Einfahrt zum Friedhofsparkplatz. Eugelink musste schlucken, als er den Streifenwagen erblickte, der vor der Friedhofskapelle stand. Aus der doppelflügeligen Tür im unteren Teil des Gebäudes drang das Licht einer Taschenlampe.

Der Detmolder Kriminalbeamte hielt an und schaltete den Motor aus. Es kostete ihn einige Überwindung, sich der Situation zu stellen. Am liebsten wäre er wieder weggefahren, aber er zwang sich auszusteigen.

In diesem Moment trat eine Kollegin des Streifenwagens aus dem Gebäude. Sie leuchtete in Eugelinks Richtung und erkannte ihn.

„Hallo Walfried, hier rüber. Er liegt hier!"

Mit diesen Worten war sie bereits wieder in das Gebäude zurückgekehrt.

Normalerweise hätte Eugelink nun seinen Koffer mit Fotoapparat und Spurensicherungsmaterial aus dem Kofferraum geholt, doch er verzichtete darauf. Nach der Identifizierung würde das hier ein anderer Kollege übernehmen müssen. Ob man dafür, bei der dünnen Personaldecke, jemanden finden würde, war ihm vollkommen egal. Eugelink schlug den Kragen hoch und stapfte auf unsicheren Beinen in das Gebäude. Es war kalt, und es war dunkel. Nur die Lichtkegel der beiden Taschenlampen erhellten den Raum.

In diesem Moment stutzte Eugelink. Das hier war doch kein Leichenschauhaus. Das war die Friedhofskapelle. Der Hiddeser Friedhof hatte gar keine Leichenhalle. Über ihm war nur die Räumlichkeit für die Trauerfeiern. Die Verstorbenen wurden von den jeweiligen Bestattern erst kurz vor der Zeremonie hierher gebracht. Eugelink folgte dem Lichtschein der Lampen und sah eine Person zusammengekrümmt auf dem Boden liegen. Daneben eine halb ausgelaufene Schnapsflasche. Die Person hatte ihren Kopf auf einen Arm gelegt und hielt mit dem anderen einige Plastiktüten umklammert. Ein Geruch von Mörtel, feuchtem Sand und billigem Fusel lag im Raum. Eugelink ging vor der Person in die Knie. Der Beamte des Streifenwagens leuchtete dabei mit seiner Lampe. Eugelink drehte die Person auf den Rücken und sah, dass sie atmete. Gott sei Dank! Unwirsch fuchtelte der Liegende mit einer Hand durch die Luft.

„Mach die Scheißfunzel aus, du Arsch!", lallte er schlaftrunken.

Eugelink rüttelte ihn an der Schulter.

„Koslowski, wach auf!" Er versuchte, den Liegenden in eine aufrechte Sitzposition zu bringen und die Kollegin half ihm dabei.

Total desorientiert sah Koslowski sich um, und sein Kopf machte dabei die typischen unkontrollierten Bewegungen eines Betrunkenen. Dann blieb sein Gesicht Eugelink zugewandt und dieser bemerkte, dass Koslowskis Augen Mühe hatten, der Kopfbewegung zu folgen. Ein Zeichen dafür, dass er sich mal wieder vollkommen abgeschossen hatte. Endstadium. Koslowskis Kopf schaukelte und er fuhr sich mit der Zunge über die trockenen Lippen. Dann schien er Eugelink zu erkennen.

„Hallo Walfried, was machst du denn hier?", lachte Koslowski albern.

Die Polizeibeamtin trat einen Schritt zurück und gab ihrem Kollegen von der Kriminalpolizei ein Zeichen. Eugelink richtete sich auf und gesellte sich zu ihnen.

„Die Leitstelle hat einen Anruf von einer Friedhofsbesucherin bekommen. Sie kam an der offenen Tür vorbei und sah ihn hier liegen. Erst hat sie einen riesigen Schreck bekommen, aber dann hat er gerülpst, und da wusste sie, dass er noch lebt. Wir haben ihn dann hier so gefunden. Da wir wussten, dass du ihn gut kennst, haben wir darum gebeten, dass man dich benachrichtigt." Sie leuchtete erneut zu Koslowski, der an die Wand gelehnt saß, den Kopf wieder auf die Brust gesunken.

„Wir dachten, dass du dich um ihn kümmern würdest. Immerhin besser, als wenn wir ihn in eine unserer Ausnüchterungszellen stecken müssten, oder? Man, was ist aus dem geworden?" Augenscheinlich schien auch sie Koslowski zu kennen. Eigentlich kein Wunder, denn der Mann hatte schon des Öfteren in Lippe Schlagzeilen gemacht. Allein schon seine Aktion auf dem Oerlinghauser Segelflugplatz hatte damals für einigen Wirbel gesorgt.

Eugelink nickte nachdenklich, während er gleichzeitig überlegte, wie er weiter vorgehen sollte. „Vielen Dank, dass Ihr mich informiert habt. Ich werde mich um ihn kümmern, muss nur noch schnell eine Lampe aus dem Wagen holen, dann seid ihr entlassen."

Als Eugelink vom Wagen zurück in die Kapelle kam, verabschiedeten sich die beiden Uniformierten.

„Und du bist sicher, dass du alleine klar kommst?", wollte die Kollegin noch wissen.

Eugelink nickte und sah dabei auf Koslowski. „Das bin ich ihm schuldig", erklärte er.

Sechs

Mit einiger Mühe hatte Walfried Eugelink den Betrunkenen wieder flott gemacht. Nicht unerhebliche Mengen Wasser hatten dabei sowohl als Getränk, wie auch als körperliche Erfrischung gedient. Koslowski fiel rücklings auf den Beifahrersitz des Zivilwagens. Eugelink schloss von außen die Tür, nachdem er mühsam Koslowskis Beine hineinbugsiert hatte. Wie ein nasser Sack hing er nun im Sitz. Eugelink lief um den Wagen herum, setzte sich hinein und startete den Motor. Die Heizung schaltete er sofort auf die höchste Stufe. Es war mittlerweile empfindlich kalt geworden, und wenn Koslowski schon sterben sollte, dann wenigstens an einer Alkoholvergiftung und nicht an den Folgen einer Lungenentzündung, fand Eugelink. Sein Freund musste jetzt dringend aus den feuchten Sachen raus und sofort ins Bett. Er fuhr langsam vom Parkplatz des Friedhofs.

Als sie auf die Hiddeser Straße einbogen, kam Koslowski allmählich wieder zu sich. „Was war'n los?", lallte er und versuchte sich zu orientieren.

Eugelink war angefressen. „Was los war? Du hast mal wieder besoffen herumgelegen. Diesmal in einer Friedhofskapelle." Die Vorwürfe trieften nur so aus seinen Worten.

„Ach, und was geht dich das an?", wollte Koslowski mit zynischer Stimme wissen. „Dieses Scheißland hier ist doch immer noch eine Demokratie, oder? Da kann doch jeder rumliegen, wo er will, oder täusche ich mich da?" Koslowski rülpste, und Eugelink drehte angewidert den Kopf weg. „Und wenn ich auf einem Friedhof liegen will, dann lege ich mich da hin!" Koslowski war dabei immer lauter geworden, doch jetzt sackte er wieder zusammen, wie ein Ballon, aus dem man die Luft ablässt. „Was wisst ihr denn schon?" Er wurde immer leiser. „Ich wollte doch nur zu Lisa!"

Eugelink schluckte. „Die liegt aber nicht in Hiddesen."

Er konnte verstehen, dass sein Freund die Frau vermisste. Es gab niemanden, der Lisa Brandes nicht hatte leiden können. Allen gegenüber war die kleine Krankenschwester freundlich und zuvorkommend gewesen. Und hübsch war sie auch. Ein Traumpaar, hatte der eine oder andere über Koslowski und sie gesagt. Mancher wohl nicht ganz ohne Neid. Dass Koslowski immer wieder ihr Grab aufsuchte, war verständlich. Nur heute hatte er in seinem Suff den falschen Friedhof erwischt, denn Lisa Brandes lag auf dem Friedhof von Pivitsheide.

Eugelink fuhr in Richtung Hiddesen. Er hatte vor, Koslowski zu Hause abzuliefern und sicherzustellen, dass er ins Bett ging. Morgen würde er ihn dann aufsuchen und ihm gehörig den Kopf waschen.

Koslowski sah aus dem Seitenfenster, dann kurbelte er es herunter. Wenn der nur nicht kotzt, hoffte Eugelink inständig und behielt ihn im Auge.

Koslowski sog die kühle Abendluft ein. „Wohin fahren wir?", wollte er wissen. Eugelink sah geradeaus auf die Straße. „Zu dir nach Hause, du gehörst ins Bett."

Koslowski sah zum ihm herüber. „Bist du jetzt schon mein Kindermädchen, oder was?" Eugelink kurvte an einem Radfahrer vorbei.

„Du bist nass und besoffen, und du gehörst ins Bett. Erstens damit du keine Erkältung kriegst und zweitens, damit du deinen Rausch ausschlafen kannst."

„Leck mich am Arsch!", kommentierte Koslowski die Ausführungen seines Freundes. „Das Einzige, was ich will, ist was zu trinken." Er sah Eugelink aus geröteten Augen an. „Los, fahr mich zum Knispel!" Koslowski kurbelte das Fenster noch weiter runter. „Da werde ich mir mit Strunte mal einen genehmigen!"

Eugelink überlegte kurz, ob er darauf etwas erwidern sollte, ließ es aber. Seine langjährige Erfahrung im Umgang mit Betrunkenen hatte ihn gelehrt, dass in einem solchen Zustand jegliche Diskussion zwecklos war. Es war besser, einfach bis vor Koslowskis Haus zu fahren. Dann würde der schon erkennen, was das Beste für ihn war. Außerdem würde der Wirt des Bistros Knispel alles andere als angetan sein, wenn Koslowski in diesem Zustand bei ihm auftauchte. Abgesehen davon, dass er dort keinen einzigen Tropfen mehr bekommen würde.

Eugelink ignorierte Koslowskis Versuche, sich mit ihm zu unterhalten und bog an der Hauptkreuzung in Richtung Hermannsdenkmal ab. Es dauerte einen Moment, bis Koslowski erkannte, dass der Kriminalbeamte nicht vorhatte, ihn an seiner Stammkneipe rauszulassen. Doch für einen Betrunkenen reagierte er recht schnell. Bevor Eugelink wusste, wie ihm geschah, hatte Koslowski die Handbremse des Opel hochgerissen.

Mit quietschenden Reifen hielt der Zivilwagen an. Noch ehe Eugelink sich versah, war Koslowski aus dem Wagen gesprungen und knallte die Tür zu. Dann torkelte er über die Fahrbahn auf das Bistro an der Ecke zu. Eugelink öffnete die Tür und stieg aus.

Noch vor dem Bordstein drehte Koslowski sich um. Drohend hob er die Faust. „Lasst mich in Ruhe! Alle!"

Eugelink machte einen Schritt auf ihn zu. „Koslowski, mach doch keinen Quatsch. Wir meinen es doch nur gut mit dir."

Der Angesprochene spie auf die Straße. „Gut? Gut? Kümmer' dich um deinen eigenen Scheiß, ich mach das schon. Ich hab alles im Griff." Wie um sich Lügen zu strafen, stolperte er in diesem Moment über den Bordstein, konnte seinen Sturz aber soeben noch abfangen. Wütend drehte er sich zu Eugelink um. „Mach endlich, dass du wegkommst!", forderte er ihn auf und torkelte in Richtung Eingangstür des Bistros.

In diesem Moment meldete sich das Funkgerät in Eugelinks Wagen. Am Bahnhof hatte es einen Raubüberfall gegeben. Die Täter waren in Richtung Innenstadt flüchtig. Es folgte eine Personenbeschreibung.

Innerlich zerrissen stand Walfried Eugelink neben der offenen Tür des Fahrzeuges. Einerseits wollte er hinter Koslowski her, andererseits wurde er jetzt dienstlich dringend gebraucht. Widerstrebend setzte er sich hinter das Steuer des Zivilwagens und wendete. Als er auf der Friedrich-Ebert-Straße in Richtung Stadt fuhr, sah er im Rückspiegel, wie Koslowski in der Tür des Bistros stehen blieb und ihm noch den Mittelfinger zeigte, dann torkelte er in das Lokal.

Hoffentlich wird Strunte mit ihm fertig, dachte Eugelink und packte das Magnetblaulicht auf das Dach des Zivilwagens.

Sieben

Der Wald steht schwarz und schweiget. An diese Worte musste Jürgen Baumschulte denken, als er über den Parkplatz an einem Waldstück in Blomberg stolperte. Eigentlich war es Wahnsinn, hier rumzulaufen, um sich mit jemand zu treffen.

Baumschulte fröstelte.

Feuchter Nebel legte sich über das Land. Der Boden war weich, und es roch nach Tannennadeln und Sägespänen. Eigentlich ein Geruch, den Baumschulte liebte. So wie er den Wald liebte. Den Teutoburger Wald. Den, von dem er hoffte, dass er bald Nationalpark sein würde. Wenn da nur nicht diese starrköpfigen Gegner wären. Aber, über kurz oder lang mussten die nachgeben. Politischer Druck würde sie schon zur Räson bringen. Immerhin hatten er und seine Freunde ja die Landesregierung in Düsseldorf auf ihrer Seite.

Waldbesitzer und Jäger taten sich auf der Gegenseite besonders hervor, und sein Lieblingsgegner war dieser Hermann Meierkord. Ein äußerst widerlicher Patron, fand Baumschulte. Mit seiner großen, roten Nase und seinem schwammigen Äußeren fand Baumschulte ihn schon optisch abstoßend. Aber noch abstoßender waren seine Polemik und seine große Klappe. Aber auch den würde er noch zur Strecke bringen, um mal in dessen eigenem Jargon zu reden. Wenn alles gut lief, dann schon sehr bald.

Was hatte der Anrufer gesagt? Er habe Informationen, die dafür sorgen würden, dass Meierkord schon bald seine abwehrende Haltung gegen den Nationalpark einstellen würde. Baumschulte hatte vergeblich nach dem Namen des Anrufers gefragt, und auch dessen Nummer war auf dem Display seines Telefons nicht zu sehen gewesen.

Sein Name tue nichts zur Sache. Er wolle bloß Genugtuung für eine Schmach, die Meierkord ihm zugefügt habe, behauptete er. Und jetzt sei eine gute Gelegenheit. Seine Informationen seien hochbrisant. Aber am Telefon wolle er sie nicht preisgeben, ließ der Anrufer ihn wissen. Baumschulte ließ sich nicht auf bloße Andeutungen ein. Er verlangte nach mehr Informationen.

„Was würden Sie sagen, wenn Meierkord seine Waldanteile bereits verkauft hätte?", hatte der Informant daraufhin süffisant gefragt.

Baumschulte blieb die Spucke weg. Wenn das stimmte, wäre das echt ein Hammer. Der dicke Meierkord machte immer noch die Welle gegen das Nationalparkprojekt, und in Wirklichkeit hatte er seine Schäfchen schon ins Trockene gebracht. Wenn diese Bombe platzte, würden die Nationalparkgegner in einem sehr schlechten Licht dastehen. „Wie sicher sind diese Informationen?", wollte Baumschulte wissen.

Sein Gesprächspartner lachte. Tausendprozentig. Er habe sogar Kopien der Kaufverträge. Als Baumschulte ihn wieder nach seinem Namen fragte, erhielt er erneut eine Abfuhr. Baumschulte wisse ja wohl, wie cholerisch und jähzornig Meierkord sei. Da wolle er nichts riskieren. Hauptsache, das dicke Schwein, so der Anrufer, bekomme dadurch jede Menge Ärger.

Baumschulte hatte kurz überlegt und dann zugesagt, diese Informationen haben zu wollen und auch zu verwerten. Denn nur unter dieser Bedingung wollte der anonyme Anrufer sie ihm übergeben. „Ich will meine Rache. Entweder Sie garantieren mir, dass Sie die Papiere benutzen, um ihn bloßzustellen, oder ich suche mir einen anderen. Einen mit mehr Mumm in den Knochen."

Baumschulte hatte sofort abgewiegelt. Auf jeden Fall würde Meierkords Kopf rollen, wenn an den Informationen was dran war.

Worauf er seinen Arsch verwetten könne, bestätigte ihm der Anrufer und verlangte ein sofortiges Treffen. Baumschulte war irritiert. Es war nun schon halb neun und stockdunkel.

Und wozu ein Treffen auf diesem abgelegenen Parkplatz in einem Blomberger Waldstück? Entweder da oder gar nicht, hatte der Anrufer verlangt. Baumschulte hatte sofort wieder zugestimmt. Diese Informationen wollte er sich auf keinen Fall entgehen lassen. Auch der Landrat würde Augen machen, wenn er die Fakten erfuhr.

„Aber warum denn, um alles in der Welt, noch heute Abend?"

Weil er morgen für längere Zeit nach Amerika fliegen werde, hatte der Informant erklärt.

Baumschulte dachte kurz nach. „Und wie wollen Sie dann mitkriegen, ob Meierkord ans Kreuz geschlagen wird?"

Der Anrufer lachte trocken auf. „Schon mal was vom Internet gehört? Die Landeszeitung gibt es auch online. Egal, ob Sie in Amerika oder in Barntrup sind."

Baumschulte biss sich auf die Lippe. Große Lust, im Dunklen noch in der Gegend herumzufahren, hatte er nicht, aber die Chance war einfach zu verlockend.

So hatte er zugesagt und sich erklären lassen, wo besagter Treffpunkt war. Danach hatte er sich mit einer starken Taschenlampe und einer Dose Pfefferspray bewaffnet, die er immer zum Joggen mitnahm, um lästige Hunde abzuwehren. So ausgerüstet war er in seinen Wagen gestiegen und hatte sich auf den Weg gemacht. Nicht ohne die Alarmanlage einzuschalten, die sein Haus und seine Wertsachen schützen sollte. Man konnte ja nie wissen.

Nun wartete er bereits seit geschlagenen zwanzig Minuten auf den Anrufer. Baumschulte wurde langsam ungeduldig. Hatte ihn da jemand auf die Rolle nehmen wollen? Die ganz große Verlade? Baumschulte stolperte und wäre fast hingefallen. Hier lagen überall Zweige herum. Als er aufsah, ragte vor ihm die Silhouette eines Timberjack 1470D auf. Dieses riesige Arbeitsgerät wurde eingesetzt, um in einem

Arbeitsgang Bäume zu fällen, sie zu entasten und auf Länge zu schneiden. Still stand das Gerät am Waldrand, bereit für einen neuen Einsatz am nächsten Tag.

Baumschulte drehte sich um und blickte erneut auf die Leuchtziffern seiner Armbanduhr. Okay. Noch fünf Minuten! Mehr aber nicht. Diese Zeitspanne wollte er dem Anrufer noch einräumen, dann würde er abhauen. Baumschulte ging zurück in Richtung seines Wagens. Neben dem Timberjack stand ein großer, orangefarbener Container für Abfallholz. Baumschulte stellte seine Taschenlampe auf den Rand des Containers und kramte nach seinem Handy. Möglicherweise hatte der Informant ja noch mal angerufen. Baumschulte hatte sein Mobiltelefon vor der Abfahrt auf lautlos geschaltet. Aber hatte er auch den Vibrationsalarm aktiviert? Als er wieder aufsah, bemerkte er eine Person, die plötzlich vor ihm stand. Baumschulte erschrak fast zu Tode.

Sein Gegenüber lachte auf. „Na, hat der kleine Junge Angst im dunklen Wald?"

Baumschulte zuckte zusammen. Die Stimme war nicht die des Anrufers gewesen, oder er hatte sie bewusst verstellt. Denn diese Stimme hier kannte Baumschulte. Der Mann im Dunkeln steckte sich eine Zigarette an. Im Aufflammen des Streichholzes sah er, dass er die Stimme dem richtigen Mann zugeordnet hatte. Baumschulte lief ein Schauer den Rücken hinunter. Langsam machte er einen Schritt rückwärts. Das hier war eine Falle!

„Was wollen Sie denn hier?", fragte er.

Sein Gegenüber zog an der Zigarette, und Baumschulte konnte sehen, dass sich dessen Augen zu Schlitzen verengt hatten.

„Ich hatte das dringende Bedürfnis, mich mit Ihnen zu unterhalten. Und zwar über etwas, was Sie besitzen und was ich haben will." Der Informant blieb weiterhin im Dunkeln.

Baumschulte sah zur Seite und bemerkte seine Taschenlampe, die auf dem Rand des Containers stand. Er war sich sicher, dass sein Gegenüber nicht nur gekommen war, um sich mit ihm zu unterhalten.

„Ich weiß genau, was Sie wollen", flüsterte Baumschulte. „Es geht Ihnen nur um das Eine, und ich habe Ihnen schon hundertmal gesagt, dass ich nicht verkaufe. Ich kann es gar nicht."

Wenn er nur irgendwie an die Lampe kommen würde. Das Ding war sehr lichtstark, und wenn er ihn damit kurz blenden konnte, würde er in die Tasche greifen können und an das Pfefferspray gelangen. Baumschulte witterte Morgenluft. Vorsichtig machte er einen Schritt auf die Lampe zu. Als er gerade dabei war, nach ihr zu greifen, sah er, wie sein Kontrahent die Lampe mit einem Stock vom Rand in den Container fegte. Dabei lachte er kurz auf. Baumschulte wusste nun sicher, dass das hier kein Spiel mehr war. Und wenn doch, dann eines auf Leben und Tod.

„Mir scheint, Sie haben den Ernst der Situation noch nicht erkannt. Hier geht es nicht mehr darum, ob Sie verkaufen. Hier geht es um etwas ganz anderes." Der Mann lachte höhnisch auf.

„Ich lass mich weder von Ihnen erpressen, noch einschüchtern!", erwiderte Baumschulte. Dabei drehte er sich vorsichtig von dem Mann weg und griff in die Tasche. Nur noch eine Sekunde und er würde das Pfefferspray in der Hand halten. Und dann würde man sehen, wer hier am längeren Hebel saß.

Baumschulte schloss die Hand um die Dose und tastete nach dem Auslöser. Es musste auf Anhieb klappen. Einen zweiten Versuch würde er nicht bekommen.

Woran es lag, dass er nicht mehr dazu kam, die Dose und ihren Inhalt einzusetzen, erfuhr er nicht mehr. Kalter Stahl bohrte sich in sein Herz, als er zu der alles entscheidenden Bewegung ansetzte. Sein Gegenüber hatte ein besseres Gespür für die Situation gehabt und war ihm zuvorgekommen.

Ungläubig sah Baumschulte an sich herab und auf das dünne, glänzende Stück Stahl, welches aus seinem Brustkorb ragte. Dann folgte ihm sein Blick, bis zu dem Griffstück in der Hand seines Gegenübers. Doch bevor er diesem in die Augen sehen konnte, setzte Baumschultes tödlich verletztes Herz aus, und er sackte zusammen. Im Fallen rutschte der Stahl wie geölt wieder aus seiner Brust. Mit in den Nachthimmel gerichtetem Blick, lag er vor dem orangefarbenen Container, und sein Mörder sah ihm ohne jede Gefühlsregung beim Sterben zu.

Baumschulte starb da, wo er am liebsten war. In seinem geliebten Wald.

Der Täter streifte sich Einweghandschuhe über. Dann zog er ein steriles Papiertuch aus einer Plastiktüte und wischte sorgfältig Baumschultes Blut von der stählernen Klinge. Die Zigarette drückte er auf dem Rand des Containers aus und steckte sie dann sorgsam, zusammen mit dem Papiertuch, in eine Plastiktüte. Dazu kam noch das Streichholz. Dann ließ er alles wieder in seine Jacke verschwinden. Die verräterischen Spuren hatte er damit beseitigt, nun musste er sich noch um die Leiche kümmern. Aber das war ja hier im Wald kein großes Problem. Und schon bald würde er endlich am Ziel seiner Wünsche sein.

Acht

An der Theke saßen zwei Gäste und unterhielten sich. Heute war es im Knispel derart leer, dass man noch nicht mal eine Knobelrunde zusammenbekam. Wenn das so weiterging, würde er den Laden heute schon um neun zumachen können und seine Bedienung nach Hause schicken.

Strunte drückte gerade eine der Spieltasten, als die Eingangstür aufgerissen wurde. Der Wirt schielte nur kurz über die Schulter, da sich sein Gewinn soeben verdoppelt hatte und der Automat nach einer neuen Entscheidung verlangte. Was er jedoch bei dem kurzen Schulterblick gesehen hatte, gefiel ihm gar nicht.

Eigentlich mochte er Koslowski. Mit dem konnte man gut reden, der maulte nicht, wenn er mal beim Knobeln verlor, und ging nie ohne Strich auf dem Deckel nach Hause. Aber in letzter Zeit war er immer widerlicher geworden.

Strunte lebte in seinem Glas-Bier-Geschäft zwar vom Verkauf alkoholischer Getränke, aber was Koslowski sich in den letzten Wochen zusammengesoffen hatte, war schon erstaunlich. Anfangs nur Bier und ab und zu mal einen Schnaps. Aber dann immer öfter mehr Schnaps als Bier. Und bekanntermaßen macht Schnaps ja frech.

Zu Beginn seines Alkoholkonsums hatte Koslowski ja immer noch Ruhe gehalten, hatte mehr vor sich hingebrütet als geredet. Aber je mehr er trank, umso widerlicher wurde er. Der eine oder andere Gast hatte schon die Nase gerümpft und sich einen oder besser gleich zwei Hocker weiter weggesetzt. Erst in der vorigen Woche hatte Koslowski sich an der Theke mit Walfried Eugelink gefetzt. Und das so laut, dass das ganze Lokal mithören konnte.

Auslöser für alle Streitereien war immer seine Wut. Egal ob Politik, Religion oder neuerdings sogar Sport – ein Thema, für das er sich früher nie interessiert hatte. Es gab nichts, bei dem Koslowski nicht grundsätzlich eine andere Meinung als sein Gesprächspartner vertrat. Aber weniger, um darüber zu diskutieren, als eher, um ihn zu provozieren. „Der liebe Gott weiß alles, Koslowski weiß alles besser!", war mittlerweile ein Knispel-Spruch, der hinter seinem Rücken die Runde machte. Strunte seufzte, als er sah, dass Koslowski mit erheblicher Schlagseite bis an die Theke torkelte. Dabei stieß er mit der Schulter gegen einen der Gäste und drehte sich dann weg, ohne sich zu entschuldigen. Irritiert beobachtete er Koslowski, der mühsam versuchte, auf einen der Hocker zu klettern. Strunte hatte erneut seinen Gewinn verdoppelt und betrachtete konzentriert das nächste Feld in der Gewinnleiter.

„Ein Bier!", kommandierte Koslowski und legte dabei beide Arme auf die Theke.

Struntes weibliche Bedienung sah ihren Chef fragend an.

„Ich denke mir mal, dir würde ein Kaffee besser zu Gesichte stehen, oder?", schlug er seinem neuen Gast vor.

„Bier!", wiederholte Koslowski. Nun schon deutlich lauter. „Und Schnaps!" Er wischte sich mit dem Handrücken unter der Nase her. Den Rest zog er geräuschvoll hoch. Damit erntete er erneut irritierte Blicke der beiden anderen Thekengäste.

Strunte schaltete den Automat auf Warteposition und drehte sich zu Koslowski um. „Mein lieber Freund. Wenn du schon eine Druckbetankung hinter dir hast, dann komm bitte nicht noch zu mir, um dich danebenzubenehmen. Es reicht schon, wenn der eine oder andere Gast, der nichts verträgt, beim Knobeln von der Bank fällt."

Koslowski wandte sich Strunte zu. „Was willst du denn von mir? Guck dir doch deinen Laden mal an. Leer wie 'ne Kirche am Sonntagmorgen. Kannst doch froh sein, dass ich gekommen bin, um dir finanziell unter die Arme zu greifen." Mit einem Rülpser schien Koslowski das Gesagte noch unterstreichen zu wollen.

Strunte schüttelte den Kopf. „Ich rechne es jetzt mal deinem Alkoholgenuss zu, dass du dich hier so benimmst, aber ich würde dich bitten, jetzt zu gehen und erst wiederzukommen, wenn du etwas nüchterner bist."

Koslowski sah Strunte aus blutunterlaufenen Augen an. „Du willst mich rausschmeißen? Du? Hast du vergessen, was ich mitgemacht habe? Was ich verloren habe?" Tränen stiegen ihm dabei in die Augen.

Strunte ließ resigniert den Kopf sinken. Als Wirt durfte man sich ja öfter das Leid seiner Kunden anhören. Alkohol, vor allem im Übermaß, macht nun mal redselig. Aber Koslowskis dauernde Leier ging ihm auf den Sack. Natürlich war es schlimm, was passiert war, aber durch ständiges Jammern und Besaufen konnte man doch nichts rückgängig machen. Klar, dass Koslowski sich immer wieder Selbstvorwürfe machte, aber ging das Leben nicht irgendwann auch mal weiter? Auch er hatte Lisa Brandes sehr gemocht, aber jetzt war sie nun mal tot. Wenn nicht bald was passierte, würde Koslowski irgendwann daran kaputtgehen. Egal ob durch den Suff, einen Unfall oder dadurch, dass er sich, im wahrsten Sinne des Wortes, selber aus dem Leben schoss.

„Was ist nun mit dem Kaffee?", wollte Strunte wissen.

Koslowski rutschte vom Hocker und kam mühsam auf die Beine. Dann hielt er sich am Tresen fest, sah sich um und starrte dann Strunte an. „Du kannst mich mit deinem beschissenen Kaffee am Arsch lecken!" Nur eine Sekunde später feuerte er einen Aschenbecher ins Gläserregal.

Noch während die Scherben aus dem Regal fielen, hatte Strunte den Krawallbruder schon am Kragen gepackt. Ohne ein weiteres Wort zog er ihn hinter sich her zur Tür. Nachdem er sie geöffnet hatte, schob er Koslowski aus dem Bistro. Als die beiden Gäste ihm zu Hilfe kommen wollten, winkte er ab. „Das schaffe ich schon alleine." Draußen stand er Koslowski Auge in Auge gegenüber. „Ich habe für vieles

Verständnis, aber wenn du hier Randale machen willst, reißt auch mir langsam der Geduldsfaden. Über so manches habe ich in letzter Zeit hinweggesehen, weil ich dich mag. Aber heute hast du das Fass zum Überlaufen gebracht. Wenn du wieder bei Sinnen bist, kannst du dich wieder melden. Und jetzt sieh zu, dass du Land gewinnst!" Mit diesen Worten schob er Koslowski von sich weg, drehte sich um und ging zurück in das Bistro.

Dort war die Bedienung bereits mit dem Auffegen der Scherben beschäftigt.

„Ihr müsst entschuldigen, der war heute nicht bei Sinnen", sagte der Wirt zu den beiden Thekengästen, als er wieder am Tresen stand. „Sonst ist der ganz okay, aber ihm hat das Schicksal derbe mitgespielt, und er hat es nicht verkraftet." Dann wandte er sich seiner Bedienung zu. „Mach den beiden Herren bitte mal zwei Pils! Als Entschädigung für die Aufregung. Ach, und mir gleich auch eins!"

Während er auf das Bier wartete, sah er zur Tür. Koslowski stand immer noch davor und starrte auf die andere Straßenseite. Hoffentlich hat das jetzt mal was gefruchtet, dachte Strunte.

Er sah durch die Scheiben der Eingangstür, wie Koslowski wankte, noch einmal in die Kneipe sah und dann lostorkelte. Sehr zu Struntes Missfallen aber nicht in Richtung Heimat, sondern über die Kreuzung in Richtung Innenstadt. Na, das konnte ja noch was geben, dachte der Wirt und schaltete den Spielautomaten wieder ein. Der Zufallsgenerator wechselte zwischen Superserie und Kein Gewinn hin und her. Strunte hoffte auf den richtigen Moment und drückte. Der Automat blieb stehen. Natürlich auf Kein Gewinn. „Passt irgendwie zu dem heutigen Abend", lachte Strunte zynisch. „Und ich dachte, ich kriege wenigstens die Gläser wieder raus."

Neun

1100 n. Chr. – Externsteine

Als Mönch war Martinus gewohnt, den Anordnungen seines Abtes nachzukommen, doch dieser Auftrag hatte etwas Unheimliches. Wie gerne hätte er sich geweigert, doch das ließ sein Gelübde nicht zu. Und irgendwer musste es ja tun.

Die Fackel in seiner Hand flackerte, zwei schwere Seile hingen ihm um den Brustkorb. Im schwachen Lichtschein konnte er Benedikts Gesicht kaum erkennen.

Benedikt, einer seiner Mitbrüder. Einer der kaum sprach, der nie auffiel, der oft für sich allein betete und arbeitete. Normalerweise war Benedikt für den Klostergarten zuständig. Mit seiner asketischen Gestalt schien er sich ausschließlich von dem dürftigen Gemüse zu ernähren, welches dort wuchs. Die raue Leinenkutte hatte er mit einem Strick fest um seinen Leib gegurtet. Über die Schulter trug er ein großes, zusammengerolltes Stück groben Stoffs.

Martinus sah an sich herunter. Bei ihm saß die Kutte strammer, denn sein größtes Laster war die Völlerei. Wildbret hatte es ihm besonders angetan. Lebhaft erinnerte er sich noch daran, wie ihnen vor einiger Zeit ein Jäger einen Hirsch vor das Klostertor gelegt hatte. Tagelang hatte es damals gebratenes Fleisch zu allen Mahlzeiten gegeben. Nicht selten war Martinus anschließend noch in die Klosterküche geschlichen, um sich heimlich weitere dicke Scheiben vom köstlichen Braten abzuschneiden.

Seit vier Jahren war er nun bereits Mönch. Sein Vater hatte bestimmt, dass er ins Kloster gehen sollte. Seine drei älteren Brüder gingen anderen Berufen nach. Eine freie Entscheidung hatten auch sie nicht treffen können, doch Martinus wusste, dass sie mit ihrem Leben zufrieden waren und ihr Auskommen hatten. Der älteste Sohn hatte des Vaters

Mühle übernommen, der zweite das Schmiedehandwerk erlernt, und der dritte fertigte allerlei Gegenstände aus Holz.

Für ihn war nur noch der Weg ins Kloster geblieben. Dort sei er gut aufgehoben, meinte der Vater, nachdem er ihn dem Abt vorgestellt hatte. Dieser hatte wohlwollend die Hand auf Martinus´ Kopf gelegt und dem Knaben zugelächelt. Sein Vater hatte ihn zum Abschied an sich gedrückt und gesagt, wie stolz er sei, dass aus seinem Sohn nun ein Mann Gottes würde.

In erster Linie war der Vater froh, einen weiteren Esser aus dem Hause und vom Tisch zu haben, das hatte der Junge nachts zuvor von seinem Lager am Ofen heimlich mitgehört. Seine Eltern hatten geglaubt, er schliefe, und sich im Dunkeln leise über die Zukunft der Familie unterhalten. Das Kloster sei der richtige Ort für ihn, meinte der Vater, und die Mutter hatte geweint.

Martinus wollte nicht ins Kloster, ihm stand der Sinn nach Jagd. Mit den Hunden durch den Wald zu streifen und dem Wild nachzustellen, das war das, was er sich erträumte. Doch gegen die Anordnung des Vaters gab es keinen Widerspruch. Sein Vater war ein gerechter, aber auch ein harter Mann, und keiner seiner Söhne hätte es je gewagt, sich gegen ihn aufzulehnen. Die Mutter war ihrem Mann ergeben, und selbst wenn sie mit dessen Entscheidungen nicht einverstanden war, so schwieg sie demütig. Seine Brüder hatten noch versucht ihn zu trösten. Er könne ja später immer noch Jagdgehilfe bei einem Adeligen werden, hatten sie gesagt. Wenn der Vater mal nicht mehr wäre. Martinus hatte nur den Kopf gesenkt und seine Tränen unterdrückt. Das war eine glatte Lüge gewesen. Wer einmal ins Kloster ging, der blieb dort ein Leben lang. Es gab nur den Weg hinein. Hinaus ging es über den Friedhof. Einmal Mönch, immer Mönch. An all das musste Martinus denken, während er leise seufzend neben Benedikt herging.

Kurze Zeit später lichtete sich der Wald, und Martinus konnte ihr Ziel verschwommen sehen. Dichte Nebelschwaden zogen über das Moor unterhalb der Steine. Aus ihnen ragten riesige Felsformationen hervor. Ihr Anblick jagte ihm einen Schauer über den Rücken. Auch wenn sie eine Kultstätte waren, ihm flößten sie Angst ein. Martinus stolperte über eine Wurzel und wäre fast gestürzt, hätte Benedikt ihn nicht geistesgegenwärtig am Arm gepackt und festgehalten. Dankbar sah Martinus ihn an und wollte etwas sagen, doch Benedikt winkte ab und bedeutete ihm zu schweigen.

Sie mussten sich jetzt sehr auf den Weg konzentrieren, der durchs Moor führte. In einigen Wasserlöchern gluckerte und gluckste es. Martinus bekam es erneut mit der Angst zu tun. Wenn hier nur nicht böse Geister ihr Spiel trieben. Wie sehr sehnte er sich in die Geborgenheit des Klosters zurück. Dort war alles ruhig, sicher und vertraut. Hier war alles in Bewegung, unheimlich und fremd. Martinus betrachtete Benedikts schmalen Rücken vor sich. Sein Klosterbruder hielt die Fackel hoch und suchte angespannt nach dem Weg, den er vor sich mehr erahnen als erkennen konnte. Martinus war froh, dass ihm diese Verantwortung abgenommen wurde. Er streckte die Hand aus und hielt sich am Strick von Benedikts Kutte fest. Aus der Ferne hörte man den Ruf eines Uhus, der seine Stimmung noch weiter verdüsterte. Dazu kam noch die unheimliche Aufgabe, die man ihnen übertragen hatte.

Endlich erreichten sie das Ende des Moors, und Martinus erkannte an Benedikts Körperhaltung, dass auch sein Bruder im Geiste froh war, diese gefährliche Stelle passiert zu haben. Direkt vor ihnen ragten nun die vier gewaltigen Steinformationen auf.

Martinus war schon des Öfteren hier gewesen. Aber immer nur bei Tageslicht. Beim ersten Mal war er fasziniert vor den mächtigen Sandsteinblöcken stehen geblieben. Besonders der Turmfelsen hatte es ihm angetan. Wie ein Finger Gottes schien er in den Himmel zu ragen.

In der Dunkelheit, die jetzt, kurz vor dem Morgengrauen, am tiefsten war, konnte Martinus ihn kaum ausmachen. Aber der Turmfelsen und seine Nachbarn waren heute auch nicht ihr Ziel, sondern der Sargfelsen, der unterhalb der großen Steinformation lag.

Oft schon hatte Martinus vor dem behauenen Felsen gestanden und den Halbbogen bewundert, den unbekannte Steinmetze in den Felsen geschlagen hatten. Im unteren Drittel der so entstandenen Höhlung gab es ein Arkosolium, welches durch eine schwere Steinplatte verschlossen war. Dieses Felsengrab lag nun mit seiner breiten Seite unmittelbar vor ihm.

Häufig schon hatte er sich gefragt, wessen Leichnam wohl darin ruhte. Den Namen des Toten würde man vermutlich nie erfahren, aber er würde ihn heute zu sehen bekommen. Die Aufgabe, die ihnen der Abt übertragen hatte, bestand nämlich darin, das Arkosolium zu öffnen und die Überreste dieses namenlosen Toten zu entfernen. Genauer gesagt, sie sollten die Reste der Leiche dem Moor übergeben. Martinus wurde schon jetzt fast übel bei der bloßen Vorstellung, welcher Anblick ihn nach dem Abheben der Steinplatte wohl erwarten würde. Nur einen Trost hatte er. Leichen, die schon so lange lagen, stanken nicht mehr, hatte ihm einer seiner älteren Mitbrüder versichert.

So standen sie vor dem Arkosolium und betrachteten die Steinplatte, welche die in den Felsen geschlagene Öffnung abdeckte und beide zusammen so eine Art Sarg darstellten.

Martinus´ Hoffnung hatte sich zerschlagen, denn auf der Steinplatte lagen zwei schwere Eisenstangen. Wären sie nicht dagewesen, hätten sie unverrichteter Dinge wieder umkehren können. Doch, wie versprochen, hatte der Schmied des Klosters sie an einer Seite plattgehämmert und sie dann einem Bauern übergeben. Dieser hatte sie weisungsgemäß zum Grabfelsen transportiert und dort abgelegt.

Dann war er möglichst schnell wieder verschwunden. Um nichts in der Welt hätte dieser Bauer oder einer seiner Nachbarn das Arkosolium geöffnet. Dafür hatten sie viel zu viel Angst vor Geistern und teuflischen Mächten.

Benedikt klemmte seine Fackel in eine Felsspalte, und nun erhellte sie mit ihrem Schein leidlich die Umgebung. Wortlos wies er Martinus an, ihm zusätzlich mit seiner Fackel zu leuchten, damit sie endlich mit ihrer Arbeit beginnen konnten. An der Art, wie Benedikt sich bewegte, erkannte Martinus, dass auch er diese unangenehme Aufgabe schnell hinter sich bringen wollte. Er ließ die Stoffrolle von der Schulter gleiten und schob die weiten Ärmel seiner Kutte hoch. Dann ging er auf die Knie und untersuchte den Spalt zwischen der Steinplatte und dem Felsen, in den die unbekannten Steinmetze vor langer Zeit eine Öffnung geschlagen hatten, in der ein menschlicher Leichnam Platz fand. Aus Erzählungen wusste Martinus, dass es sogar eine extra Ausformung für den Kopf gab. Nach dem Kauf der Felsen hatte der Abt die Steinplatte nur kurz anheben lassen, um sich zu vergewissern, was sich darunter befand.

Es ging das Gerücht, dass der Bischof das Grab später für sich selber haben wollte. Benedikt tastete die Spalte ab und hielt plötzlich inne. Er sah sich um und fand einen kleinen Ast auf dem Boden. Diesen steckte er in den soeben entdeckten, breiteren Spalt. Dann setzte er seine Suche fort, und Martinus folgte den suchenden Händen mit seiner Fackel.

Sekunden später hatte sein Klosterbruder auch den anderen Spalt gefunden. Hier waren mit Meißeln Löcher in den Fels getrieben worden. Sie dienten als Ansatzpunkte für die Eisenstangen, mit denen man die schwere Steinplatte anheben konnte.

Sobald sie diese etwas bewegt hätten, wollten sie Hölzer in die entstandenen Spalte stecken. Dann wäre es möglich, die Stangen mit ihren flachen Enden weiter unter die Steinplatte zu schieben.

Die beiden Mönche mühten sich mit einer der schweren, fast zehn Fuß langen Eisenstangen ab, bis sie deren flaches Ende in die gekennzeichnete Spalte gewuchtet hatten. Dann begannen sie zu hebeln, und langsam hob sich die Steinplatte ein wenig. Sofort schob Benedikt ein Holzstück in die Öffnung. Martinus schnüffelte, konnte aber aus dem Grab keinen üblen Geruch wahrnehmen. Es roch bloß etwas muffig. Kurze Zeit später war auch die andere Seite angehoben und ein weiterer Keil dazwischen getrieben.

Trotz der Morgenkälte waren die beiden Männer bei ihrer schweren Arbeit ins Schwitzen gekommen. Nach einer kurzen Pause gelang es ihnen, durch Hebelwirkung und mit viel Kraft die Steinplatte etwas von der hinteren Kammerwand abzurücken. Benedikt hatte die Seile unter der Steinplatte hindurch schieben und wieder zurückholen können. Jetzt verknotete er sie vorne und drückte Martinus eines der Enden in die Hand. Wortlos nickten sie sich zu und begannen, mit den Füßen gegen den Felsen gestemmt, an den Seilen zu ziehen. Martinus war überrascht, wie leicht die Steinplatte sich über die Eisenstangen ziehen ließ. Als sie fast zur Hälfte vom Grab geglitten war, hielten sie inne.

Nun kam der schwierigste Teil. Sie unterlegten die Enden der schweren Eisenstangen mit Steinen, damit die Platte nicht ins Kippen kam. So konnten sie die Platte langsam waagerecht weiterziehen und die Stangen dabei wie Schienen benutzen. Dadurch war auch gewährleistet, dass die Platte nach der Säuberung des Grabes wieder zurückgeschoben werden konnte.

Vorsichtig zogen sie die Platte aus der Grotte heraus. Nach einiger Zeit lag das Grab frei. Sie kletterten vorsichtig auf die Steinplatte und Benedikt leuchtete mit der Fackel hinein in das Grab. Das Erste, was sie sahen, war das gebleckte Gebiss eines Totenschädels. Martinus schreckte bei dem Anblick zurück und brachte die Steinplatte dadurch leicht ins Wanken.

Wütend funkelte Benedikt ihn an. „Willst du uns umbringen?", zischte er.

Martinus schluckte und schüttelte schuldbewusst den Kopf.

Benedikt beugte sich in das Grab und begann, die Überreste des Menschen, den man vor langer Zeit hier bestattet hatte, behutsam auf die Steinplatte zu heben. Martinus rutschte beim Anblick der vermoderten Stofffetzen und bleichen Knochen angewidert zur Seite.

Benedikt hielt kurz inne, sah ihn erbost an und schüttelte den Kopf. „Leg das Tuch aus, damit wir die Reste darin einwickeln können. Dann such schon mal ein paar schwere Steine, um es zu beschweren, sonst gehen sie im Moor nicht unter."

Erleichtert über die neue Aufgabe, kletterte Martinus von der Platte und tat, was sein Klosterbruder ihm aufgetragen hatte. Niemals hätte er selber in das Grab greifen und die menschlichen Überreste anfassen können. Er war dankbar, dass Benedikt ihm diese Aufgabe abnahm. Nachdem er einige Steine herangeschleppt hatte, kratzte er mit einem Stock die Leichenteile von der Steinplatte hinunter auf den ausgebreiteten Stoff. Benedikt arbeitete derweil ununterbrochen weiter und förderte immer mehr Teile zu Tage. Sein Rücken war gekrümmt, seine Bewegungen dabei so fließend wie beim Wasserschöpfen am Brunnen. Doch plötzlich stutzte er. Martinus hielt ebenfalls inne. Ganz langsam richtete sich sein Klosterbruder auf, und noch langsamer begann er, von der Steinplatte zu klettern. In seinen Händen hielt er ein längliches, ölig aussehendes Bündel. Das musste im Grab unter dem Leichnam gelegen haben. Als Benedikt sich umdrehte, das Bündel auf die Steinplatte legte und die Lappen auseinanderklappte, erkannte Martinus sofort, um was es sich handelte.

Es war ein Schwert. Aber nicht irgendeines, es war recht kurz, maß vielleicht anderthalb Fuß, schätzte Martinus, und es war auffallend schön. Die Klinge war gut erhalten und sein weißes Griffstück schimmerte wie Elfenbein. Es konnte nur Elfenbein sein, denn er hatte einmal einen Armreif aus diesem Material gesehen, und der war sehr wertvoll gewesen.

Auf der Klinge war eine Inschrift zu erkennen, die Martinus nicht lesen konnte. Er vermutete, dass es sich dabei um lateinische Buchstaben handelte. Sie ähnelten auf jeden Fall denen in der großen Bibel, die er im Skriptorium des Klosters gesehen hatte. Aber es gab etwas an dem Schwert, was alles andere dominierte. Ein großer Edelstein, der in das Ende des Griffes eingearbeitet worden war. Selbst hier, im schwachen Schein der Fackeln, konnte man schon erkennen, wie groß seine Leuchtkraft war. Der Besitzer dieses Schwertes musste ein sehr reicher Mann und seine Gefolgsleute treu gewesen sein, hatten sie ihm doch sein Schwert mit ins Grab gelegt. Das war ein großes Opfer, denn mit dem Erlös, den man beim Verkauf dieses Schwertes erzielt hätte, wäre ein sorgenfreies Leben bis ans Ende der Tage möglich gewesen.

Wie gebannt starrten die beiden Mönche auf die Waffe. Dann erfasste Benedikt sie am Griff und wog sie in der Hand. „Sie muss sehr wertvoll sein", vermutete er mit Blick auf das Schwert. Es lag schwer in seiner Hand. „Was sollen wir damit machen?" Sein Blick ruhte dabei auf Martinus.

Dieser zuckte die Schultern. Das hier war Eigentum des Bischofs. Denn wenn ihm die Steine und das Land gehörten, dann gehörte ihm auch das Grab. Und selbstverständlich auch sein Inhalt. „Ich glaube, wir werden es dem Abt übergeben müssen", vermutete Martinus und sah ebenfalls gebannt auf das Schwert. Würde es ihm gehören, wäre er ein gemachter Mann. Er würde von hier weggehen, sich eine Frau suchen, eine Familie gründen und vom Erlös des Schwertverkaufes leben. Nur noch das tun, wozu er Lust hatte. Jagen und Lesen lernen. Aber das hier war nicht sein Schwert, es gehörte dem Bischof oder dem Kloster.

„Ich werde es nicht abgeben!" Mit bestimmter Stimme und seltsam verklärtem Blick sah Benedikt ihn an. „Ich hab es satt, in diesen kalten und erbärmlichen Klostermauern zu verrotten." Er drehte das Schwert in der Hand, und im Schein der Fackeln blitzte der Rubin wie vom Feuer angestrahlte Katzenaugen. „Ich werde es nicht abgeben!", wiederholte er.

Martinus erschrak. So erregt hatte er den sonst so stillen und introvertierten Benedikt noch nie erlebt. Sein Blick schien wie im Fieber. „Wir haben ein Gelübde abgelegt und müssen uns dran halten. Wir haben Gott und dem Bischof gegenüber unbedingten Gehorsam geschworen. Wir dürfen es nicht behalten. Es gehört dem Kloster." Martinus war erstaunt, wie tief sein Pflichtgefühl plötzlich war. Das hätte er so gar nicht vermutet, aber die klösterliche Erziehung schien ihre Wirkung zu entfalten.

Benedikt sah ihn an und nickte bestätigend. „Vermutlich hast du recht. Es gehört uns nicht, wir dürfen es nicht behalten." Dann trat er plötzlich einen Schritt vor und stieß das Schwert in Martinus Bauch.

Mit ungläubigem Blick schaute dieser erst auf die eiserne Klinge in seinen Eingeweiden, dann hob er mit letzter Kraft den Kopf und sah seinem Klosterbruder fassungslos ins Gesicht. Dieses glich einer mordlüsternen und gierigen Fratze. Mit zusammengebissenen Zähnen zog Benedikt das Schwert aus der Wunde und stach erneut zu. Dabei war ihm das Glück hold, denn er traf eine Stelle zwischen den Rippen. Das Schwert drang tief in Martinus Herz ein und brachte es sofort zum Stillstand. Langsam fiel er vornüber. Benedikt umklammerte krampfhaft den Griff, und die Klinge glitt wie von allein aus dem toten Körper.

Sekundenlang stand der Mönch mit dem blutigen Schwert in der Hand da und sah auf seinen Bruder hinunter.

Immer wieder ging sein Blick zwischen der Leiche des jungen Mönchs und dem Schwert in seiner Hand hin und her. Dann erwachte er wie aus einer Trance und handelte.

Er wischte die Klinge an der Kutte des Toten ab, dann schob er die Leichenteile von dem Stofffetzen, den Martinus ausgelegt hatte. Sorgsam wickelte er das Schwert darin ein. Dabei sah er sich immer wieder um. Doch hierher würde um diese Zeit niemand kommen, da war er sicher. Noch einmal blickte er auf den armen Tropf hinunter, der seine Treue zum Kloster mit dem Leben bezahlt hatte. „Nein, das Schwert gehört tatsächlich nicht uns, sondern nur mir!" Benedikt lachte höhnisch auf und wandte sich dann ab.

Der Platz ähnelte einem Schlachtfeld. Teile einer alten Leiche, eine neue Leiche, überall verspritztes Blut, dazu das geöffnete Steingrab. Aber all das ging ihn nichts mehr an. Mit dem Todesstoß hatte er nicht nur seinen Klosterbruder aus dem Weg geräumt, sondern sich auch von dem armseligen Leben als Mönch verabschiedet. Nun würde er anfangen zu leben, und er wusste auch schon wo. Auf jeden Fall weit weg von hier, denn man würde bestimmt bald nach ihm suchen.

Er schenkte der Szene noch einen letzten Blick, dann raffte er die Kutte enger um sich, drückte das Bündel mit dem kostbaren Schwert an seine Brust und verschwand so, wie er mit seinem jungen Bruder gekommen war. Barmherzig wie ein Leichentuch bedeckte der Nebel die beiden Toten.

Zehn

Clarissa Langeland sah aus dem Fenster. Das Wetter war nicht gerade schön. Eindeutig zu kalt. Was gäbe sie darum, wenn sie endlich in Spanien oder sonst wo im Süden wäre. Fröstelnd schlang sie die Arme um die Schultern. Dann drehte sie sich um und blickte lächelnd zu Henrik Sommer, der am Tisch saß und konzentriert arbeitete. Um ihn herum waren Unmengen von Zeitungen und Zeitschriften verteilt. Papierschnipsel bedeckten Tisch und Boden.

Es sah schon etwas seltsam aus, wenn jemand Buchstaben und Worte aus einer Zeitung ausschnitt und dabei Einweghandschuhe aus Latex trug. Aber Clarissa hatte darauf bestanden. Wer konnte denn wissen, ob ihr Mann sich an die Anweisungen halten würde? Wer sagte denn, dass er sich nicht doch an die Polizei wenden würde? Fast hätte Henrik kalte Füße bekommen, und Clarissa musste ihn davon überzeugen, dass diese Möglichkeit gen Null tendierte. „Glaub mir, mein Schatz, mein Mann ist viel zu ängstlich. Der wird auf keinen Fall die Polizei einschalten. Du hast es doch deutlich geschrieben, oder?"

Henrik Sommer hielt ihr den Brief hin. Ja, er hatte es sehr gut formuliert.

Wenn Sie die Polizei verständigen, stirbt Ihre Frau! Versuchen Sie irgendwelche Tricks, stirbt Ihre Frau! Wenn der Geldbetrag nicht stimmt, stirbt Ihre Frau!

Zufrieden küsste Clarissa ihren jugendlichen Liebhaber und angeblichen Entführer in den Nacken. Was dieser beantwortete, indem er den Kopf zurücklegte und sich von ihr intensiv auf den Mund küssen ließ. Dann suchte er weiter nach den richtigen Buchstaben. Der Brief war fast fertig. Eine Million Euro in kleinen, gebrauchten Scheinen. Keine fortlaufenden Seriennummern. Keine Bullen. Keine Tricks und kein Aufsehen bei der Geldübergabe.

„Hast du schon eine Idee, wo die Geldübergabe stattfinden soll?", fragte Clarissa und setzte sich auf das Bett in Henriks Studentenwohnung. Heute war das zweite Mal, dass sie sich hier trafen. Beim ersten Mal hatte sie sich sogar ein wenig geziert, seine Wohnung zu betreten. Und Sex hatte es gar keinen gegeben. Sie sei in dieser ungewohnten Umgebung zu gehemmt, hatte sie behauptet. Henrik war enttäuscht gewesen, hatte er doch mit Kerzen und Sekt alles besonders schön vorbereitet. Aber dann hatte er Verständnis gezeigt und sie hatten sich stattdessen über ihr weiteres Vorgehen unterhalten. Heute jedoch, nachdem sie sich zuerst kurz und heftig geliebt hatten, hatte er damit angefangen, den Erpresserbrief zu basteln.

„Henrik?", holte sie ihn aus seinen Gedanken. „Ich habe dich etwas gefragt."

Henrik Sommer sah gedankenverloren von dem Brief auf. „Wie bitte?" Er legte den Klebestift zur Seite und besah sich sein Werk. Dann blickte er Clarissa an. Wie schön sie doch war.

„Ich habe dich gerade gefragt, ob du schon eine Idee hast, wo die Geldübergabe stattfinden soll."

„Ach so, ja, ich habe mir da was Besonderes ausgedacht. Eine gute Stelle mit vielen Menschen, viel Trubel und wenig Chancen, bemerkt zu werden. Ideal, um anschließend unerkannt mit dem Geld in der Menge zu verschwinden."

Clarissa setze sich auf seinen Schoß. „Schatz, jetzt hast du mich aber wirklich neugierig gemacht. Wo ist denn dieser famose Ort?"

Henrik Sommer schmunzelte und zwinkerte ihr zu. „Ach Schatz, du bist so neugierig wie eine junge Katze.

Clarissa schlang die Arme um seinen Hals und knabberte an seinem Ohrläppchen. „Aber auch so zärtlich", hauchte sie ihm ins Ohr. Ihre Zunge glitt an seinem Hals entlang. „Nun komm schon, du Spielverderber, wo soll die Geldübergabe stattfinden?"

Henrik Sommers Hand glitt unter ihren teuren Kaschmirpullover. Er lächelte, als er ihr antwortete. „Advent, Advent, ein Lichtlein brennt!" Und als er ihren vollkommen ahnungslosen Blick sah, lachte er. Dann begann er ihr seine Idee zu erklären.

Elf

Der Wind war eisig und kam aus östlicher Richtung. Besser als aus westlicher, denn von daher brachte er meistens Regen mit, der eher unangenehmer als die trockene Kälte war. Das 55er Denkmal mit seinem breiten Sockel bot einen guten Windschutz. Sein Fahrrad lehnte an der anderen Seite des Sockels, die Taschen hatte er am Lenker hängen lassen. Die Isomatte, die er auf dem Boden ausgelegt hatte, würde ihn vor der Kälte schützen, und der alte, ausrangierte Schlafsack der Bundeswehr hatte ihn bislang noch nie im Stich gelassen. Und das ging immerhin schon fünf Jahre so.

Bernhard Mücks war es gewohnt, im Freien zu schlafen. Egal bei welchem Wetter. Denn vor fünf Jahren hatte er sich entschlossen, mit seinem alten Leben zu brechen, und diesen Entschluss hatte er bis heute durchgehalten. Nur mit ein paar Habseligkeiten und einem alten Damenfahrrad war er von zu Hause weggegangen. Und seltsamerweise hatte er seither nichts vermisst. Er knöpfte seine Strickjacke zu und zog dann den alten, wattierten Daunenmantel über. Auf dem Schlafsack kniend öffnete er dessen Reißverschluss und kroch hinein. Der Himmel über ihm war sternenklar, es versprach eine sehr kalte Nacht zu werden. Bernhard Mücks dachte noch kurz daran, wohin seine weitere Reise gehen sollte, darüber schlummerte er ein.

***

Ahmet Fakhro hielt Sergej Penner den Joint hin.

Dieser spuckte auf die Pflastersteine und grinste. Dann griff er mit zwei Fingern umständlich nach der Haschisch-Zigarette und nahm einen langen Zug. „Gutes Zeug, Ahmet!" Erneut zog er an der Zigarette, um sie dann an Kevin Sommer weiterzureichen.

Der tauschte sie gegen die halbleere Wodka-Flasche. Während er ebenfalls die Wirkung des Joints genoss, nahm Sergej einen langen Schluck aus der Flasche. Geiles Zeug und geile Kombi, fand er. Wodka und Stoff! Jetzt fehlte ihnen nur noch was zu ficken. Aber die doofen Weiber schienen sich nicht für sie zu interessieren. Dabei fand sich Sergej ziemlich cool. Genauso wie seine beiden Kumpels. Echte Kumpels. Sie hatten sich gesucht und gefunden. Keiner von ihnen ging mehr zur Schule. Sergej war nach einem tätlichen Angriff auf einen Lehrer rausgeflogen, Kevin hatte man wegen dauernden Schwänzens vom Unterricht ausgeschlossen, und Ahmet ging einfach nicht mehr hin. Seinen Alten interessierte das nicht, denn für den war es sowieso eine Schule der Ungläubigen.

Mittlerweile hatten sie in der Szene einen guten Namen. Durch brutale Prügeleien hatten sie sich einigen Respekt verschafft. Natürlich immer im Dreierpack, denn wer wollte schon verlieren? Die Bullen hatten sie des Öfteren mal hoppgenommen, aber dabei kam nie was raus. Vor dem Gericht hatten sie keine Angst, die Richter waren alles Luschen, von den Weicheiern würde sie keiner in den Knast schicken. Eher würden sie Bewährung kriegen, und das war ja so wie Freispruch. Also alles easy.

„Scheißweiber", fluchte Sergej und spuckte erneut auf die Straße.

Ahmet grinste und rieb sich die Hose im Schritt. „Ey, Alter, wird mal wieder Zeit, weißt du?" Dabei schlug er Kevin auf die Schulter, dass der sich fast am Wodka verschluckte.

„Mann ey, spinnst du komplett, oder was?" Drohend hob er die Flasche. Ahmet sprang einen Schritt zurück. „Bleib cool, Mann, war nur Spaß." Er schnippte den Rest des Joints in die Gegend. „Lass mal rüber zum Park gehen. Hab irgendwie Bock, jemanden aufzumischen!" Sein Frust über die Ignoranz der Weiber setzte Sergej immer mehr zu. Den musste er irgendwo loswerden.

Kevin Sommer grinste ihn an. „Genau, Alter, lass rübergehen, vielleicht ist da ein Penner, den man mal bisschen frischmachen kann oder irgend so 'ne Schwuchtel."

Ahmet warf die leere Wodka-Flasche auf die Fahrbahn, wo sie zersplitterte. Ein vorbeikommendes Auto musste ausweichen, der Fahrer legte eine Vollbremsung hin. Wutentbrannt sprang er aus dem Wagen. „Hey, spinnst du?", wollte er von Ahmet wissen. „Bist du bescheuert?"

Als er sah, dass Ahmet ein Springmesser aus der Jacke zog und sich ihm noch zwei weitere, wenig vertrauenerweckende Gestalten anschlossen, zog er es jedoch vor, schleunigst wieder in den Wagen zu steigen und die Kurve zu kratzen.

„Ey, du Penner, verpiss dich!", schrie ihm Ahmet wütend hinterher. Mit hasserfülltem Gesicht zeigte er dem davonfahrenden Autofahrer noch den Stinkefinger. Erst als seine Kumpels ihn von der Straße zogen, beruhigte er sich langsam.

„Los, lass abhauen, der dumme Wichser ruft garantiert die Bullen an!" Sergej zog Ahmet an dessen billigem Lederjackenimitat hinter sich her. „Auf die Bullen habe ich heute keinen Bock!"

Ahmet riss sich los und sah Sergej wütend an. „Sollen sie doch kommen, die Bullen, die können mich mal!"

Kevin stand daneben und mischte sich nun auch in das Gespräch ein. „Sergej hat recht, lass uns abhauen, wir wollten doch sowieso zum Kaiser-Wilhelm-Park." Kevin grinste dümmlich, was aber durchaus seinem Intellekt entsprach, denn der Hellsten einer war er auf keinen Fall. Ansonsten hätte er auch garantiert Besseres zu tun gehabt, als in einer lausig kalten Nacht in der Detmolder Innenstadt abzuhängen. Gemeinsam trotteten die drei Supermänner los. Irgendwo würden sie ihren Frust schon noch loswerden. Egal, woher der kam.

Als er sich umdrehte, wäre er fast von der Bank gefallen. Koslowski taten sämtliche Knochen im Leib weh. Sein Kopf dröhnte wie eine Hammerschmiede, und er hatte einen Geschmack im Mund, der verdächtig an alte, feuchte Lumpen erinnerte. Wo war er überhaupt?

Mühsam drehte er sich um. Wie lange lag er hier schon auf der Bank? Als er sich unvorsichtig schnell aufrichtete, musste er sich sekundenlang an der Rückenlehne festhalten. Sein Kopf drohte zu explodieren, die Welt um ihn herum drehte sich wie ein Kinderkarussell. Als er endlich die Füße von der Bank schwang, stieß er eine halbvolle Flasche mit Weinbrand um. Der Inhalt ergoss sich leise glucksend über die Betonplatten unter der Bank.

Unfähig die Flasche zu greifen und dem Fluss des Branntweins Einhalt zu gebieten, sah Koslowski zu, wie der kostbare Sprit sich auf dem Boden ausbreitete und versickerte. Woher kam die Flasche?

Er hielt sich mit beiden Händen den Kopf und stütze die Ellbogen auf die Knie. Ein Taxi!

Koslowski erinnerte sich daran, dass er nach dem Rauswurf aus dem Knispel in Richtung City gelaufen war. Auf halbem Weg hatte er ein Taxi angehalten. Ganz langsam kehrten Erinnerungsfetzen zurück.

Das Nächste, woran er sich erinnerte, war der Streit mit einem Tankstellenverkäufer, weil der ihm zuerst keinen Schnaps mehr verkaufen wollte. Um seine Ruhe zu haben, hatte er ihm dann doch die Flasche Weinbrand für einen astronomisch hohen Preis verkauft. Und als Koslowski endlich seinen Stoff hatte, war der Taxifahrer einfach davongefahren. Am liebsten hätte Koslowski ihm die Pulle hinterhergeschmissen, aber dafür war der Stoff eindeutig zu teuer.

Notgedrungen hatte er sich zu Fuß auf den Weg in Richtung Innenstadt gemacht. Im nächsten Erinnerungsfenster erblickte er die Bank, auf der er nun saß, und sich selbst, wie er die Weinbrandflasche an den Hals setzte und trank.

Erneuter Filmriss.

Jetzt hockte er hier wie ein Häufchen Elend, und der Film der Erinnerung und die Wirklichkeit begannen endlich wieder synchron zu laufen. Ich muss nach Hause, dachte Koslowski, sonst frier ich mir hier den Arsch ab.

Mühsam erhob er sich und musste sich erneut an der Rückenlehne festhalten. Schwankend stand er vor der Bank und versuchte sich zu orientieren. Wo war er überhaupt?

Er sah sich um. Links dieses große Gebäude, das schien doch das Amtsgericht zu sein. Und rechts dieser Klotz da, das war dann garantiert das 55er Denkmal. Noch während Koslowski dabei war, sich zu orientieren, hörte er laute Stimmen vom Denkmal herüberschallen. Was war da los?

Selbst in diesem zugedröhnten Zustand trat eine Charaktereigenschaft wieder zutage, die ihn immer schon gekennzeichnet hatte, nämlich seine Nase in Dinge stecken zu müssen, die ihn nichts angingen. Sei es aus Neugier oder aus Interesse daran, Dinge zu ändern. Heute hätte er es nicht sagen können, und eigentlich war ihm diese Eigenart auch mittlerweile selbst zuwider geworden, hatte er dafür doch einen hohen Preis zahlen müssen. Außerdem war er auch viel zu betrunken, um schwierigen Problemen auf den Grund zu gehen. Und so ließ er sich einfach treiben und stolperte zum Denkmal hinüber.

***

„Guck da, der Penner!", lachte Kevin albern und deutete auf die Gestalt, die sich am Fuße des Denkmals für das preußische Infanterieregiment in den Schlafsack eingerollt hatte. Die beiden anderen Jugendlichen waren seiner Geste gefolgt und gingen nun provokant langsam zum Denkmal hinüber. Den alten Säufer da, den würden sie mal kurz frischmachen. Vielleicht hatte der sogar noch ein paar Euros vom Betteln in der Tasche. Konnte sich ja morgen neue besorgen. Er näherte sich dem Bündel aus Daunen und Bundeswehrstoff und stieß es mit dem Fuß an.

„Ey, Alter, wach' auf, du hast Besuch!" Über diesen originellen Witz lachte er am lautesten.

Sergej begann sich an den Plastiktüten zu schaffen zu machen, die am Fahrrad hingen. Angewidert wühlte er in schmutziger Kleidung. Aber sein Interesse ließ schnell nach. Vermutlich war es das Knistern der Plastiktüten, die den Mann im Schlafsack hatte aufhorchen lassen. Etliche Jahre auf der Straße schärfen die Sinne. Und in den raschelnden Plastiktüten befand sich nun mal sein ganzer Besitz.

Sergej war es leid. „Ey, Rotarsch!" Das war einer seiner Lieblingsbegriffe, von dem er aber nicht hätte sagen können, was er bedeutete, und bei der Bundeswehr war er nie gewesen. Für die Bundeswehr sicherlich auch kein Verlust. Aufgeschnappt hatte er den Begriff mal irgendwo in Augustdorf. Seitdem benutzte er ihn ständig und fand ihn supercool. „Was is' nu, Rotarsch?", wollte er von Bernhard Mücks wissen, der sich gerade aus dem Bundeswehrschlafsack schälte. „Haste Kohle?"

Kevin war begeistert. Sein Kumpel hier, der wusste, wie man so eine Sache angeht.

Bernhard Mücks sah schlaftrunken zu ihnen auf. „Meine Herren, angenommen, ich würde im Besitz von Bargeld sein, würde ich dann wohl hier auf den kalten Steinen liegen?" Dabei lächelte er unschuldig.

Die drei jungen Männer sahen ihn an, als ob er gerade von ihnen verlangt hätte, alle Hauptstädte Europas aufzusagen. Dabei hätten sie vermutlich bereits mit dem Namen der deutschen Hauptstadt Schwierigkeiten gehabt.

Sergej traute seinen Ohren nicht. Wollte der Penner sie etwa verscheißern? Dann würde es ganz schnell was auf die Fresse geben. „Was is' nu' mit der Kohle, Rotarsch?", wiederholte er seine Frage.

Ahmet spuckte wie zur Bekräftigung nur ganz knapp neben Bernhard Mücks auf den Boden.

Dieser rieb sich die Augen. „Vielleicht habe ich mich nicht richtig ausgedrückt", entschuldigte er sich. „Um es Ihnen verständlich zu machen, meine Herren, noch einmal in Ihrem Jargon: Ich habe keine Kohle!"

Kevin sah sich bemüht, mit seinen beiden Vorbildern Schritt zu halten und trat gegen das alte Damenfahrrad. In den Plastiktüten klirrten leise ein paar Flaschen.

Sergej sah triumphierend auf Bernhard Mücks herunter. „Also haste doch Kohle für Schnaps gehabt, oder was, Alter?"

Bernhard Mücks sah auf die ausgetretenen, ehemals weißen Turnschuhe und die verdreckten Jogginghosen seiner nächtlichen Besucher. Und er wusste, dass es über kurz oder lang Ärger geben würde. Spätestens beim nächsten Satz.

„Das sind Milchflaschen", erklärte er und wusste was kam. Der große Ärger.

„Rotarsch, ey, willst du mich verarschen? Milch?" Sergej trat nun fester gegen das Fahrrad. Dabei kippte der Lenker zur Seite und das Rad verlor seine Standfestigkeit. Langsam rutschte es zu Boden, die Tüten kippten zur Seite und heraus rollten? Leere Milchflaschen.

Die heimlichen drei Könige der Detmolder Innenstadt sahen auf die Flaschen und ihre Gesichtsausdrücke waren das, was auch ein objektiver Beobachter mit dämlich beschrieben hätte.

Sergej bückte sich, hob eine der leeren Pfandflaschen auf und starrte sie an, als ob er noch nie eine Milchflasche in der Hand gehabt hätte. Allmählich dämmerte ihm, dass hier vermutlich tatsächlich nichts zu holen war, und die Wut packte ihn. Jähzornig donnerte er die Flasche so heftig gegen den Denkmalsockel, dass Bernhard Mücks die Scherben um die Ohren flogen.

Der zog den Kopf zwischen die Schultern. Jetzt geht es los, dachte er resigniert.

Ahmet begann gerade gegen die am Boden liegenden Tüten zu treten, als ein Mann aus dem Schatten des Denkmals auf sie zu torkelte. „Lasst gefälligst den Mann zufrieden", lallte der mit belegter Stimme und versuchte krampfhaft, Haltung zu bewahren.

Sergej, der wegen des unerwarteten Auftauchens zuerst ein wenig erschrocken war, fing sich als Erster wieder.

„He he, noch ein Rotarsch, aber der scheint blau zu sein." Belustigt sah er zu, wie sich der Mann, ein Typ um die Fünfzig, am Denkmal festhalten musste.

„Los, verpiss dich, Alter!", kommandierte Ahmet und machte einen schnellen Schritt auf den Mann zu. Dieser versuchte eine Art Abwehrstellung einzunehmen, was ihm aber sichtlich schwerfiel. Ahmet sprang einen weiteren Schritt vor und schrie ihn an.

Der Mann sprang zurück, geriet ins Stolpern und fiel auf seinen Hintern. Wie benommen saß er da, während die drei Typen ihn auslachten.

Sergej fand wieder als Erster zum Wesentlichen zurück. „Los jetzt, erst filzen wir den alten Penner hier, dann nehmen wir uns die Patte von dem Saufkopp vor."

Mit dieser klaren Anweisung drehten seine Kumpels sich um und wollten gerade auf Bernhard Mücks losgehen, als ein weiterer Störenfried sich einmischte. Ein grauer, dreibeiniger Hund stand plötzlich zähnefletschend und knurrend zwischen ihnen und dem Penner. Ahmet zuckte bei dem Anblick sofort zurück. Einem anderen die Fresse einschlagen, möglichst zu dritt oder zu viert, das war kein Problem. Aber Köter? Davor hatte er doch Schiss. Drecksviecher, vollkommen unberechenbar. Auf jeden Fall unberechenbarer als eingeschüchterte Penner. Vorsichtshalber machte er einen Schritt zurück.

Kevin wusste nun gar nicht mehr, was Sache war. Wo kam denn der Humpelköter plötzlich her? Gehörte der dem Penner hier? Na ja, egal, von so einem Krüppelvieh würde er sich nicht den Spaß verderben lassen. Jetzt konnte er mal zeigen, dass er ein gleichwertiger Partner in ihrer Gang war. Er hatte jedoch die Worte, „Ich mach das schon" noch nicht ganz ausgesprochen und die Hand nach Bernhard Mücks ausgestreckt, als er sie auch schon wieder mit einem Schmerzensschrei zurückzog. Sein Handrücken zeigte deutlich Gebissabdrücke des dreibeinigen Hundes. Als er voller Wut versuchte, nach dem Hund zu treten, wich dieser trotz seines fehlenden linken Vorderbeines blitzschnell aus und biss Kevin in die Wade. Schreiend riss der das Bein zurück und sah sich hilfesuchend um.

Doch der sonst so coole Sergej hatte die Zeichen der Zeit bereits erkannt und sich aus dem Staub gemacht. Seinen Kumpel Ahmet im Schlepptau. Sie standen schon auf dem Gehweg der Paulinenstraße, als Kevin auf sie zugehumpelt kam. „Warte nur", schrie Sergej, „dich alten Penner kriegen wir noch. Und den besoffenen Rotarsch auch."

Damit rannte er über die Fahrbahn und zeigte einem bremsenden Taxifahrer den Stinkefinger. Seine beiden Adjutanten folgten ihm. Kevin mit Schmerzenstränen in den Augen. Kurze Zeit später waren sie in der Grabbe-Straße verschwunden.

***

Koslowski kam langsam wieder auf die Beine. „Was war das denn?", fragte er sich laut.

Hatte ihn da wirklich so ein Milchbubi von den Beinen geholt? Und wie der das gemacht hatte, das hatte er noch nicht mal mitbekommen.

Aus seiner sitzenden Position hatte er mit ansehen müssen, wie der dreibeinige Hund den alten Mann beschützt hatte. Der tierische Retter wurde gerade mit einer Scheibe Brot gefüttert. Koslowski kam mühsam hoch und schwankte erneut. Welch eine Blamage!

Ein Halbstarker haute ihn aus den Schuhen? Ihn? Der früher fast jeder Lage gewachsen gewesen war? Ihn, der so viele gefährliche Situationen überstanden hatte? Und nun das hier!

Beschämt drehte er sich weg. Ein verkrüppelter Hund hatte mehr Mut bewiesen als er. Dieser Hund hatte das getan, was er hätte tun müssen. Aber nicht gekonnt hatte.

Weil er ein Versager war. Ein Säufer! Noch schlimmer als der Mann da am Fuße des Denkmals. Vor Wut auf sich selbst stieg ihm so die Galle hoch, dass er sich fast übergeben hätte. Was war er doch für ein jämmerliches Wesen geworden.

Mühsam torkelte er zu der Bank zurück, fiel mehr darauf, als dass er sich auf ihr niederließ und bückte sich nach der Flasche. „Das Beste wird sein, ich saufe mich kaputt!", schrie er wütend und versuchte die Flasche zu greifen.

Dabei verlor er sein Gleichgewicht, rutschte von der Bank und schlug mit dem Hinterkopf auf die Kante der Sitzfläche. Und dann wurde es in Koslowskis Schädel endlich rabenschwarze Nacht.

Zwölf

Holzhausen gab es in Lippe zweimal. Eines, das zu Bad Salzuflen gehörte, und das andere in der Nähe von Horn. Letzteres trug noch den Zusatz Externsteine, denn der Ortsteil grenzte unmittelbar an die bekannte Sehenswürdigkeit.

Am Stemberg, unweit des Café Werner, befand sich ein Haus in malerischer Lage. Umgeben von einem weitläufigen Grundstück und mit einem wunderbaren Ausblick. Der dunkle Wagen hielt etwas abgesetzt von dem Klinkerbau an, doch der Fahrer blieb im Wagen sitzen.

Es war kurz nach zwei Uhr morgens. Holzhausen schlief.

Der Fahrer des Wagens gönnte sich noch eine Zigarette, dann stieg er aus und schloss leise die Tür. Ohne Eile näherte er sich dem Haus, welches unbeleuchtet vor ihm lag. Über der Schulter trug er eine Umhängetasche wie Zeitungsboten sie benutzen. Am hölzernen Gartentor blieb er kurz stehen, sah hinüber und griff dann nach dem Riegel. Vorsichtig öffnete er das Tor und schlüpfte in den Garten.

Die naturnahe Gartengestaltung kam dem Eindringling nur zugute. Bereits wenige Schritte hinter dem Gartentor verschluckte ihn diese Wildnis. Er wandte sich dem Haus zu. Vorsichtig umrundete er es, stets darauf bedacht, den Bewegungsmeldern nicht zu nahe zu kommen.

Endlich hatte er einen toten Winkel gefunden, der es ihm ermöglichte, sich dem Haus zu nähern. Unter der Jacke zog er einen Teleskopstiel heraus, der zusammengeschoben nicht länger als ein Meter war. Ausgezogen jedoch brachte er es auf dreieinhalb Meter. Der Mann befestigte eine Astschere an dem Stiel und durchtrennte damit das Stromkabel. Nun war der Melder nur noch Dekoration. Zufrieden grunzte der Mann. Jetzt, da das erste Gerät lahmgelegt war, ging alles viel einfacher. Systematisch arbeitete er sich am Haus entlang und schaltete nach und nach auch die anderen Bewegungsmelder aus.

Dann wandte sich der Mann der Rundumleuchte und der Sirene zu, die oben an der Hauswand in einem Kasten untergebracht waren. Er nahm die Astschere ab und ersetzte sie durch eine Spraydose. An deren Auslösehebel befand sich ebenfalls ein Band. Der Mann hob die Flasche an und manövrierte den kurzen, starren Schlauch, der sich an der Flasche befand, in die Öffnung des Kastens. Dann zog er langsam aber kontinuierlich am Band, und Füllschaum strömte in den Sirenenkasten. Sofort breitete er sich aus und verstopfte prompt sämtliche Öffnungen.

Jetzt hieß es warten, bis sich der Schaum verfestigte und so die Sirene lahmlegte. Die Wartezeit nutzte der Mann, um Flasche und Astschere wieder in seine Tasche verschwinden zu lassen. Dann stülpte er mit Hilfe des Teleskopstiels einen lichtundurchlässigen Sack über die Rundumleuchte die sich oben auf dem Sirenenkasten befand. Damit war nun gewährleistet, dass die Holzhauser in dieser Nacht nicht im Schlaf gestört wurden.

Das Aufbrechen eines Fensters machte kaum Lärm, und als er im Haus war, wusste er, wo er zu suchen hatte. Auch die Kombination für den Safe kannte er bereits. Die hatte dieser Schwachkopf sich doch tatsächlich notiert und bei sich getragen.

Der Mann betrat eine Art Büroraum und sah sich um. An der Wand hingen großformatige Fotos der Senne. Auf einem Regal standen diverse Bilder in unterschiedlichen Rahmen. Fast jedes dieser Fotos zeigte Jürgen Baumschulte. Mal mit dem Landrat, mal mit Förstern des Landesverbandes.

Einmal stand er sogar neben einem Trecker auf dem ein Lippischer Landtagsabgeordneter saß. Der Eindringling schüttelte den Kopf. Was war Baumschulte doch für ein eitler Fatzke gewesen. Aber dessen Name war ja bereits Vergangenheit. Schade, dass der gute Mann nicht mal eine

Beerdigung erhielt. Er hätte sich sicher gewünscht, in einem Friedwald bestattet zu werden. Unter einem Baum. Unter einem der Bäume, die er so sehr geliebt hatte.

Aber nicht nur den Wald, sondern auch andere Dinge hatte er geliebt. Und genau deswegen hatte Baumschulte sterben müssen, und nur deswegen war der Mann in sein Haus eingedrungen.

Mit einem Ruck zog er einen Wandteppich zur Seite und legte dadurch einen großen Tresor frei. Das Ding war mindestens achtzig Zentimeter breit und 1,50 Meter hoch. Da ging schon was rein. Der Mann griff in die Tasche und holte einen Zettel heraus. Er beugte sich vor und begann die entsprechende Zahlenkombination einzustellen. Immer heftiger zitterten dabei seine Finger. Nicht wegen des schlechten Gewissens, weil er gerade eingebrochen war, gleich auch noch stehlen würde und sogar gemordet hatte, sondern weil er es nicht mehr erwarten konnte, das in die Hände zu bekommen, hinter dem er bereits viele Jahre her war. Noch eine Zahl, dann klickte es im Tresor, und die Tür war entriegelt. Der Mann holte tief Luft, dann griff er beherzt zu und zog die schwere Tresortür auf.

Dreizehn

Heute war mal wieder so ein schrecklicher Tag. Erst das Pech mit dem Containerfahrzeug auf der A 2, dann dieser blöde Unfall auf dem Hof und dazu die beiden streitenden Rentner. Als wenn es nicht schon genug war, dass der neue LKW auf der Autobahn schlappgemacht hatte und sich keinen Meter mehr bewegen ließ.

„Elektronikschaden", hatte die Werkstatt aufgrund der Aussagen des Fahrers in Form einer Ferndiagnose gemutmaßt. Egal, die mussten raus, denn irgendwie musste der Wagen von der Straße. Nur gut, dass der Fahrer bereits beim Kunden abgeladen hatte.

Der Juniorchef der Entsorgungsfirma Dietz am Seelenkamp schob die Baseballkappe in den Nacken und kratzte sich am Kopf. Nun noch diese beiden Sonntagsfahrer. Beide hatten nach dem Entladen ihrer Gartenabfallsäcke zurückgesetzt und waren sich gegenseitig ins Auto gefahren. Ihr Geschrei war sogar über den Lärm des Wellenvorbrechers zu hören.

Der Junior winkte ab, als der Senior hinter dem Bürofenster fragend die Arme hob. „Nichts Wildes", signalisierte er seinem Vater und schickte sich an, die beiden erbosten Kampfhähne zu trennen. Nur noch ein paar Minuten, und sie würden mit Dachlatten aufeinander losgehen. „Immer mit der Ruhe, das werden wir schon klären", rief er über den Lärm hinweg. Die beiden schienen ihn gar nicht wahrzunehmen. Erst als er dazwischentrat, hielten sie inne und sahen ihn verstört an. „Ich sagte, wir kriegen das schon geklärt", startete er einen erneuten Beruhigungsversuch. Der linke der beiden Autofahrer winkte ab. „Ich habe bereits die Polizei gerufen, die werden schon feststellen, wer hier schuld ist."

Genau das fehlte jetzt noch, eine Unfallaufnahme auf dem Hof, durch die der gesamte Anlieferungsverkehr zum Erliegen kam. Und das gerade heute, wo mal wieder so viel los war.

Das Hupen des Radladers schreckte alle drei auf. Willi Nappo Heinsberg scheuchte die drei zur Seite, da er gerade eine Ladung Holz in der Schaufel hatte. Er drehte den Radlader, um das Holz in den Wellenvorbrecher zu kippen, der aus den beindicken Zweigen und Ästen Kleinholz machen würde. Nappo kippte die Schaufel ab und ließ den Inhalt in den Laderaum des überdimensionalen Schredders fallen. Das Motorengeräusch wurde etwas tiefer, und man hörte, wie das Holz an die Brechwellen herangeführt wurde.

Nein, herangeführt werden sollte, denn in diesem Moment ertönte ein lautes Krachen, der Motor des Vorbrechers schaltete sofort auf Leerlauf und das Brechwerk stand still. Ein penetrantes, sich wiederholendes Piepen und das anspringende, gelbe Rundumlicht sorgten dafür, dass der Juniorchef heute seinen dritten Fluch loswurde.

Das fehlte jetzt noch. Was mit der Kiste wohl wieder los war?

Die beiden Rentner hatte der Vorgang so geschockt, dass sie mit offenem Mund zur Maschine hinübersahen. Nappo Heinsberg war vom Radlader gesprungen, und zusammen mit seinem Chef kletterte er auf die Maschine, um zu sehen, wodurch sie blockiert wurde.

Mittlerweile war auch der Senior aus dem Büro erschienen und schaltete die Maschine endgültig ab. Irgendetwas musste in den Wellen festsitzen.

Aufmerksam betrachteten die beiden Männer den Inhalt. Plötzlich packte der Junior seinen Mitarbeiter an der Jacke. „Da! Verdammter Mist." Er deutete hinein.

Jetzt sah Nappo es auch. Das eiserne Teil eines Holzladewagens war irgendwie in den Holzabfall aus dem Wald bei Blomberg geraten und sorgte nun dafür, dass der Wellenvorbrecher die Arbeit verweigerte. Das würde ein hartes Stück Arbeit werden, den Stahl wieder rauszubekommen.

Nappo schwang sich über die Bordwand der Maschine, um sich die Sache von Nahem anzusehen. Der Juniorchef hielt ihn sichernd am Arm. Heinsberg suchte auf den Holzresten einen festen Stand. Dabei rutschte er mit dem Fuß weg und drückte dadurch einen dicht benadelten Kiefernzweig zur Seite. Sein Blick blieb an einem Stück Stoff hängen.

In dem Stoff steckte etwas, das aussah wie eine Hand. Nappo wollte sich gerade bücken, um die Sache näher in Augenschein zu nehmen, als der gesamte Teil, auf dem er stand, wegrutschte. Dadurch wurde der Blick auf eine männliche Leiche mit einer Wunde in der Brust frei. Erschrocken zuckte der Mitarbeiter der Firma Dietz zurück, drehte sich zur Seite und übergab sich. Als er sich schwer atmend wieder aufrichtete, wischte er sich den Mund ab und stöhnte: „Ich glaube, ich werde krank." Als er sich zu seinem Chef umsah, bemerkte er, dass auch der den Toten entdeckt hatte. „Eine Leiche. Wir müssen die Polizei holen", stammelte Nappo.

Sein Chef schaute kurz zur Seite, dann winkte er ab. „Nicht nötig, die Herrschaften rollen gerade auf den Hof." Dabei zeigte er auf den blausilbernen Streifenwagen, der hinter dem postgelben Auto seiner Schwester angehalten hatte. Ein schriller Pfiff ließ die beiden Beamten, die er gut kannte, zu ihm herübersehen. Dann klopfte er seinem Mitarbeiter mit der Hand auf die Schulter. „Komm raus! Mir scheint, für heute dürfte Feierabend sein. Die werden uns den ganzen Betrieb stilllegen." Dann stützte er resignierend die Arme auf den Rand des Wellenvorbrechers und legte den Kopf darauf. Genauso wie dieser verflixte Tag angefangen hatte, so ging er jetzt weiter. Er richtete sich auf und sah seinen Mitarbeiter an. „Nappo, tu mir 'nen Gefallen. Bevor du krank wirst, hol doch bitte mal Kaffee, das hier dauert garantiert länger."

Nappo kletterte erleichtert von der Maschine. Nur weg von der Leiche, das war nichts für seine schwachen Nerven. Dann schon lieber Kaffee holen, oder noch besser gleich einen Schnaps.

Vierzehn

Die Luft roch muffig. Es war feucht, und irgendwo tropfte Wasser. Außerdem war es kalt. Koslowski schauderte und tastete um sich. Mit einer Hand bekam er eine grobe Decke zu fassen und zog sie über sich. Er wollte weiterschlafen! Doch entweder war die Decke zu kurz, oder er hatte sie verdreht. Aber um sich aufzuraffen und die Decke zu richten, war er zu müde. Minuten später nickte er wieder ein.

Eine Viertelstunde später erwachte Koslowski erneut. Mühsam drehte er sich auf den Rücken. Sein Schädel dröhnte, und er hatte das Gefühl, auf einem Strohsack zu liegen.

Es musste Nacht sein, denn es war stockdunkel im Raum. Koslowski kam langsam wieder ins Leben zurück. Links ertastete er eine klamme Wand aus groben Steinen. Unter ihm fühlte sich der Stoff der Matratze wie ein Kartoffelsack an. Wo war er hier gelandet? Erst allmählich tauchte diese Frage am Horizont seines Bewusstseins auf. Was war das hier für ein Raum? Koslowski schüttelte den Kopf.

Das war kein Traum, das war Wirklichkeit. Mühsam richtete er den Oberkörper auf. Die Decke, wenn man sie so nennen konnte, rutschte von seinem Körper. Als er den Kopf hob, bemerkte er durch einen Spalt in der Zimmerdecke einen schwachen Lichtschein.

Mühsam hob er die Beine von der Liege und stellte sie auf den Boden. Bei dieser Bewegung hatte er das Gefühl, sein Kopf würde zerspringen. Mit beiden Händen hielt er ihn fest und wartete, dass der Schmerz wenigstens etwas abklang. Verdammt, wo war er hier gelandet?

Vorsichtig schielte er wieder nach oben, aber das Licht reichte nicht aus, um den Raum zu beleuchten. Das hier musste eine Art Keller sein. In einem alten Gebäude. Auf keinen Fall eine Ausnüchterungszelle der Polizei, die hätte

Tageslicht und wäre komplett gefliest. Außerdem hätte es dann irgendwo eine Tür gegeben. Hier konnte er keine erkennen. Wie war er hier reingekommen?

Erneut tastete Koslowski die Wand ab. Das waren Sandsteine, aus denen viele Häuser in Lippe gebaut waren. Aber wo genau war er, und wer hatte ihn hier eingesperrt?

Er konnte sich schwach an die Szene im Kaiser-Wilhelm-Park erinnern. Alles andere fehlte ihm komplett. Absoluter Filmriss.

Aber wer, zum Teufel, hatte ihn hierher gebracht und eingesperrt? Und warum? Wenn er sich doch nur erinnern könnte, was passiert war. Gab es jemanden, der ihn bestrafen wollte?

Koslowski sah sich um. Ganz langsam konnte er Umrisse erkennen. Er saß auf einer Art Pritsche aus ungehobelten Brettern. Der Stoff der Matratze fühlte sich nicht nur wie ein Kartoffelsack an, es war einer. Gefüllt mit Stroh, wie Koslowski ertasten konnte. Beides gleichermaßen feucht und muffig.

Bis auf einen Schemel in der Ecke, auf dem eine Kanne stand, bemerkte er lediglich einen Eimer in der anderen Ecke und daneben eine Rolle Toilettenpapier. Damit war das Gefängnis komplett. Er kam sich vor wie der Graf von Monte Christo. Fehlte nur noch die Kette am Bein.

Langsam und vorsichtig, sich an der Wand abstützend, kam Koslowski auf die Beine. Den Raum schätzte er auf drei mal drei Meter. Und auch die Decke war mindestens drei Meter über ihm.

Er legte den Kopf in den Nacken und sah zur Decke hinauf. Anscheinend dicke Holzbalken und darüber Bretter oder Bohlen. In der Mitte ein Rechteck, welches man an den hellen Schlitzen erkannte. Eine Art Bodenklappe, von hier unten unerreichbar.

Wie hatte man ihn bloß in dieses Verließ geschafft – und vor allem, wer?

Koslowski wankte auf unsicheren Beinen zu dem Schemel in der Ecke. Die weiße Emaillekanne enthielt frisches Wasser. Vorsichtig probierte er, dann trank er gierig große Schlucke. Erst nach einiger Zeit setzte er die Kanne ab. Sein Nachdurst war grausam.

Koslowski ließ etwas Wasser in seine Handfläche laufen und wusch sich damit das Gesicht. Dann überkam ihn ein seltsames Gefühl in der Magengegend. Er stellte die Kanne auf den Schemel zurück und stolperte hastig zu dem Eimer in der Ecke. Kaum dort angekommen, musste er sich übergeben und würgte das Wasser wieder raus.

Als zuletzt nur noch bittere Galle kam, sackte er auf den Boden, krümmte sich zusammen und hielt sich den Bauch. Während der Schmerz langsam abklang, schlief er wieder ein.

Fünfzehn

Charles Boron war eigentlich gar nicht sein richtiger Name. Eigentlich hieß er Karol Boronowski und war der Sohn eines polnischen Juden. Sein Vater hatte im KZ Sachsenhausen gesessen und war von den Nazis nur verschont worden, weil er ein Experte für Antiquitäten und Fälschungen war. Unter der Aufsicht seiner Peiniger musste er Stempel für ausländische Pässe fälschen und wurde später auch zur Herstellung von Falschgeld in großem Stil eingesetzt. Im Sommer 1943 schafften es die Fälscher sogar, 650.000 Stück falsche britische Pfundnoten herzustellen. Insgesamt wohl über 100 Millionen. Nur seine besonderen Fähigkeiten retteten Boronowskis Vater damals das Leben.

Nach dem Krieg blieb er in Deutschland und begann einen schwunghaften Handel mit Antiquitäten. Auf den ersten Blick konnte er echte von unechten Antiquitäten unterscheiden. Die falschen sortierte er aus und gab sie zurück, die echten bezahlte er mit Blüten und verkaufte sie dann gegen echte Währung weiter ins Ausland. Boronowski senior hatte seinem Sohn alles Wissen vermittelt, was er sich selbst in langen Jahren angeeignet hatte. Dazu gehörten auch ein ausgeprägter Geschäftssinn und die Liebe zum Geld.

Als der Vater starb, erfüllte ihm sein Sohn den letzten Wunsch und ließ ihn in einem mondänen Grab auf einem Warschauer Friedhof beisetzen. Auch wenn er sein Leben in Deutschland verbracht hatte, wollte er doch am Ende in heimischer Erde ruhen. Im Land seiner Väter und Großväter.

Karol aber blieb in Deutschland und übernahm die Geschäfte und Verbindungen seines Vaters. Innerhalb kürzester Zeit hatte er ein eigenes Netzwerk aufgebaut, eine Leistung, auf die sein Vater stolz gewesen wäre. Seinen Nachnamen änderte er in Boron um und machte aus dem slawischen Karol einen britisch klingenden Charles.

Hätte man ihn gefragt, wovon er lebte, hätte er geantwortet: „von zehn Prozent." Das war auch sein Spitzname in der Branche. „Mister zehn Prozent".

Boron handelte mit jeder Art von Antiquitäten, war auch Devisengeschäften nicht abgeneigt und hatte im Laufe der Jahre sowohl das Imperium seines Vaters, wie auch dessen Reichtum vergrößert.

Ein weiteres Standbein Borons waren Immobilien. Gerade hier in Berlin hatte er nach der Wende kräftig zugeschlagen und investiert. Heute besaß er eine stattliche Reihe von Mietshäusern. Diese alten, vom Krieg verschonten Gebäude hatten es ihm angetan, und man musste zugeben, dass Boron sie wirklich detailgetreu und ansprechend renoviert hatte.

In einem dieser Häuser in der Nähe des Hackeschen Marktes hatte er für sich die obersten zwei Etagen ausbauen lassen. Von außen sah man dem Haus nicht an, welcher Luxus dort oben herrschte. Nur der Fahrstuhl, der lediglich in seine Wohnung führte, war dafür ein kleiner Hinweis. Die restlichen Etagen waren an Makler und Rechtsanwälte vermietet, sodass das Haus nachts leer stand. Boron hatte die beiden Etagen sehr geschmackvoll ausbauen und renovieren lassen. Große Glasfenster gestatteten einen faszinierenden Blick über Berlin, und allein das oberste Stockwerk enthielt drei Schlaf- und ebenso viele Badezimmer.

Nur wenige handverlesene Eingeweihte kannten diese Räume. Meist Teilnehmer von Partys, bei denen Lustknaben Wein und Trauben servierten und anschließend selber vernascht wurden. Die Gäste wussten zwar, wer sie wohin einlud, doch die Lustobjekte wurden mit verbundenen Augen abgeholt, in den oberen Räumen eingekleidet und später, nach sehr großzügiger Entlohnung, wieder weggebracht. Auch die Gäste wurden sorgfältig ausgesucht, und Boron legte großen Wert auf deren Diskretion. Derer er sich zusätzlich aber noch durch einige heimlich gefilmte Szenen versicherte. Bislang hatte er diese Filme nie einsetzen müssen.

Boron selber zog sich auf den Partys irgendwann mit einem oder mehreren Lustknaben in seine privaten Schlafräume zurück. Er war nie bei irgendwelchen Exzessen beobachtet worden und achtete peinlich genau darauf, eine weiße Weste zu behalten. Heute Abend saß er entspannt im Fond seines silbernen Jaguars und ließ sich durch Berlin chauffieren. Wenn es darum ging, Geld zu verdienen, dann war Boron ausnahmsweise bereit, auch mal sein Domizil zu verlassen und einen wichtigen Kunden persönlich aufzusuchen.

Am Steuer seines Jaguars saß sein Chauffeur und Bodyguard. Ein blonder Hüne. Bodybuilder, für Borons Geschmack aber mit zu kleinem Schwanz und zu wenig Fantasie beim Sex. Boron langte nach dem Glas Champagner, welches in der Halterung steckte, und dachte über das vor einer Stunde geführte Telefongespräch nach. Der Anrufer hatte sich als Antiquitätensammler aus Braunschweig vorgestellt. Er hatte sich auf einen guten Bekannten Borons berufen, der ihm versichert hatte, dass Boron der absolute Experte auf dem Gebiet besonders alter Stücke sei und zusätzlich auch über die notwendigen Verbindungen in die ganze Welt verfügte.

Der Mann aus Braunschweig, ein gewisser Sommerfeld, hatte Boron gefragt, ob er bereit sei, ein solches Stück für ihn zu schätzen, und Boron hatte ihm seinen dafür üblichen Preis genannt. Fünftausend Euro pauschal für eine erste Begutachtung. Ausführliche Expertisen waren natürlich bedeutend teurer. Sommerfeld hatte zugestimmt und angeboten die Antiquität persönlich nach Berlin zu bringen. Etwas anderes wäre für Boron auch gar nicht in Frage gekommen. Sommerfeld hatte sich in der Nähe des Adenauerplatzes einquartiert und schlug vor, sich in der Gaststätte Zur Kneipe in der Ranke Straße, einer Seitenstraße vom Ku'damm zu treffen. Boron hätte zwar ein exquisiteres Ambiente vorgezogen, aber der Kunde war nun mal König. Auch diesen Grundsatz hatte er von seinem Vater übernommen.

Jetzt hielt der Jaguar vor der Gaststätte, und Boron sah aus dem Seitenfenster. Ein ziemlich düsteres Gemäuer war das hier. Aber man konnte auch noch ein ganz klein wenig den Flair des alten Berlin spüren. Besonders jetzt in der Dunkelheit.

Boron ließ sich die Tür öffnen, lächelte seinem Chauffeur zu und zog den teuren Kamelhaarmantel enger um die Schultern. Sein Angestellter lief voraus und beeilte sich, die Tür zur Gaststätte aufzuhalten. Boron trat ein und fühlte sich noch einmal um etliche Jahre zurückversetzt. Es hätte ihn nicht gewundert, wenn an einem der Tische Heinrich Zille gesessen und gezeichnet hätte.

Während er noch suchend um sich blickte, erhob sich in der Ecke der Gaststube ein älterer, grauhaariger Herr und kam auf ihn zu. „Guten Abend, Sie müssen Herr Boron sein. Mein Name ist Sommerfeld, wir haben telefoniert." Galant wies er auf den Tisch, an dem er gesessen hatte. „Wenn Sie Platz nehmen wollen?" Er wollte Boron den Mantel abnehmen, doch dessen Chauffeur kam ihm zuvor und entfernte sich dann, den Mantel ehrfürchtig über dem Arm tragend. Sommerfeld nahm einen Spazierstock mit Hirschhorngriff vom Stuhl und stellte ihn an die Wand.

Boron sah sich um. Die Gaststube war relativ voll. Auf dem Tisch stand ein Teller mit Eisbein und Kraut. Mit einem Wink in Richtung Theke ließ sein Kunde die Bedienung wissen, dass sie abräumen könne. Boron erklärte er, dass es schon eine liebe Tradition sei, ein Eisbein zu essen, wenn er schon mal in Berlin sei.

Boron hörte ihm zu, winkte dankend ab, als er zu einem Getränk eingeladen wurde, und hoffte inständig, dass Sommerfeld bald zur Sache käme. Dieser jedoch schwelgte noch in Erinnerungen an andere Berlinbesuche. Boron fasste sich in Geduld und taxierte seinen Kunden aufmerksam.

Der Mann hatte graue Haare und Augenbrauen, auch sein Schnurrbart und der Drei-Tage-Bart auf Wangen und Kinn waren grau. Er trug eine Brille mit dicker Fassung, und seine Stimme war leicht heiser. Die dunkelbraune Cordjacke und die helle Cordhose erinnerten ihn in Verbindung mit der geblümten Weste, dem sandfarbenen Hemd und der Fliege an einen Wissenschaftler.

Wen er tatsächlich vor sich hatte, das würde sich noch herausstellen, da war sich Boron sicher. Er schätzt den Mann nicht so alt, wie er auszusehen schien.

In diesem Moment unterbrach Sommerfeld sich selbst und sah Boron an. „Sie müssen schon entschuldigen, ich habe mich total aus dem Konzept bringen lassen. Ich muss Sie mit meiner Rederei fürchterlich langweilen."

Boron wehrte höflich ab. Was er für ihn tun könne, wollte er von Sommerfeld wissen. Er würde die Sache gerne zu einem schnellen und für beide Seiten befriedigenden Abschluss bringen.

Sommerfeld nickte zustimmend. „Ganz in meinem Sinne, Herr Boron. Ich habe mir sagen lassen, dass Sie ein sehr beschäftigter Mann sind." Er setzte sich aufrecht hin und schob seine Brille zurecht. „Also ich würde gerne von Ihnen wissen, was eine ganz besondere Antiquität wert ist."

Boron lehnte sich zurück und holte aus der Jackentasche eine Zigarettenspitze, in die er eine filterlose Zigarette einsetzte. Sofort stand der chauffierende Bodyguard neben seinem Herrn und Meister und reichte ihm Feuer. „Wo haben Sie das gute Stück? Ich vermute mal nicht hier, oder?" Boron ließ den Rauch langsam aus seinem Mund zur Decke steigen und lächelte. Rauchverbote interessierten ihn nicht.

Sommerfeld nickte bestätigend. Nein, dazu sei das gute Stück tatsächlich zu wertvoll. Er habe es im Tresor einer Anwaltskanzlei untergebracht, auf den er aber, dank großzügiger Bezahlung, jederzeit zugreifen könne. Sogar jetzt zu später Stunde.

Boron war froh, dass man nun endlich zur Sache kam. „Ich würde vorschlagen, dass wir uns auf den Weg machen und das Stück anschauen." Er winkte seinem Chauffeur, der sofort zur Theke eilte und Sommerfelds Rechnung beglich. Dieser bedankte sich, während Boron nur abwinkte. „Dienst am Kunden", lächelte er und schlüpfte in den bereitgehaltenen Mantel.

Sommerfeld griff nach seinem Spazierstock und hielt ihm die Kneipentür auf.

„Ich würde vorschlagen, wir nehmen meinen Wagen. Sagen Sie meinem Chauffeur nur, wohin die Fahrt geht." Er war gespannt, was dieser kauzige Typ ihm zeigen wollte. Irgendwie ahnte er, dass er heute Abend noch etwas Besonderes erleben würde.

Am Wagen wartete er, bis Sommerfeld eingestiegen war, dann nahm auch er im Fond Platz und klopfte dezent auf die Vorderlehne. Mit leisem Motorgeräusch rollte der Jaguar vom Straßenrand, und der Wirt der Gaststätte Zur Kneipe, der vor die Tür gekommen war, um frische Luft zu schnappen, schüttelte den Kopf. „Leute jibt's, die jibt's jarnich!"

Sechzehn

Als Koslowski eine gefühlte Ewigkeit später wieder erwachte, wusste er augenblicklich wieder, wo er sich befand. Mühsam streckte er die Beine aus und lehnte sich an die Wand.

Der widerliche Geruch aus dem Eimer ließ ihn zur Seite rücken. Angeekelt schüttelte er sich. Was war nur aus ihm geworden? Er konnte sich nicht erinnern, wann er sich das letzte Mal übergeben hatte. Zitternd vor Kälte kroch er zu der Kartoffelsackmatratze hinüber und wälzte sich darauf. Erneut fiel er in tiefen Schlaf.

***

Wie lange hatte er jetzt wieder geschlafen? Koslowski hatte jedes Zeitgefühl verloren. Ihm kam es vor, als sei er schon eine Ewigkeit hier unten eingesperrt. Aber von wem nur?

Und was wollte man von ihm? Wut kam auf, und er blickte hinauf zu den Ritzen an der Luke. „Hey, hallo!", schrie er und war selbst überrascht von der Lautstärke seiner Stimme. „Los, macht die Klappe auf!"

Aber es geschah das, womit Koslowski gerechnet hatte, nämlich nichts. Sein Blick fiel auf die Wasserkanne. Langsam erhob er sich und ging hinüber. Als er sie anhob, stutzte er. Die Kanne war wieder voll. Irgendjemand musste, während er schlief, in dieses Loch gestiegen sein, um die Kanne zu füllen. Langsam nahm Koslowski einen Schluck Wasser in den Mund. Nur nicht so hastig, das war ihm schlecht bekommen.

Dass das Wasser vergiftetet gewesen war, glaubte er nicht, das wäre überflüssige Mühe. Wenn man ihn töten wollte, hätte man das leichter haben können. Nein, seine Beschwerden waren sicher dadurch entstanden, dass er zu schnell zu viel

Wasser in sich hineingeschüttet hatte. Koslowski putzte sich mit dem Zeigefinger notdürftig die Zähne. Anschließend roch er an seinen Sachen. Das Zeug stank erbärmlich. Und das kam nicht nur von der feuchten Umgebung. Sein ganzer Körper stank nach Alkohol, Erbrochenem und kaltem Schweiß. Angewidert spie Koslowski das Wasser aus. Was war das hier für ein Spiel? Und wie lange sollte es noch dauern?

Als er wieder auf der Pritsche lag, begann er über seine Fluchtmöglichkeiten nachzudenken. Wie konnte er diesem Loch entkommen? Wäre es möglich, die Pritsche hochkant zu stellen und daran bis zur Klappe zu klettern? Würde sie offen sein? Einen Riegel konnte Koslowski an der Unterseite nicht erkennen. Aber die Klappe war bestimmt von oben gesichert. Wie sollte er sie aufbekommen? Koslowski wälzte sich auf die Seite. Er konnte sich ums Verrecken nicht vorstellen, wem er seinen Aufenthalt in diesem Loch zu verdanken hatte.

Hatte er solche Feinde, die ihn erst hier einsperrten und dann umlegten?

Wieder kamen ihm Kanne und Eimer in den Sinn. Ja, das war eine Möglichkeit. Koslowski sprang auf und schüttete den Rest des Wassers in den Eimer, die Kanne legte er mit der Seite auf den Hocker. Schaute jemand in den Keller, dann musste er bemerken, dass die Kanne leer war. Und wenn er sie auffüllen wollte, musste er in den Keller kommen, um sie zu holen.

Urplötzlich schoss ihm ein weiterer Gedanke durch den Kopf. Er rollte sich von der Pritsche, kniete nieder und untersuchte den Boden seiner Zelle. Nach wenigen Sekunden hatte er gefunden, wonach er suchte. Zwei kreisrunde Eindrücke, circa vierzig Zentimeter auseinander. Eindeutig die Streben einer Leiter.

So war er oder sie also in den Keller gekommen, über eine Leiter. Sofort stand Koslowskis Plan fest. Er würde sich schlafend stellen und warten, bis sein Gefängniswärter die Leiter in den Keller ließ und herunterkam.

Er hoffte nur, dass es nicht noch einen Komplizen gab, der währenddessen mit einer Waffe an der offenen Klappe Wache hielt. Wenn es nur einer wäre, hatte er eine Chance. Und dann würde er endlich erfahren, wem er diese Kerkerhaft zu verdanken hatte.

Koslowski machte es sich auf der Pritsche so bequem, wie es eben ging, und legte den Kopf auf den Arm. In was für eine sonderbare Situation war er nur geraten? Aber er musste zugeben, dass sein ganzes Leben in den letzten Jahren aus der Aneinanderreihung von ungewöhnlichen Situationen bestanden hatte. Und plötzlich war er wieder da: dieser unsagbare Schmerz über den Verlust seiner Lisa. Sie war ein unschuldiges Opfer seiner gefährlichen Abenteuer geworden. Hatte sterben müssen, weil sie seine Freundin gewesen war und weil er sie nicht hatte schützen können.

Koslowski begann leise zu weinen. Immer wieder diese Schuldgefühle und diese Verzweiflung. Seine augenblickliche Lage schien vollkommen vergessen, und nach einiger Zeit fiel er ungewollt erneut in einen tiefen, traumlosen Schlaf.

***

Koslowski schreckte auf. War er wieder eingeschlafen? Das durfte nicht passieren. Wie sollte er sonst mitbekommen, wenn seine Gegner zu ihm in den Keller stiegen. Er drehte sich um und musste blinzeln. Helles Licht fiel durch die nun geöffnete Bodenklappe in den Keller. In der Öffnung stand eine Leiter. Koslowski wagte kaum zu atmen. Kamen sie jetzt? War er gerade noch rechtzeitig aufgewacht? Regungslos blieb er liegen und stellte sich schlafend.

Nach einigen Minuten wagte er eine Bewegung. Von oben war nichts zu hören.

Lautlos schwang Koslowski die Beine von der Pritsche und stellte die Füße vorsichtig auf den Boden. Immer noch war nichts zu hören oder zu sehen.

Sorgsam darauf bedacht, selber kein Geräusch zu verursachen, stand er auf. Ein, zwei vorsichtige Schritte brachten ihn zur Leiter. Noch immer nichts zu hören.

Sollte er es wagen? Wartete dort oben jemand darauf, ihm eins über den Schädel zu ziehen, wenn er den Kopf aus der Luke steckte? Nein, das war unwahrscheinlich, das hätten sie einfacher haben können.

Langsam stellte er den Fuß auf die Leiter und begann vorsichtig hochzuklettern. Sprosse für Sprosse kam er der Freiheit immer näher. Als er die Bodenklappe erreicht hatte, spähte er vorsichtig über den Rand und sah sich um. Niemand zu sehen. Er stieg ganz aus der Luke und stand in einer gemütlich eingerichteten Stube.

Koslowski rieb sich die Augen, da ihm das helle Tageslicht zu schaffen machte. Vor ihm stand ein großer Esstisch, darum herum ein paar massive Bauernstühle und an der Wand ein altes Büffet.

Der Raum kam ihm bekannt vor. Hier war er schon gewesen.

Er ging zum Tisch hinüber. Darauf standen zwei Flaschen Lopshorner Wacholder und ein Wasserglas. Daneben lag ein Blatt Papier. Koslowski nahm es in die Hand und las.

Wenn du dich kaputt saufen willst, dann nimm die beiden Pullen und verschwinde. Wenn du Hunger hast, steht in der Küche Milch und Pickert. Bin in einer Stunde wieder da. Friedrich.

Koslowski ließ sich auf einen der Bauernstühle fallen. Jetzt wusste er, wo er war.

Im Schling, dem bergigen Heiligenkirchener Ortsteil am Fuße des Hermannsdenkmals. Genauer gesagt auf der Speckenburgstraße im Haus von Friedrich Krameike.

Genau auf dem Stuhl hier hatte er schon einmal gesessen und Wacholder getrunken. Und nicht zu knapp, wie er sich erinnerte.

Angewidert blickte er die Flaschen an. Irgendwie war ihm die Lust auf Schnaps vergangen. Wie lange hatte er in Krameikes Kellerloch gelegen?

Seltsamerweise lockte ihn jetzt ein Glas Milch mehr als der Wacholder. Und wenn es dazu noch Pickert gab? Plötzlich verspürte Koslowski auch Appetit. Ein Gefühl, das er schon lange nicht mehr gehabt hatte. Zumindest konnte er sich nicht daran erinnern. Er erhob sich und ging hinüber in die Küche. Erst mal essen, dann weitersehen.

Siebzehn

Berlin war eine Stadt, die nie schlief. Immer waren irgendwo Menschen unterwegs. Nachts sehr viel Reinigungspersonal, was dafür sorgt, dass die Stadt am nächsten Tag wieder sauber und adrett aussah.

Auch Büros wurden in der Regel nach Betriebsschluss gereinigt. Sommerfeld hatte die Tür zu der Anwaltskanzlei Herborn und Partner mit einem Schlüssel geöffnet und sah sich etwas irritiert um. Dann zeigte er mit seinem Spazierstock auf eine Tür. „Da müssen wir rein. Wenn Sie mir bitte folgen würden." Er lächelte. „Wenn man erst zum zweiten Mal in so einem fremden Büro ist, hat man noch Orientierungsprobleme."

Er öffnete eine weitere Tür. Der dahinterliegende Raum war circa sechzig Quadratmeter groß und lag im achten Stock eines Bürohauses mit Blick auf die Spree. Der Ausblick war grandios. Von hier aus sah man sowohl die gigantische Stahlplastik Molecule Men als auch die Elsenbrücke. Hier trafen die Bezirke Friedrichshain, Kreuzberg und Treptow aufeinander. Eine Nahtstelle des wiedervereinten Berlin.

Boron sah auf die ruhig dahinfließende Spree hinunter, während Sommerfeld sich mit dem Tresor der Kanzlei abmühte. Jetzt hörte er, wie die Tür geöffnet wurde, und drehte sich um. Sommerfeld hatte dem großen Panzerschrank einen Gegenstand entnommen, der in mehrere Samttücher eingewickelt war. Behutsam legte er ihn auf den großen Besprechungstisch und begann, den Samt Lage um Lage zurückzuschlagen. Was am Ende auf rotem Samt vor Boron auf dem Tisch lag, ließ ihn den Atem anhalten.

So etwas hatte er noch nicht gesehen. So ein Stück schon, aber ein so gut erhaltenes und offenbar so kostbares noch nie. Falls das hier echt sein sollte, dann handelte es sich um eine Sensation ersten Ranges. Er umrundete den Tisch, dann beugte er sich darüber und nahm das Stück näher in Augenschein, ohne es jedoch zu berühren. Auf den ersten Blick schien alles perfekt. Die Antiquität zeigte eindeutige Alterserscheinungen, aber man hatte das Stück anscheinend immer sehr sorgfältig behandelt.

Er richtete sich auf und blickte Sommerfeld an. „Sie erlauben?", fragte er, auf das Stück deutend.

Sommerfeld nickte. „Ich bitte sogar darum, schließlich sollen Sie ja die Echtheit bestätigen."

Boron griff in seine Jackentasche und holte weiße Baumwollhandschuhe hervor. Nachdem er diese übergestreift hatte, hob er das Stück mit beiden Händen vorsichtig an. Er wagte kaum zu atmen. So etwas Wundervolles hatte er noch nie gesehen. Seine Augen glänzten, und er begann, das Stück in allen Einzelheiten zu untersuchen.

Nach einer längeren Begutachtung legte er es auf die Samttücher zurück und zog die Handschuhe aus.

Der Chauffeur hatte die Reaktion seines Chefs aufmerksam verfolgt und bemerkt, dass dieser sichtlich erregt war. Ein Zustand, den er sonst in einem solchen Zusammenhang gar nicht von ihm kannte.

Als Boron sich wieder Sommerfeld zuwandte, stand dieser neben dem Tisch und in der Nähe des Chauffeurs. Er hatte die Hände in den Jackentaschen und blickte Boron fragend an. „Na, was sagen Sie dazu?"

Boron leckte sich die Lippen. „Das hier scheint mit großer Wahrscheinlichkeit echt zu sein. Allein diese Inschrift macht es schon zu einer Sensation. Ich denke, es wären noch zahlreiche weitergehende Untersuchungen nötig, aber nach meinem ersten kurzen Eindruck ist das Stück echt und überaus wertvoll." Boron sah wieder zum Tisch hinüber, auf dem das Objekt seiner Begierde lag. „Wenn Sie vorhaben sollten, es zu verkaufen, würde ich mich glücklich schätzen, dieses Geschäft für Sie abwickeln zu dürfen. Wie üblich mit einer Provisionsgebühr von zehn Prozent des Verkaufspreises."

Sommerfeld legte die Stirn in Falten. „Und, mein Lieber Herr Boron, was glauben Sie, welchen Preis würde man dafür erzielen können?"

Boron überlegte nur kurz. „Ich denke mal, eine Million Euro würden dafür sicher geboten."

Er lächelte bei dem Gedanken an seine Provision. Aber er überlegte auch, ob er das Stück nicht selber kaufen sollte. Wenn er es erst mal in Besitz hätte, dann wären sicher mehr als eine Million rauszuschlagen.

Boron steckte seine Handschuhe wieder in die Tasche und bemerkte, dass Sommerfeld seine Hände aus den Taschen zog.

Er trug nun dünne Wildlederhandschuhe und drehte den Oberkörper etwas zur Seite. Boron sah eine futuristisch wirkende Waffe in Sommerfelds Hand.

In diesem Moment drückte Sommerfeld die Taste an der Waffe, die Spezialisten als Taser bezeichneten. Mittels eines Treibgases wurden zwei Projektile, die mit Nadeln versehen waren, verschossen. Sie hingen an isolierten Drähten und trafen Borns Chauffeur mitten in die Brust. Wieder drückte Sommerfeld eine Taste und ein Stromstoß von 50.000 Volt holte den Schrank von einem Chauffeur augenblicklich von den Beinen. Noch ehe Boron reagieren konnte, hatte Sommerfeld eine weitere Waffe gezogen und auf ihn gerichtet. Dünner runder Stahl bohrte sich mit seiner Spitze bereits durch Borons teures Jackett.

Woher hatte er bloß diese Waffe? Hatte sie im Tresor gelegen?

„Ich danke Ihnen für die äußerst professionelle Begutachtung dieses Objektes. Sie werden sicher verstehen, dass ich mich jetzt, wo Sie mir die Echtheit bestätigt haben, außerstande sehe, mich davon zu trennen." Mit einem mitleidigen Lächeln sah der Mann, der sich Sommerfeld nannte, auf den am Boden liegenden Bodybuilder hinunter. Dann blickte er

Boron durch die dickrandige Brille an. „Und Sie werden sicher auch verstehen, dass es mir nicht mehr möglich ist, Sie und Ihr Testosteronmonster am Leben zu lassen. Schließlich muss niemand wissen, was sich in meinem Besitz befindet."

Borons Augen weiteten sich vor Schrecken. In was hatte er sich da verwickeln lassen? Alles schien ihm wie ein schlechter Traum. Panik machte sich in seinem Körper breit. Sein Bodyguard lag gelähmt auf dem Boden und war außerstande, auch nur einen Finger zu bewegen. Und dieser irre Typ vor ihm wirkte eiskalt. Dem war alles zuzutrauen. Boron wagte einen verzweifelten Vorstoß. „Wenn es Ihnen um Geld geht, dann bin ich bereit, Ihre Wünsche zu erfüllen. Nennen Sie mir Ihren Preis."

Der Mann am anderen Ende der Stahlklinge lachte trocken auf. „Glauben Sie, mein einziger Besitz wäre diese wertvolle Antiquität hier? Das ist nur ein Teil meines Vermögens, und daher können Sie sich selber ausrechnen, was ich von Ihrem Vorschlag halte." Spöttisch lachend drückte er erneut auf die Taste des Elektroschockers, und der Körper des Bodybuilders schüttelte sich unter dem Einfluss des Stromstoßes. Wieder lachte der Mann auf. „Sehen Sie, mein lieber Boron, so ist das nun mal im Leben. Da hat dieses Fleischpaket dort auf dem Boden sein Leben lang anabole Steroide gefressen und Eisen in die Luft gewuchtet, und nun hängt er an zwei feinen Kabeln und muss nach meiner Pfeife tanzen." Dabei drückte er mit der Spitze der Stahlklinge fester zu und Boron verzog schmerzhaft das Gesicht. „Ein ähnliches Schicksal wie Ihres, finden Sie nicht?", wollte Sommerfeld wissen. Als Boron ihn ungläubig ansah, erklärte er es ihm. „Sie haben genug Geld. Mehr als genug, wie meine Informanten mir berichtet haben. Aber es nutzt Ihnen nichts."

Der Druck der Stahlspitze auf Borons Brustkorb lockerte sich etwas. „Sie sind ja wahnsinnig, was haben Sie davon, wenn Sie mich töten?", wollte er wissen und breitete hilflos die Arme aus.

„Nichts!", räumte Sommerfeld ein. Er nickte bestätigend, dann trieb er mit einem einzigen schnellen Stoß die Stahlklinge durch Borons Herz.

Dieser sah seinen Mörder nur ein paar Sekunden lang an, dann brach sein Blick, und er fiel auf die Knie. Augenblicke später lag er neben dem leblosen Körper seines Chauffeurs.

Sommerfeld hatte bereits beim Fallen des Körpers die Waffe wieder herausgezogen. So langsam bekam er darin richtig Übung, fand er.

Er legte den Elektroschocker auf den Tisch, nicht ohne sicherheitshalber noch einmal den Abzug zu betätigen. Dann kappte er die Kabel am Gerät und ließ sie achtlos auf den regungslosen Körper fallen. Wenigstens spürt der nicht mehr viel, dachte der Mann und stieß auch dem Bodybuilder die Stahlklinge durchs Herz.

Wenn man seinen Feind töten will, muss man immer auf das Herz zielen. Dieser Satz aus einem Italowestern war ihm noch gut in Erinnerung. Leise kichernd wischte er den Stahl ab und steckte den Elektroschocker in seine Jackentasche. Den würde er sicher noch einmal gebrauchen können.

Er musste unbedingt daran denken, aus den USA einen neuen Satz Kabel zu bestellen. Das war ja heute, dank E-Gun, kein Problem mehr. Gut, dass er den Taser zuvor mit in den Tresor gelegt hatte. Er verpackte die kostbare Antiquität sorgsam wieder in die Samttücher und blickte sich im Büro um.

Dreitausend Euro Miete für einen Abend und die Benutzung des Tresors. Aber was waren schon dreitausend Euro im Vergleich zu einer Million? Allerdings würden nun auf die Herren Rechtsanwälte eine Menge Kosten für die Reinigung des mit Blut verschmierten Teppichbodens zukommen. Außerdem garantiert Ärger mit den Bullen.

Die Inhaber des Büros würden ihn zwar gut beschreiben können, aber die Polizei würde ein Phantom jagen. Sein

Aussehen war ebenso falsch wie seine Papiere. Nur die Banknoten, mit denen er das Büro bezahlt hatte, waren echt.

Er begann sorgfältig alle Flächen zu säubern, die er zuvor angefasst hatte, und ging dabei äußerst systematisch und akribisch vor. Dann sah er sich um und nickte zufrieden.

Alles war gut gelaufen. Er hatte die notwendige Bestätigung über die Echtheit und trotzdem keinen Mitwisser, dass er im Besitz dieses Schatzes war. Nicht einmal, dass es diesen Schatz überhaupt gab.

Der Mann, der sich Sommerfeld nannte, nahm die Brille ab und steckte sie in die Jackentasche. Dann stieg er über die beiden Leichen hinweg und ging zur Bürotür. Dort drehte er sich noch einmal um und betrachtete sein Werk. Beim Fallen war Borons Arm auf dem Unterleib seines Chauffeurs gelandet. Der Mann lachte kurz auf.

„Macht es gut, ihr beiden Turteltauben, jetzt seid ihr ja sogar im Tode vereint." Dann zog er die Tür hinter sich zu und verließ das Büro, anschließend das Haus und später sogar Berlin.

Achtzehn

Walfried Eugelink schob seine Unterlagen zusammen, da die Frühbesprechung der Kriminalpolizei sich allmählich dem Ende näherte. Hauptthema war der Fund einer männlichen Leiche auf dem Gelände der Container- und Entsorgungsfirma Dietz in Lage gewesen.

Die Gerichtsmediziner hatten festgestellt, dass der Mann erst nach dem Mord in dem Container versteckt worden war. Eindeutige Todesursache war ein Stich ins Herz. Der Mörder hatte dazu eine dünne und schmale Klinge verwendet. Der Bericht des Pathologen sprach dabei von etwas, was einem Florett ähnelte.

Somit gab es für die Kriminalisten von der Mordkommission zunächst zwei denkbare Szenarien. Der Tatort lag entweder in unmittelbarer Nähe des abgestellten Containers, oder der Mann war ganz woanders getötet und dann in das Waldstück bei Blomberg geschafft worden. Zusammen mit dem Fahrer des Containerfahrzeuges hatten Spezialisten der Spurensicherung den Ort aufgesucht, an dem die orangefarbene Mulde abgestellt und wieder aufgeladen worden war. Und trotz der Tatsache, dass dort in der Zwischenzeit rege Arbeitstätigkeit geherrscht hatte, konnte man dort noch Blut des Opfers finden. Dieser Fund ließ die Kriminalisten zu dem Schluss gelangen, dass ihre erste Annahme richtig und das Opfer in dem Waldstück getötet worden war.

Bei dem Opfer handelte es sich um Jürgen Baumschulte. Ein ehemaliger Lehrer, der in Holzhausen-Externsteine gewohnt hatte. In der letzten Zeit hatte Baumschulte durch seinen vehementen Einsatz für die Einrichtung eines Nationalparks von sich reden gemacht. Immer wieder war er mit diesem Thema auch in der Zeitung gewesen.

Baumschulte war geschieden und lebte allein. In seinem Haus traf man lediglich eine Putzfrau an. Kurz zuvor hatte diese festgestellt, dass ein Fenster gewaltsam geöffnet und eingebrochen worden war. Sie wollte gerade die Polizei anrufen, als die Beamten der Mordkommission vor der Tür standen. Ihre Aussage sorgte dafür, dass bei den Beamten sofort alle Alarmglocken schrillten. Der Besitzer des Hauses wurde umgebracht, und vor oder nach der Tat war in sein Haus eingebrochen worden. Wenn zwischen diesen beiden Fällen keinen Zusammenhang bestand, wäre das ein schier unglaublicher Zufall.

Durch die Spurensicherung im und am Haus bestätigte sich der Verdacht, dass der oder die Täter sehr geplant und zielstrebig zu Werke gegangen waren. Erst das Ausschalten der Bewegungsmelder, dann der Alarmanlage.

Verwertbare Fußspuren hatte man keine finden können. Anscheinend hatte der Täter seine Sohlen mit irgendetwas umwickelt. Es gab keine Fingerabdrücke, und die Putzfrau konnte nicht sagen, ob etwas fehlte. Das war kein Einbruch eines Junkies auf der Suche nach Bargeld für den nächsten Schuss. Hier hatte jemand offenbar gezielt nach etwas gesucht. Aber was das war, wusste zurzeit niemand. Es gab zwar einen Tresor, aber der war verschlossen und mit einer Zahlenkombination gesichert. Und die kannte, laut Aussage der Putzfrau, ausschließlich der Besitzer.

Baumschulte hatte einen Sohn aus seiner geschiedenen Ehe, doch der lebte in Kanada. Man hatte die kanadischen Behörden gebeten, ihn zu suchen und zu informieren. Anscheinend hielt er sich momentan zu Forschungszwecken irgendwo im Nordwestterritorium auf. Eine weite und menschenleere Gegend. Die Rückmeldung aus dem Land der Bären und Lachse fehlte noch.

Alles in allem kam man zu dem Schluss, dass es sich um einen geplanten Raubmord handelte. Das Opfer war in den Wald gelockt und getötet worden, dann war man in sein Haus eingebrochen, um dort etwas zu suchen oder zu stehlen.

Walfried Eugelink hatte den Ausführungen seines Kommissariatsleiters aufmerksam zugehört. Zwar waren er und seine Kollegen nicht direkt in den Fall involviert, aber es war üblich, alle anderen Dienststellen in Kenntnis zu setzen, für den Fall, dass sich Hinweise und mögliche Zusammenhänge ergaben. Eugelink schrieb gerade Baumschulte auf seinen Notizblock, als sein Name genannt wurde. Der Chef forderte ihn auf, noch zu bleiben, dann entließ er die anderen Kollegen.

Diese verließen den Raum, nicht ohne Eugelink interessiert anzusehen. Was hatte der ausgefressen? Vier-Augen-Gespräche wurden immer nur dann geführt, wenn irgendeiner Mist gebaut hatte.

Als der Rest der Mannschaft den Besprechungsraum verlassen und der Letzte die Tür geschlossen hatte, kam sein Chef zu Eugelink und setzte sich neben ihn. „Walfried, ich habe dich gebeten hierzubleiben, weil ich eine Anfrage von der Wache bekommen habe. Mich hat ein Kollege angesprochen. Es geht um diesen Koslowski."

Der Detmolder Kripobeamte seufzte, als er den Namen hörte.

„Wie du selber weißt, hat der Mann in der letzten Zeit ein großes Problem mit Alkohol. Uns allen ist klar, was er geleistet hat und wie schwer es ihn getroffen hat, dass seine Freundin umgebracht wurde." Der Leiter des Kriminalkommissariats fuhr sich mit den Händen durch die Haare. „Und auch wenn jeder von uns Verständnis dafür hat, dass ihn diese Sache total fertig macht, so wird sein Alkoholproblem, oder treffender gesagt, wie er sich in diesem Zustand verhält, zu einem Problem für ihn und uns."

Eugelink sah seinen Chef an. Was sollte er dazu sagen?

„Man hat sich nicht direkt bei mir beschwert, sondern angefragt, ob du nicht auf deinen Freund einwirken könntest, damit er wieder normal wird." Der Kommissariatsleiter sah Eugelink erwartungsvoll an.

Dieser zuckte resigniert mit den Schultern. „Ich denke, ich habe schon eine Menge gemacht und versucht. Wenn er nicht von selber wieder einen klaren Kopf bekommt, dann wird er eines Tages wohl entweder auf professionelle Hilfe in Form einer Alkoholentziehungskur zurückgreifen müssen, oder er wird dafür mit dem Leben bezahlen." Eugelink sah betroffen auf seine Hände.

„Gibt es sonst irgendetwas, was wir tun können, um ihm zu helfen?". wollte sein Chef wissen.

Eugelink schüttelte den Kopf. „Nein, im Moment dürfte er erst mal aus dem Verkehr gezogen sein." Er erhob sich und sah seinem Chef in die Augen. „Die Zeit wird zeigen, ob er wieder zurück ins Leben findet."

Zusammen gingen die beiden Kriminalisten in Richtung Tür.

„Also hat schon irgendwer eine Maßnahme eingeleitet, um ihm zu helfen, oder?" Eugelinks Chef legte die Hand auf die Türklinke, ohne sie zu öffnen.

„Ja, und wir werden sehen, was daraus wird." Eugelink klemmte sich seine Papiere unter den Arm. „Und ich hoffe, dass es was bringt."

„Na, dann viel Glück, und wenn du noch Hilfe brauchst, melde dich bitte."

Eugelink bedankte sich. Hilfe konnte jetzt vor allem Koslowski gebrauchen.

Neunzehn

Koslowski rülpste. Kein Wunder, denn er hatte gerade seinen vierten, nicht gerade kleinen Pickert verspeist. Erneut griff er nach dem Milchglas und spülte den Rest hinunter. Ihm gegenüber saß inzwischen ein kleiner, drahtiger Mann, der ihn die ganze Zeit beim Essen beobachtet hatte.

Noch während Koslowski trank, stand der Mann auf und öffnete eines der Fenster. „Was jetzt so stinkt, ist frische Luft!", kommentierte er sein Tun. „Denn du stinkst wie ein Iltis, da muss man gegen ankämpfen."

Koslowski sah Friedrich Krameike mit schräg gehaltenem Kopf an. „Sag mal, Friedrich, wie bin ich hierhergekommen?"

Krameike grinste amüsiert. „Dein Freund Eugelink hat dich nachts hier angeschleppt. Du warst vollkommen weggetreten und hattest eine Riesenbeule am Kopf. Walfried wusste sich nicht mehr zu helfen. Er war mit seinem Latein am Ende. Aber gestunken hast du da schon wie jetzt." Demonstrativ hielt er sich die Nase zu. „Also habe ich Walfried vorgeschlagen, dass wir dich erst mal in den Keller sperren, damit du keinen Mist mehr bauen kannst. Walfried, habe ich zu ihm gesagt, als er zögerte, von wegen Freiheitsberaubung und so, Walfried, lass ihn erst mal ordentlich ausschlafen. Und wie wir ihn wieder auf die Beine kriegen, da gehen wir morgen bei." Krameike sah Koslowski mit schelmischem Blick an.

Koslowski starrte ins Leere. Er hatte kaum Erinnerung daran, was geschehen war. Dunkel konnte er sich noch an ein Erlebnis mit einem Hund erinnern und daran, dass ihm dort etwas unsagbar Peinliches passiert war. Der Rest fehlte.

Als er Krameike davon erzählte, lehnte sich dieser zurück, verschränkte die Arme vor der Brust und sah Koslowski provozierend an. „So was nennt man den Verstand versaufen, mein Lieber. Immer schön in eins wech."

Koslowski schob das Milchglas an die Seite. „Was weißt du denn schon?", kam es harsch aus seinem Munde. „Ihr müsst erst mal das durchmachen, was ich hinter mir habe, dann könnt ihr mitreden." Koslowski redete sich förmlich in Rage. „Wer von euch wäre denn schon in der Lage, so was wegzustecken?"

Krameike kam jetzt ebenfalls in Rage. „Bist du tatsächlich so blöd, oder tust du nur so?", wollte er wissen. Dabei zuckte er mit keiner Wimper.

Koslowski schnappte nach Luft. „Ihr habt alle gut reden. Ihr habt ja auch nicht so was Wertvolles verloren wie ich. Euer Leben verläuft doch wie ein ruhiger Strom." Er schlug mit der Faust auf den Tisch. „Mir geht es dreckig, und wen wundert es, wenn man da aus der Bahn geworfen wird? Wenn der Sinn des Lebens verloren gegangen ist?" Aus seiner anfänglichen Wut wurde langsam wieder Selbstmitleid.

Krameike langte über den Tisch, ergriff eine der beiden Wacholderflaschen und schob sie Koslowski hin. „Bitte, bedien dich! Besauf dich. Das ist auch eine Art von Lösung. Aber denk daran, dass Sorgen gute Schwimmer sind." Er drehte den Verschluss der Flasche ab und goss das Wasserglas voll. „Los sauf!", forderte er Koslowski auf. „Sauf dich kaputt, aber wenn du das tatsächlich vorhast, dann mach endlich hinne."

Krameike schob Koslowski dabei das Wasserglas so heftig über den Tisch, dass der Schnaps überschwappte. Augenblicklich roch die ganze Küche nach Wacholder. Koslowski musste angesichts des Geruchs schlucken.

„Was ist?", fragte Krameike mit schneidender Stimme. „Los doch, ertränk dich in Schluck und Selbstmitleid. Du und noch mal ein vernünftiges Leben führen? Da wird nichts mehr von."

Wütend stand er auf und verließ den Raum. Koslowski sagte nichts, sondern blickte zu der Bodenluke, die in den

Keller führte. Wie weit war er schon gesunken? Genau genommen sogar unter das Niveau des Küchenbodens.

Irgendwie musste Walfried ihn am Kaiser-Wilhelm-Platz gefunden und hierher gebracht haben. Er überlegte noch, wie sie ihn wohl in den Keller verfrachtet hatten, als Krameike bereits wieder in der Tür stand. Wortlos warf er etwas auf den Tisch, das Koslowski erstaunt als seine eigenen Bekleidungsstücke wiedererkannte.

„Walfried hat sie aus deiner Wohnung geholt." Krameike rümpfte erneut die Nase. „Geh dich endlich duschen, du stinkst wie ein alter Ziegenbock."

Koslowski wurde erneut bewusst, wie verlottert und schmutzig er aussah. Beschämt stand er auf und griff sich seine Kleidungsstücke.

„Die Dusche ist über'n Flur. Zweite Tür rechts. Und nimm am besten Kernseife und die Wurzelbürste!"

Koslowski stand auf und blickte verlegen auf den Fußboden. „Friedrich, ich …" begann er, wurde aber sofort von Krameike unterbrochen.

„Mach, dass du unter Wasser kommst und stink mir hier nicht die Küche voll."

Koslowski sah ein Schmunzeln im Gesicht des alten Maurerpoliers, der sich auch gern als „lippischer Edelhandwerker" bezeichnete. Er versuchte, vom Thema abzulenken „Hab ich dir schon gesagt, wie schön du hier wohnst? Vor allem die Aussicht in Richtung Heiligenkirchen ist klasse."

Krameike winkte ab. „Du weißt doch, wie es hier ist. Der Lipper baut sein Haus so, dass die Fenster nach Norden und zum Dorf hin gehen. Zum Dorf hin, damit er alles mitbekommt, was passiert, und nach Norden, damit die Gardinen nicht ausbleichen."

Koslowski lachte. Vor einigen Jahren, als er ins Lipperland gekommen war, hatte er Krameike auf dem Richtfest eines Bekannten kennen gelernt. Obwohl er da schon in

Rente war, hatte der kleine, drahtige Lipper fast allein den kompletten Rohbau hochgezogen. Arbeiten war sein Leben und sein Wahlspruch: Gebrauche deine Kraft, man lebt nur wenn man schafft.

Bei der Feier waren Koslowski und Krameike sich dann näher gekommen und hatten gemeinsam das eine oder andere Glas gelehrt. Koslowski hatte festgestellt, dass sie einander gut hochnehmen konnten und den gleichen trockenen Humor teilten.

Vor einiger Zeit hatte ihm Krameike außerdem in einer brisanten Sache entscheidende Informationen gegeben und selbst noch eine wichtige Beobachtung gemacht. Krameikes Hinweis hatte ihn damals auf die richtige Spur geführt.

Koslowski grinste Krameike noch mal verlegen an, schnappte sich dann seine Sachen und verschwand in die Dusche.

Eine gute Viertelstunde später tauchte er wieder auf. Frisch geduscht und rasiert. Walfried hatte tatsächlich an alles gedacht. Als er in die Küche kam, war Krameike gerade dabei, den Wacholder aus dem Glas über einen Trichter wieder in die Flasche zu füllen.

Koslowski schüttelte sich bei dem Geruch. „Schütt das Zeug am besten weg!", schlug er vor.

„Du bist wohl dull, was? Wacholder wegschütten? Auch wenn du jetzt vielleicht nicht mehr trinkst, muss ja nicht gleich ganz Lippe auf sein Lebenselixier verzichten, oder?"

Koslowski lachte und setzte sich an den Küchentisch.

Sein Freund schraubte die Flasche wieder zu und stellte sie auf die Spüle. „Willste noch was essen, oder bist du satt?", wollte er dann wissen.

Koslowski winkte ab. Der Pickert sorgte für ein vollständiges Sättigungsgefühl. „Nein danke, ich denke, bis morgen früh halte ich schon durch."

Krameike setzte Wasser auf dem Ofen auf und legte Holz nach. Koslowski hatte die behagliche Wärme in dieser

Küche schon immer gemocht. Er sah zu, wie Krameike einen Porzellanfilter auf eine Thermoskanne setzte und Kaffeepulver einfüllte. Als das Wasser kochte, goss er den Kaffee auf. Herrlicher Duft strömte durch die Küche. Das war doch was anderes als Schnapsgeruch.

Krameike wartete, bis der Kaffee durchgelaufen war, dann nahm er ein Paket Spekulatius aus dem Küchenschrank und legte es neben die Thermoskanne. Ohne ein Wort zu sagen verließ, er den Raum.

Koslowski sah sich um. An der Wand hingen Rehgehörne. Ein Fuchsbalg und ein altes Jagdhorn bildeten ein Stillleben. Krameike war leidenschaftlicher Jäger, und Koslowski wusste, dass er auch ein guter Schütze war. Die Anzahl der Rehgehörne an der Küchenwand und die Geweihe der Damhirsche im Flur sprachen eine eindeutige Sprache.

Noch während Koslowski die Trophäen bewunderte, kam der ehemalige Maurer zurück. Er trug Jagdsachen, hatte ein Gewehr über der Schulter hängen und hielt Koslowski einen dick gefütterten Jagdmantel hin. „Der dürfte selbst dir passen", vermutete er.

Koslowski blickte ihn verständnislos an.

Krameike legte noch ein Paar gestrickte Handschuhe auf den Tisch. „Los, mach hin und bummel nicht, es wird Zeit. Du brauchst frische Luft um die Nase und ich noch ein Wildschwein für Weihnachten!", lachte er. „Ein paar Stunden auf dem Hochsitz werden dir gut tun, da kommt die Seele wieder ins Gleichgewicht."

Eine Aussage, die Koslowski sehr bezweifelte. Immer noch war er der Meinung, dass niemand nachvollziehen konnte, was er erlebt hatte. Das Gefühl, versagt und dadurch einen geliebten Menschen verloren zu haben, fraß ständig an ihm. Er war sich sicher, dass er über diesen Verlust nie hinwegkommen würde. Aber so ganz allmählich dämmerte ihm, dass die Sauferei keine Lösung war. Sie konnte den Schmerz und die Verzweiflung nur kurzfristig betäuben.

Krameike stellte einen Fuß auf den Stuhl und schnürte sich den Wanderschuh zu. Schnaufend wechselte er das Standbein. „Oh Mann, ich bin tatsächlich nicht mehr der Jüngste." Dann sah er auf Koslowski hinunter. „Nu los, schlag hier keine Wurzeln. Und mach dir nicht in den Frack, dass du frieren wirst. Ich hab eine mistneue Gasheizung installiert." Als er Koslowskis fragenden Gesichtsausdruck sah, lachte er. „Jung, nirgendwo im ganzen Jagdgesetz steht, dass man auf dem Hochsitz frieren muss. Und da du ja anscheinend vom Sennewhiskey weg bist", deutete er auf die Wacholderflasche, „muss ich ja zu anderen Wärmequellen greifen." Er nahm das Fernglas vom Haken und hängte es sich um den Hals. „Mach hin und bummel nicht! Wir sind schon spät dran."

Widerwillig kam Koslowski auf die Beine und folgte seinem Freund nach draußen.

Zwanzig

Auf der Falkenburg – 1405 n. Chr.

Ein greller Blitz erhellte die Gegend, während der Regen in Strömen vom Himmel fiel. Langsam trotteten die Pferde mit hängenden Köpfen den steilen Pfad hinauf. Der Gefangene saß mit hinter dem Rücken verbundenen Händen auf einem der mittleren Pferde. Seine Schulterwunde blutete nur noch leicht. Seine Waffen hatte man ihm abgenommen. Der Regen machte seine Kleider so schwer wie seine Glieder. Er war müde und wollte nur noch schlafen.

Dass seine Häscher ihn ermorden würden, davor hatte er keine Angst. Das hätten sie schon bei seiner Festnahme erledigen können. Nun war er also festgesetzt worden. Odermarus, einer der besten Waffenschmiede seiner Zeit, aber eben kein Kämpfer. Er war durch sein Geschick nicht von sich eingenommen, sondern liebte und pflegte sein Handwerk. Aber all das wussten nur wenige Menschen, denn hier in Lippe war er nur als Odermarus, der Gaukler bekannt. Und der war jetzt festgenommen worden.

Ein weiterer Blitz erhellte die Szenerie und beleuchtete gespenstisch die gewaltige Burg, zu der sie hinaufritten. Hinauf zur Falkenburg, der größten Burg in dieser Gegend.

Man schrieb das Jahr 1405, und die Burg war erst vor Kurzem in den Besitz des Grafen Simon zur Lippe übergegangen. Das Land befand sich gerade mitten in der Evensteiner Fehde, einem Erbfolgekrieg. Der kinderlose Graf Hermann von Evenstein hatte mit dem lippischen Burgbesitzer und Edelherrn Simon einen Erbbrüdervertrag unterzeichnet, der besagte, dass die Grafschaft Evenstein mit allen ihren Besitzungen nach dem Tod des Grafen an das Haus Lippe fallen sollte.

Dies wiederum hatten die Herzöge Bernhard und Heinrich von Braunschweig als unrechtmäßige Machtausweitung angesehen, hatten aber keinen Anlass gefunden, ihre eigenen Vorstellungen kriegerisch durchzusetzen.

Als Heinrich der Erste Henning von Reden im Jahre 1398 als Landfriedensbrecher beschuldigte und ihn aus seiner welfischen Heimat vertrieb, fand dieser Unterkunft im Schloss Varenholz, was wiederum im Besitz von Simon III. war. Und so bekamen die Herzöge von Braunschweig endlich einen Fehdegrund geliefert, um gegen die lippischen Edelherren zu Felde zu ziehen.

Heinrich unternahm mit seinen Männern Raubzüge und Plünderungen im Hoheitsgebiet seiner Feinde und forderte sie dadurch heraus. Bei einem seiner Raubzüge geriet er auch an von Reden und verfolgte ihn bis an das Dorf Odere, wo er ihn stellte. Zu seinem Pech traf er dabei auf lippische Ritter, die ihm einen harten Kampf lieferten und siegreich blieben. Und so wurde er am 19. November 1404 mit einundfünfzig Gefolgsleuten gefangen genommen und landete nach mehreren Stationen letztendlich auf der Falkenburg.

Odermarus blickte zur Burg hinauf, deren schwere, mit Eisen beschlagene Tore sich langsam öffneten. Der Tross passierte die Toranlage. Das Klappern der Pferdehufe schallte von den dicken Mauern zurück, als sie in den Burghof ritten. Hier ließ Martin, der Führer der Gruppe, seine Männer absitzen, anschließend hievten sie Odermarus vom Pferd. Martin rückte sein Schwert zurecht und sah zu einem Boten hinüber, der ihm entgegeneilte. Dieser verbeugte sich vor ihm und schielte dabei aus den Augenwinkeln zu Odermarus hinüber, der immer noch gebunden war. Neben ihm hatten zwei Ritter Aufstellung genommen.

Martin wartete, dass sich der Bote wieder aufrichtete und legte ihm dann die Hand auf die Schulter. „Eile zum Burgherrn und richte ihm aus, dass wir wieder da sind und einen Gefangenen mitgebracht haben. Und sagt ihm auch, wer dieser Gefangene ist. Ihr erkennt ihn doch, oder?" Martin sah den Boten dabei durchdringend an.

Der wiederum blickte Odermarus nun direkt ins Gesicht. „Ja, Herr, ich kenne ihn. Es ist Odermarus, der Gaukler." Dabei verzog er angewidert sein Gesicht. „Man nennt ihn auch den Verräter!" Dabei spie er auf den Boden.

„Mäßige dich, Bote!", maßregelte ihn Martin, „und tue endlich, was ich dir aufgetragen habe."

Der Bote verneigte sich unterwürfig und entfernte sich eilends.

Martin wandte sich der Gruppe mit dem Gefangenen zu. „Löst seine Fesseln!" Soeben hatten sich die Tore der Burg geschlossen. „Jetzt wird er wohl kaum fliehen können. Und wenn er doch den Versuch wagen sollte, so tötet ihn auf der Stelle." Dabei betrachtete er Odermarus, dem ein Ritter die Stricke löste.

Odermarus rieb sich die Handgelenke und sah Martin an. „Ich gebe euch mein Ehrenwort, dass ich nicht fliehen werde."

Martin winkte ab. „Was hat das Ehrenwort eines Verräters schon für einen Wert? Bringt ihn in den Kerker, der Edelherr wird sich später mit ihm befassen, und es würde mich wundern, wenn wir Odermarus nicht schon morgen an der höchsten Zinne des Bergfrieds hängen sehen würden." Dabei sah er provokativ hinauf zur Fahne, die dort oben wehte.

Die Männer Martins ergriffen Odermarus und brachten ihn in den Kerker.

Nachdem sich die schweren Türen hinter ihm geschlossen hatten, sank Odermarus auf ein Strohlager und betastete vorsichtig seine Schulterwunde. Der Schnitt war nicht tief, sein selbstgeschmiedetes Kettenhemd hatte den Schlag gut abgewehrt. Er lehnte sich an die kalten, feuchten Mauersteine und dachte darüber nach, was mit ihm geschehen würde.

Zum Glück wusste niemand, dass er Waffenschmied war, und auch nicht, dass er schon lange als Spion Heinrichs arbeitete. Dieser hatte ihn vor etlichen Jahren dafür rekrutiert und ihm ein Vermögen versprochen, denn Odermarus war intelligent und hatte Weitblick.

Als Heinrich seine Raubzüge in Lippe begann, schickte er Odermarus als Gaukler getarnt auf die Falkenburg. Die dort gewonnenen Informationen teilte ihm Odermarus durch reisende Händler mit, denen er verschlüsselte Botschaften mitgab. Odermarus rückte sich das Stroh zurecht und legte sich auf den Rücken. Wieder schweiften seine Gedanken ab...

***

Jetzt war es Anfang September. Heinrich war im November gefangen genommen worden und saß nun bereits mehrere Monate hier in Haft.

Odermarus erinnerte sich noch genau, wie man Heinrich damals auf die Falkenburg gebracht hatte. Er war erschrocken gewesen, als er in einem der Gefangenen seinen Herzog erkannte. Dieser hatte ihn ebenfalls bemerkt, ihn aber sicherheitshalber keines Blickes gewürdigt. Erst viele Tage später hatte sich eines Nachts die Gelegenheit ergeben, dass die beiden Männer, der Herzog und sein treuester Spion, zu einem Gespräch zusammenfanden.

Odermarus hatte Heinrich darüber informiert, dass er die Falkenburg, diese gewaltige Wehranlage, die ein paar hundert Meter hoch auf einem Berg thronte, für uneinnehmbar hielt. Bei einem Versuch Bernhards, seinen Bruder zu befreien, würde dieser mit seinen Mannen vergeblich gegen die Feste anrennen. Das würde nur blutige Köpfe geben. Ein anderer Weg musste gefunden werden, Heinrich aus der Hand Simons zu befreien.

Nachdem sie lange beratschlagt hatten, war Heinrich zu der Ansicht gelangt, sein Bruder müsse über diese Tatsache unbedingt Kenntnis erlangen. Daher hatte Odermarus bei Nacht und Nebel die Burg verlassen und war nach Braunschweig geeilt.

Natürlich wurde sein heimliches Verschwinden bemerkt und man vermutete, dass der angebliche Gaukler etwas zu verbergen gehabt hatte.

In Braunschweig, wo er dem Bruder seines Herzogs die schlechten Nachrichten überbrachte, tobte dieser vor Zorn. Nur mit Glück durfte Odermarus, als Überbringer der schlechten Nachrichten, seinen Kopf behalten.

Aber Bernhard hatte auch erkannt, dass sich nur Odermarus in Lippe gut genug auskannte, um nochmals Kontakt mit Heinrich aufnehmen zu können. Er sollte schnellstmöglich zurück, aber Odermarus hatte vorher noch einen Auftrag Heinrichs zu erfüllen.

Dieser hatte ihm bei seiner Flucht ein Schwert mitgegeben. Eine Waffe von solcher Qualität und Eleganz hatte Odermarus noch nie gesehen. Als Waffenschmied hatte er schon viele Schwerter in Händen gehalten, doch dieses hier war sehr alt und ein Kurzschwert. Auf der Klinge erkannte er Schriftzeichen, die er für lateinisch hielt, aber nicht entziffern konnte. Er war ein guter Handwerker geworden und hatte auf Befehl Heinrichs auch Lesen und Schreiben gelernt, doch das Lateinische war ihm nie beigebracht worden. Das Schwert besaß einen Griff aus Elfenbein, an dessen Ende ein feurigroter Rubin funkelte. Diese Waffe war so schön, dass Odermarus sie lange nicht aus der Hand legen konnte, nachdem Heinrich sie ihm zugesteckt hatte.

Der Schwertfeger, der den Griff gemacht hatte, war ein Meister seines Fachs gewesen. Es lag Odermarus wie angegossen in der Hand. Heinrich hatte ihm erzählt, dass er dieses Schwert auf einem seiner Raubzüge erbeutet habe.

Es sei im Besitz eines Klosters gewesen, dass er und seine Mannen gebrandschatzt hätten. Der Abt des Klosters habe sich mit dem Schwert sein Leben erkauft, so Heinrich. Bei seiner Gefangennahme hatte man es Heinrich abgenommen, aber Simon hatte bestimmt, dass er es als Zeichen seiner Würde auch während der Festungshaft behalten durfte. Zumal sich Heinrich per Ehrenwort verpflichtet hatte, nicht zu fliehen.

Aber auch Simon hatte den Wert und die Schönheit der Waffe erkannt und verlangt, dass Heinrich sie ihm überlassen musste, wenn er das Schloss jemals wieder lebend verlassen wollte. Und nicht nur die Waffe verlangte er, sondern auch einen gewaltigen Batzen Lösegeld.

Und so hatte er Odermarus nach Braunschweig geschickt und ihm das Schwert als Erkennungszeichen für seinen Bruder mitgegeben. Dazu noch einen weiteren speziellen Auftrag.

Anfang des Monats September anno 1405 traf er in Begleitung eines Boten, der die Nachricht über die Lösegeldzusage bei sich trug, wieder in Lippe ein. Einen Tagesritt vor der Falkenburg trennten sie sich.

Die einzige Möglichkeit, wieder in die Festung zu gelangen, war seine Festnahme. Und so ließ er sich in der Nacht vom 6. auf den 7. September von Martin und seiner Patrouille gefangen nehmen. Nur so konnte er wieder Kontakt zu Heinrich aufnehmen.

Er hatte Martin zwar einen Kampf geliefert, den er leicht hätte gewinnen können, doch dann hatte er vorgetäuscht erschöpft zu sein. Er erhielt den Schlag und ergab sich. Von Rittern mit bitterbösen Mienen war er gefesselt worden, und Martin hatte sich vehement durchsetzen müssen, dass man ihn nicht an Ort und Stelle aufknüpfte. Er galt als Verräter, der bei Nacht und Nebel und ohne Erlaubnis die Burg verlassen hatte. Ein Leibeigener hatte zudem beobachtet, dass er zuvor mit dem gefangenen Herzog gesprochen hatte. Und jetzt war er wieder in der Nähe der Burg aufgetaucht.

Außerdem führte er ein Pferd mit sich, welches ein Brandzeichen derer zu Braunschweig trug. Von da an rechnete man nur zwei und zwei zusammen und man war sicher, dass er gekommen war, um Heinrich zu befreien. Also Verrat!

***

Es war bereits weit nach Mitternacht, als die Kerkertür sich leise öffnete. Odermarus hatte geschlafen und wachte erst durch ein Rütteln an der Schulter auf. Als er die Augen öffnete, blickte er in das Gesicht seines Herzogs.

Heinrich legte warnend den Finger an die Lippen. „Wir haben nicht viel Zeit. Es hat mich einen Batzen Gulden gekostet, den Kerkermeister zu bestechen und so zu dir zu gelangen. Also, was hast du mir zu berichten?"

Odermarus wollte sich erheben, doch Heinrich drückte ihn auf das Lager zurück. Der Spion und Waffenschmied berichtete von dem Gespräch mit Heinrichs Bruder und bemerkte dessen Erleichterung, als er von der Zusage über 100.000 Gulden erfuhr. Auch den anderen Auftrag hatte Odermarus erfolgreich erledigt. Der Herzog zeigte sich zufrieden. Nun war nur noch die Frage zu klären, wo sich das kostbare Schwert befand, welches Simon zusätzlich zum Lösegeld haben wollte.

Aber auch dafür hatte Odermarus eine Lösung gefunden. Da er sich schlecht mit dem Schwert hätte festnehmen lassen können, hatte er es in einem Ledersack am Fuße der Burgmauer deponiert. Dann hatte er einen Stein mit einer sehr dünnen Schnur daran über die Mauer geschleudert. In einem unbeobachteten Moment würde es Heinrich sicher gelingen, es so wieder in die Burg und seinen Besitz zu bringen. Damit würde er sich den Weg in die Freiheit erkaufen, wenn morgen der Bote hochoffiziell auf der Falkenburg eintraf.

Er versprach, dass er mit Simon auch über die Freilassung Odermarus reden würde. Er war überzeugt, dass man auch ihn gehen ließ. Dann entfernte er sich leise und ließ seinen Waffenschmied im Kerker zurück.

***

Am Morgen des 8. September ritt Heinrich I. zu Braunschweig an der Spitze seiner einundfünfzig Getreuen aus dem Burgtor der Falkenburg. Simon hatte er am Vorabend sein Ehrenwort, das Schwert und die Zusage seines Bruders für ein Lösegeld von 100.000 Gulden gegeben. Dann hatte er um seine Freilassung und um die seiner Getreuen inklusive Odermarus gebeten.

Simon hatte eine Zeitlang überlegt und verlangt, dass man ihm die Männer Heinrichs vorführte. Alle einundfünfzig Männer mussten die Urfehde schwören, die besagte, dass sie nach ihrer Freilassung von Rache abzusehen hatten. Damit wurde ihnen und Heinrich gestattet, die Falkenburg in den Morgenstunden des nächsten Tages zu verlassen.

***

An diesem bedeutungsvollen Morgen sah Heinrich I. seinen Getreuen Odermarus zum letzten Mal. Dessen Freilassung hatte Simon abgelehnt, weil er in ihm einen Verräter sah.

Heinrich zügelte sein Pferd, damit es auf dem steinigen Weg hinunter nicht ins Straucheln geriet, und blickte zum Bergfried hinauf, an dessen Spitze die Fahne wehte. Darunter, an der obersten Zinne hatte man Odermarus am Halse aufgehängt, bis sein Tod eintrat. So wie Simon III. es verfügt hatte.

Einundzwanzig

Der Weg zum Hochsitz führte steil bergan. Zum Glück war der Himmel wolkenlos, und die halbe Sichel des Mondes spendete ausreichend Licht. Koslowski stolperte hinter Krameike her, der trotz seines hohen Alters ein erstaunliches Tempo vorlegte.

Als Koslowski sich darüber beschwerte, bekam er die lapidare Antwort, dass er, Krameike, ja auch nicht so viel saufen würde. Unmittelbar nach seiner Beschwerde hatte Koslowski den Eindruck, als ob das Tempo noch verschärft wurde. Er biss die Zähne zusammen und bemühte sich mitzuhalten. Als ihm schon Zweifel kamen, ob er das noch lange durchhalten würde, standen sie plötzlich unter dem Hochsitz. Er schwitzte aus allen Poren. Krameike hatte sogar recht gehabt. Seine Kondition ließ sehr zu wünschen übrig. Früher war er schon mal deutlich besser in Form gewesen.

Krameike stieg vor ihm die Leiter hinauf und öffnete die Tür. Dann warf er seinen Rucksack in den Hochsitz und kletterte hinterher. Koslowski folgte ihm auf dem Fuße.

Der Hochsitz war geräumig und machte einen bequemen Eindruck. Vorne gab es zwei, an den Seiten je ein Fenster. Die Sitzbank war breit genug für zwei, einer alleine hätte sich sogar bequem ausstrecken können. Als ob Krameike seine Gedanken erraten hätte, erklärte er, dass er hier schon des Öfteren die eine oder andere Nacht verbracht habe. Richtig romantisch, dachte Koslowski. Wie schön wäre es, wenn er mit …

Er fürchtete, gleich umzukippen, und klammerte sich ans Fensterbrett. Wieder hatte ihn der Schmerz wie ein wildes Tier angesprungen.

Krameike beobachtete ihn aus den Augenwinkeln, dann flüsterte er ihm zu, dass sie die Plätze tauschen sollten. Koslowski in die Ecke, er an der Tür. „So kann ich besser auflegen", erklärte er.

Sie tauschten die Plätze, und Krameike lud die Waffe durch. Dann öffnete er die Fenster und legte den Repetierer mit dem Lauf nach draußen auf die Fensterbank. Anschließend zündete er die Gasheizung an, lehnte sich zurück und atmete tief durch.

Vor ihnen lag eine kleine Freifläche. Krameike deutete auf ein paar helle Steinplatten, die man im Mondlicht gut erkennen konnte. Dann erklärte er Koslowski, was es damit auf sich hatte. Als er bemerkte, dass dieser nicht zuhörte, rüttelte Krameike ihn an der Schulter. „Hallo! Biste noch da?", wollte er wissen.

Koslowski schrak aus seinen trüben Gedanken auf. „Was hast du gesagt?"

Der ehemalige Polier seufzte. „Ich habe versucht, dir zu erklären, was eine Kirrung ist. Aber du warst anscheinend weit weg."

Koslowski blickte ihn fragend an.

„Ich habe dir erklärt, dass unter den Steinplatten Mais liegt. Da kommt außer den Wildschweinen kein anderes Wild dran. Wir müssen also nur warten, bis sich die Schwarzkittel nähern und dann können wir eins schießen. Vom Licht her ist es gut, nicht zu hell. Das mögen sie nämlich nicht." Krameike beugte sich vor, um den Stand des Mondes zu kontrollieren. „Bestens!"

Koslowski rutschte unruhig auf seinem Platz herum. Was machte er eigentlich hier? Er wollte raus. Sich bewegen. Nicht eingesperrt sein wie ein Tiger im Käfig. „Friedrich, sei mir nicht böse, aber ich möchte wieder gehen."

Krameike sah ihn an. Dann kratzte er sich am Kinn. Ich mache dir einen Vorschlag. Wir bleiben noch zehn Minuten, ich erzähle dir in der Zeit etwas, und dann gehen wir."

Koslowski dachte kurz nach, dann stimmte er dem Vorschlag zu.

Krameike holte die Thermoskanne aus dem Rucksack und füllte zwei Becher mit dampfendem Kaffee. Einen reichte er Koslowski, den anderen hielt er mit beiden Händen, um sich daran zu wärmen. „Es waren schöne Jahre, die wir bis dahin hatten. Ich denke oft daran zurück. Wir hatten wenig, es waren schlechte Zeiten, so direkt nach dem Krieg, aber wir hatten uns. Wir waren jung, und ich war stark. Jeden Tag die schweren Speisvögel aufs Gerüst tragen und Steine schleppen, das hatte mich zu einem echt kernigen Burschen gemacht. Ersetzte damals problemlos jede heutige Mucki-Bude." Er trank einen kleinen Schluck Kaffee.

Koslowski sah ihn vollkommen perplex an. „Wovon redest du?", fragte er kopfschüttelnd.

Krameike sah aus dem Fenster. „Von mir und meiner Hannelore."

Hannelore war seine Frau gewesen, und Koslowski war überrascht. In seiner Vorstellung hatte er seinen Freund immer als alten Junggesellen gesehen. Krameike lächelte, als Koslowski ihm das gestand.

„Das ist auch schon so lange her, dass es fast nicht mehr wahr ist. Auch ich war mal jung."

Und dann begann er zu erzählen. Wie sie sich kennen gelernt hatten. In Heidenoldendorf beim Osterfeuer. Wie er sie umgarnt hatte, seine Hannelore. Und wie er sich sowohl mit anderen Kerlen wie auch mit ihren Brüdern, die die Ehre ihrer Schwester verteidigen wollten, um sie geprügelt hatte.

Wie er dann am Fuße des Hermanns um ihre Hand angehalten hatte und wie er sich abends betrunken hatte, weil sie zugestimmt hatte.

„Ich weiß gar nicht mehr, ob ich vor Glück oder vom Schluck so betrunken war. Auf jeden Fall habe ich zwei Tage im Blinden gelegen und, um die Rechnung zu bezahlen, so manche Stunde Schwarzarbeit gekloppt. Aber das war es wert."

Er nahm einen weiteren Schluck Kaffee. Dann schildert er seine Erlebnisse mit ihrem Vater, der ja auch gefragt werden musste. Zuerst wollte er ablehnen, doch nachdem Krameike ihn förmlich unter den Tisch gesoffen hatte, stimmte er zu. Auf alle Fälle bekam er einen trinkfesten Schwiegersohn.

Dann folgte die Hochzeit. Krameike erzählte, wie er damals, noch ohne Jagdschein, in Hiddesen in den Wald geschlichen war und ein Wildschwein geschossen hatte. Pech für eine stattliche Wildsau, dass dringend ein Hochzeitsbraten benötigt wurde.

Dann kamen die Jahre, in denen beide noch bei ihren Eltern gewohnt hatten, immer mit dem Traum von den eigenen vier Wänden. Und wie schwer sie beide dafür geschuftet hatten. Er auf dem Bau und sie als Haushälterin bei einem Doktor. Zuständig für Putzen, Kochen, Waschen und für „den Doktor seine Blagen", wie Krameike sich ausdrückte.

Es waren harte Zeiten gewesen, und er erinnerte sich, wie er damals eine große Musiktruhe gekauft hatte. So eine mit Schiebetüren, die in den Seitenwänden verschwanden. Eine mit einem Zehn-Platten-Spieler und eingebautem Radio mit „magischem Auge". Das ganze Ding natürlich auf Pump.

Als er damit nach Hause kam, hatte seine Frau nur geseufzt. Ein Herd oder ein Sofa wären wichtiger gewesen, aber klaglos bezahlte sie Monat für Monat die Raten. Als sie endlich ihre eigene Wohnung hatten, standen im Wohnzimmer nur zwei Stühle und die Musiktruhe. Das Sofa und die Sessel ließen noch ein Jahr auf sich warten.

Was ihnen noch zu ihrem Glück fehlte, waren Kinder. Aber es wollte einfach nicht klappen.

„Und glaub mir, wir haben geübt wie die Wilden", lächelte Krameike verschmitzt und sah dann kurz durch sein Fernglas. Noch war alles ruhig im Wald.

Er schüttete sich noch etwas Kaffee nach. Koslowski winkte dankend ab. Die Erzählung des alten Lippers hatte ihn gefangen genommen.

Krameike stellte seinen Kaffeebecher ab und rutsche in die Ecke des Hochsitzes. Erst nach einer Weile sprach er weiter. Wie sie sich langsam aber sicher ein Zuhause aufgebaut hatten, wie sie in ihren ersten Urlaub gefahren waren, nach Bayern mit Touropa. Wie sie weiter versucht hatten, ein Kind zu zeugen, und wie sie sogar über eine Adoption nachgedacht hatten. Trotzdem war ihr Leben glücklich und zufrieden.

Bis zu dem Tag, als Hannelore vom Arzt nach Hause kam. Sie hatte ihn aufgesucht, weil sie starke Bauchschmerzen bekommen hatte. Magenverstimmung hatte der Arzt gesagt. Kamillentee, Ruhe und eine Wärmflache auf dem Bauch hatte er empfohlen. Aber trotz all dieser medizinischen Wunderdinge waren die Bauchschmerzen nicht weggegangen.

Als sie das nächste Mal den Arzt aufsuchte, machte der ein besorgtes Gesicht und schickte sie ins Krankenhaus. Dort blieb sie drei Tage, man schnitt ihr den Bauch auf und nähte ihn gleich wieder zu.

„Damals nannte man es noch Geschwür, heute würde man dazu einfach Krebs sagen. Bauchspeicheldrüsenkrebs. Und zu der Diagnose kam noch die bittere Mitteilung, dass sie nur noch ein paar Monate zu leben hatte."

Als Koslowski zur Seite sah, bemerkte er Tränen in Krameikes Augen. Dieser putzte sich leise die Nase und beugte sich vor. War da was an den Steinen?

„Und weißt du, was das Schlimmste war?", wollte er flüsternd von Koslowski wissen. „Sie bekam nicht nur die Diagnose, dass sie todkrank, sondern auch, dass sie endlich schwanger war."

Koslowski musste schlucken.

Krameikes Stimme war immer leiser geworden. Im Wald war es totenstill. Der alte Maurer holte tief Luft, dann fand er den Mut weiterzusprechen.

„Es gab keine Hoffnung, dass das Kind vor ihrem Tod noch zur Welt kommen würde. Alles war verloren. All unsere Träume dahin." Er seufzte.

Dann nahm er allen Mut zusammen und sprach über das, was ihm immer am meisten zu schaffen gemacht hatte.

Eines Tages war er nach Hause gekommen. Sie lag nicht wie sonst auf dem Sofa oder im Bett. Aber sein Essen stand auf dem Herd. Daneben fand er ihren Brief.

Darin erklärte sie ihm, dass sie die Schmerzen nicht mehr aushalten könne. Dass sie ihn liebe und dass sie ihn nicht weiter belasten wolle, eben weil sie ihn so lieben würde. Sie dankte ihm für die vielen schönen Jahre und bat ihn, nicht zu sehr um sie zu trauern. Und sie schrieb, wie gerne sie mit ihm zusammen das Kind aufgezogen hätte. Das Kind, das vor seiner Geburt schon durch die Krankheit der Mutter zum Sterben verurteilt war. Und sie bat ihn, dass er sie nicht suchen solle. Man würde sie schon finden und ihn dann benachrichtigen.

Später hatte er nicht mehr gewusst, wie lange er mit dem Brief in der Hand dagesessen hatte. Als sich seine Starre endlich löste, war er hektisch durch das ganze Haus gelaufen. Dann hatte er sich auf sein Fahrrad geschwungen, war erst ziel- und planlos in der Gegend herumgefahren, bis er auf die Idee kam, ihre Familie zu informieren. Zusammen mit ihren Brüdern hatten sie überall gesucht.

Abends kam dann der Dorfpolizist. Ein Spaziergänger hatte sie gefunden.

Sie hatte sich ins Hiddeser Bent zurückgezogen und sich dort die Pulsadern aufgeschnitten. Der Spaziergänger, der nach den alten Schießbahnen im Bent suchte, fand sie dort unter einem Busch. Als Krameike sie identifizierte, sah er in ihr entspanntes Gesicht. Ein Gesicht, das endlich nicht mehr von Schmerzen gezeichnet war.

„An der Beerdigung habe ich nicht teilgenommen. Aber frag mich nicht, wo ich war, ich war eine Woche lang besoffen. Als ich dann zuletzt in der damaligen Kneipe Sternschanze anfing, das Mobiliar kurz und klein zu schlagen, weil ich keinen Schluck mehr bekam, mussten mich drei Schutzleute bändigen. Sie haben mich zwei Tage in die Ausnüchterungszelle gesperrt."

Krameike legte plötzlich warnend den Finger an die Lippen. Im Unterholz, links neben dem Hochsitz hatte es laut und vernehmlich geknackt. Koslowski staunte, wie schnell sein Gesprächspartner umschalten konnte. Lautlos ergriff Krameike die Waffe.

Es dauerte einige Minuten, bis ein Wildschwein den Kopf aus dem Unterholz streckte. Bewegungslos blieb es kurz stehen, dann trat es auf die Fläche. Hinter ihm wuselten mindestens zehn Frischlinge her. Innerhalb kürzester Zeit war auf der mondbeschienenen Fläche jede Menge Bewegung.

Die Bache kippte die Steinplatten nacheinander um und legte den Mais frei. Die kleinen Wildschweine sausten durcheinander und stürzten sich auf die gelben Körner. Sie grunzten und schmatzten an den Löchern.

Koslowski sah Krameike fragend an. Dieser hatte die Waffe angelegt und entsichert. Nach ein paar Sekunden jedoch klappte er die Sicherung wieder um und legte die Waffe leise auf das Fensterbrett zurück. Das Fernglas stellte er daneben und sah den Schweinen zu, wie sie die Kirrung abräumten.

Nach ein paar Minuten wurde die Bache unruhig und warf den Kopf hoch. Irgendetwas störte sie. Konnte es sein, dass der Wind gedreht hatte und sie die Witterung der beiden Menschen in die Nase bekommen hatte? Auf jeden Fall folgte eine ärgerliche Lautäußerung von ihr, und Sekunden später war „die Platte geputzt". Nur noch die umgedrehten Steinplatten zeugten von dem nächtlichen Besuch.

Krameike zog die Waffe in den Hochsitz zurück und entlud sie.

„Ich denke, das war's!", sagte er und friemelte die Patronen ins Etui zurück.

Koslowski war erstaunt. Er war fest überzeugt gewesen, dass Krameike eine der Sauen erlegen würde. „Warum hast du nicht geschossen?" fragte er den alten Jäger.

Der lächelte verschmitzt. „Ach, weißt du, die haben mir doch eigentlich gar nichts getan, oder?"

Koslowski musste unwillkürlich lachen, aber im selben Moment auch schon wieder an die Geschichte denken, die Krameike ihm erzählt hatte. Nicht nur er selbst musste Schicksalsschläge ertragen.

Zweiundzwanzig

Als Koslowski am nächsten Morgen erwachte, blieb er noch eine geraume Zeit in seinem Bett liegen. So richtig gut ging es ihm noch immer nicht.

Nach ihrem nächtlichen Jagdausflug hatte Krameike ihn nach Hause gefahren. Vor der Haustür hatte er sich von seinem Freund verabschiedet und sein Mitgefühl geäußert. Krameike hatte nur abgewinkt.

Beide hatten sie einen geliebten Menschen verloren, und beide waren danach fast verrückt geworden.

Es gab eine Zeit des Trauerns, doch irgendwann müsse man sich wieder dem Leben stellen und weitermachen. Am Ende des Gespräches gab ihm Krameike noch einen Spruch mit auf den Weg: Lass die Toten ihre Toten begraben!

An diesen Spruch musste Koslowski denken, als er im Bett lag und immer noch zu faul war aufzustehen. Sogar das Klingeln des Telefons konnte ihn nicht dazu bewegen. Der Anrufbeantworter sprang an. Eine ziemlich aufgeregte männliche Stimme bat Koslowski eindringlich, ihn sofort zurückzurufen. Es ginge um Leben und Tod, und nur er könne ihm helfen. All das klang so flehentlich, dass er sich aus dem Bett schwang, die Nummer notierte und zurückrief.

Der Anrufer war sofort am Apparat. Er stellte sich als Christoph Langeland vor und bat Koslowski, sofort zu ihm zu kommen. Am Telefon wolle und könne er nicht sprechen. Koslowski erschien der Mann außerordentlich verzweifelt. Aber er kannte diesen Christoph Langeland nicht. Auf seine Frage, wie er dazu kam, Koslowski um Hilfe zu bitten, erklärte er, dass ihm Krameike heute am frühen Morgen die Telefonnummer gegeben habe. An Koslowski solle er sich wenden. Gerade jetzt, wo die Polizei nichts tun könne.

„Warum kann die Polizei denn nichts tun, und um was geht es überhaupt?", wollte er wissen. Doch Langeland wehrte ab. Nicht am Telefon. Er müsse Koslowski sofort treffen. Der solle einen geeigneten Treffpunkt vorschlagen. Eine Kneipe oder ein Café. Alles, nur keine Kneipe, wehrte Koslowski ab. Wie es mit dem Eiscafé Daniele in Hiddesen sei? Überall, stimmte der Mann zu, nur bald. Koslowski überschlug kurz, wie lange er brauchen würde, um sich frischzumachen, dann versprach er, in dreißig Minuten dort zu sein. Der Weg zu Daniele war dabei noch der geringste Zeitaufwand.

***

Eiscafébesitzer Daniele stellte ihnen zwei Espresso hin und begab sich wieder hinter seine Verkaufstheke. Koslowski staunte, wie viele Leute Anfang Dezember noch Eis kauften. Doch hier im Café waren sie die einzigen Gäste. Bald würde Daniele den Laden schließen und den Winter in Italien verbringen. Die Hiddeser Kinder freuten sich schon darauf, wenn er im Februar wiederkam, aber auch auf den letzten Tag der Saison, an dem Daniele das restliche Eis verschenkte.

Koslowski nippte an seinem Espresso und betrachtete über den Rand der Tasse hinweg unauffällig sein Gegenüber.

Der Mann war Mitte Vierzig und hatte volles, blondes Haar. Es war modisch kurzgeschnitten und sein Gesicht glattrasiert. Ein rötlicher Teint gab ihm ein frisches Aussehen, doch die Unruhe seines Blickes und die dunklen Ränder um seine Augen straften den Eindruck Lügen. „Herr Koslowski, ich bin so erleichtert, dass Sie gekommen sind. Sie wissen gar nicht, wie wichtig das für mich ist." Nervös drehte er den kleinen Espressolöffel zwischen den Fingern.

Koslowski bemerkte gepflegte Hände mit manikürten Fingernägeln. Niemand, der mit seinen Händen arbeiten muss, stellte er fest. Aufmerksam hörte er den weiteren Ausführungen des Mannes zu.

Christoph Langeland schob die Espressotasse unberührt zur Seite, faltete die Hände auf dem Tisch und betrachtete sie. Er war sichtlich bemüht, sich zur Ruhe zu zwingen. Dann atmete er durch, hob den Kopf, blickte Koslowski an und begann zu sprechen. „Ich habe mich ja bereits vorgestellt. Mein Name ist Langeland, ich bin Teilhaber des Sägewerkes Langeland & Bockstegers. Wir sind hier in Ostwestfalen eines der größten Sägewerke."

Koslowski musste sofort an die großen Holztransportfahrzeuge denken, über die er sich oft ärgerte, wenn er sie auf den kurvigen Strecken durch die lippischen Wälder nicht überholen konnte. Häufig hatte er dabei auch den Firmennamen Langeland & Bockstegers gelesen. Er erinnerte sich, dass das Sägewerk in der Nähe von Horn-Bad Meinberg lag.

Langeland atmete tief durch. „Ich habe Ihren Namen, wie bereits gesagt, von Friedrich Krameike bekommen. Er sagte, dass Sie mir eventuell helfen könnten. Ich wusste nicht, an wen ich mich sonst hätte wenden sollen. Er meinte auch, es wäre gut, wenn Sie mal wieder ans Arbeiten kämen. Aber das habe ich nicht verstanden."

Koslowski musste schmunzeln. Mit einer auffordernden Geste deutete er an, dass Langeland weitersprechen sollte.

Dieser strich sich übers Haar. Man merkte ihm an, dass er sich schwer tat. „Zunächst einmal muss ich sie eindringlich bitten, die folgenden Informationen äußerst vertraulich zu behandeln. Es geht darum, dass meine Frau verschwunden ist."

Koslowski musterte Langeland interessiert. Für so ein Verhalten gab es viele mögliche Gründe. „Das ist unangenehm. Warum ist sie den verschwunden? Hat sie Sie verlassen?"

Langeland schüttelte den Kopf. „Sie war plötzlich einfach weg. Kein Abschiedsbrief, kein Anruf. Ihr Auto fehlt, und an ihr Handy geht sie nicht ran." Langeland ließ den Kopf hängen.

Koslowski kratzte sich am Hals. „Es gibt ja mehrere Möglichkeiten, warum sie weg sein könnte. Entweder sie hat

Sie einfach verlassen, oder sie ist Opfer eines Unfalls oder eines Verbrechens geworden." Bei dem Wort Verbrechen registrierte Koslowski in Langelands Augen ein kurzes Aufblitzen. Volltreffer! Also redete der Mann um den heißen Brei herum. „Wenn sie einfach abgehauen ist, dann sollten Sie eher einen Privatdetektiv mit der Suche beauftragen. Die sind auf so was spezialisiert", empfahl ihm Koslowski.

Langeland rang sichtlich mit sich. Unruhig rutschte er auf der Bank hin und her. Immer wieder sah er irritiert aus dem Fenster. Koslowski nutzte die Pause um seinen Espresso auszutrinken.
Als er die Tasse auf den Tisch stellte, hatte Langeland anscheinend seine letzten Zweifel überwunden. Er griff in die Jackentasche und holte eine Klarsichthülle heraus. Darin befand sich ein Blatt Papier in DIN-A4-Größe. Mit spitzen Fingern legte er es auf den Tisch und drehte es so, dass Koslowski die darauf stehenden Sätze lesen konnte.
Ihm fielen sofort die ausgeschnittenen Buchstaben auf. Ein typischer Erpresserbrief, schoss es ihm durch den Kopf. Die Frau ist also entführt worden. Daher dieses Zögern. Er beugte sich vor und las.
Wir haben Ihre Frau entführt. Sollten Sie unseren Anweisungen nachkommen, wird ihr nichts geschehen. Wir verlangen eine Million Euro in kleinen, gebrauchten Scheinen. Wir werden uns in zwei Tagen wieder melden. In der Zwischenzeit besorgen Sie das Geld. Dann werden Sie erfahren, wie der Austausch vor sich gehen wird. Aber denken Sie daran: Wenn Sie die Polizei verständigen, stirbt Ihre Frau! Versuchen Sie irgendwelche Tricks, stirbt Ihre Frau! Wenn der Geldbetrag nicht stimmt, stirbt Ihre Frau!
Koslowski las den Erpresserbrief noch zweimal aufmerksam durch. Dann sah er auf und blickte Langeland direkt in die Augen. „Sie müssen unbedingt die Polizei einschalten", riet Koslowski.

Langeland schüttelte vehement den Kopf. „Auf gar keinen Fall!", erklärte er aufgebracht, senkte aber sofort wieder seine Stimme. „Ich werde nichts tun, was das Leben meiner Frau gefährden könnte. Sie haben doch gelesen, was diese Schweine geschrieben haben!"

Koslowski nickte. Die Ansage war deutlich genug. Und er war sich auch darüber im Klaren, dass Langeland in einer argen Zwickmühle steckte. Er winkte Daniele zu und bestellte zwei weitere Espressi. „Und was soll ich in dieser Angelegenheit tun?", wollte er von Langeland wissen.

Dieser sah Koslowski eindringlich an. „Sie müssen das Lösegeld für mich überbringen." Langeland wischte sich mit einer fahrigen Bewegung durchs Gesicht. „Ich habe nicht die Nerven für so was. Friedrich sagte mir, Sie wären der richtige Mann für solche Sachen." Langeland nahm die Espressotasse entgegen. Als der Italiener sich wieder entfernt hatte, beugte er sich verschwörerisch vor. „Krameike sagte, dass Sie mal Polizist waren, stimmt das?"

Koslowski nickte nachdenklich. „Ja, das stimmt, aber das ist schon so lange her, dass es fast nicht mehr wahr ist." Er konnte sich ja selbst kaum noch daran erinnern.

Langeland zog den Brief wieder zu sich herüber und verstaute ihn in der Jackentasche.

„Ich werde Sie sofort anrufen, sobald ich neue Anweisungen von den Entführern bekomme. Bis dahin aber, zu niemandem auch nur ein Wort. Krameike habe ich ebenfalls gebeten, Stillschweigen zu halten. Ansonsten habe ich nur meinen Geschäftspartner Heinrich Bockstegers informiert, denn irgendwoher muss ich mir ja das Geld besorgen."

Koslowski überlegte kurz. „Woher wollen Sie es denn bekommen? Man hat doch eine Million Euro nicht so auf dem Nachttisch liegen, oder?" Er musterte Langeland skeptisch.

„Das lassen Sie nur meine Sorge sein. Wir haben immer Rücklagen für Holzkäufe, da komme ich schon klar. Sie müssen nur das Geld übergeben und mir meine Frau sicher und gesund zurückbringen." Langeland stand auf. Er reichte Koslowski eine Visitenkarte. „Haben Sie Ihr Handy dabei? Ja, dann rufen Sie bitte die Nummer hier an!" Dabei zeigte er auf eine Mobilfunknummer auf der Karte.

Koslowski kramte sein Handy aus der Jackentasche und wählte. Einen kurzen Moment später meldete sich Langelands Mobiltelefon in dessen Tasche. Er zog es hervor und drückte Koslowskis Anruf weg. Dann speicherte er die Rufnummer.

„So ist jede Verwechslung ausgeschlossen. Lassen Sie Ihr Telefon ab sofort Tag und Nacht eingeschaltet. Sobald ich neue Informationen bekomme, melde ich mich bei Ihnen. Wir müssen uns dann sofort treffen. Auf der Karte steht meine Adresse, kennen Sie die Gegend?"

Koslowski sah auf die Visitenkarte und nickte.

Langeland hielt ihm die Hand hin. „Ich weiß, dass es sehr gefährlich ist, was ich hier mache, aber noch mal die Bitte: Zu keinem Menschen ein Wort und vor allem nicht zur Polizei." Langeland sah ihn dabei eindringlich an. „Und um Ihr Gehalt machen Sie sich mal keine Sorgen, das wird schon hoch genug ausfallen!"

Koslowski winkte ab. „Das ist nebensächlich. Es gibt wichtigere Dinge."

Langeland nickte, und Koslowski glaubte zu sehen, wie dem Sägewerksbesitzer die Tränen in die Augen traten. Das hier war so gar nicht nach seinem Geschmack, aber sollte er den Mann im Regen stehen lassen? Dankbar klopfte Langeland ihm auf die Schulter und verließ das Eiscafé. Koslowski sah, wie er draußen in eine Mercedes Limousine stieg.

Ein paar Minuten blieb er noch allein am Tisch sitzen und dachte nach. Dann bezahlte er die vier Espressi, verließ das Café und stand wenig später auf dem Gehweg der Friedrich-Ebert-Straße. Als er nach links sah, konnte er erkennen, dass Volkmar Strunte gerade sein Bistro aufschloss.

Augenblicklich spürte Koslowski einen Kloß im Hals. Da hatte er auch noch was auszubügeln. Aber heute war er dazu noch nicht in der Lage. Er beschloss, erst mal einzukaufen, denn sein Kühlschrank war leer. Also wandte er sich nach rechts in Richtung Supermarkt.

Dreiundzwanzig

Verdammt noch mal! Der Ort für die Geldübergabe war sehr gut gewählt, ärgerte sich Koslowski. Aber nicht für ihn, sondern ausschließlich für den oder die Entführer.

Vor einer Stunde hatte Langeland ihn angerufen. Um 18.00 Uhr. Gestern und heute, die ganze Zeit war nichts geschehen, und Koslowski hatte auf heißen Kohlen gesessen. Er hatte die Zeit genutzt, seine sehr vernachlässigte Wohnung aufzuräumen und zu putzen. Dabei hatte er sich immer in Reichweite seines Handys aufgehalten. Langsam aber sicher war Koslowski nervös geworden. Hatten der oder die Entführer die Nerven verloren? War Clarissa Langeland bereits tot?

Als sein Handy endlich klingelte und Koslowski Langelands Nummer erkannte, atmete er auf. Endlich geschah etwas. Dieses untätige Warten zermürbte mehr als alles andere.

Jetzt fuhr er durch Horn und dann den Holzhauser Berg hinauf. An der Einmündung Paschenburg bog er ab und suchte die Hausnummer, die Christoph Langeland ihm am Telefon mitgeteilt hatte. Koslowski fuhr bergan und sah sich um. Am Ende der Straße, in einer Linkskurve, stand auf der rechten Seite ein großes Haus mit weißem Klinker und einem reetgedeckten Walmdach. Davor eine Auffahrt, die zu einer Art Freitreppe führte.

Zwei offene Tore, eines für die ankommenden, das andere für abfahrende Fahrzeuge. Im Garten sah man diverse kunstvoll beschnittene Bäume und Büsche. Ein Springbrunnen vervollständigte das Gesamtbild.

Hier musste Langeland wohnen. Richtig, an einem der steinernen Torpfosten prangte der Name Langeland in schmiedeeisernen Buchstaben. Koslowski fuhr die Auffahrt hinauf und hielt vor dem Eingang. Er konnte durch die Fenster sehen, dass Langeland wie ein Tiger im Käfig im

Haus herumlief. Er stieg aus, und noch bevor er klingeln konnte, riss Langeland bereits die Tür auf. „Da sind Sie ja endlich!" Aufgeregt zerrte er ihn förmlich ins Haus.

Ein großer Schäferhund kam auf Koslowski zu. Der blieb abwartend stehen, erkannte aber, dass es sich um ein älteres und offensichtlich gutmütiges Tier handelte. Der Hund beschnupperte ihn und wedelte dabei mit dem Schwanz.

Langeland gab dem Hund ein barsches Kommando, und das Tier schlich mit eingeklemmter Rute in ein angrenzendes Zimmer. „Sie müssen entschuldigen, das ist der Hund meiner Frau. Ich stehe nicht sonderlich auf Hunde, aber sie liebt ihn abgöttisch. Na ja, er ist schon sehr alt und wird wohl bald das Zeitliche segnen." Er deutete nervös auf eine zweiflügelige Tür. „Lassen Sie uns ins Wohnzimmer gehen, Sie sind ja nicht gekommen, um den Hund meiner Frau zu besichtigen."

Im Wohnzimmer erzählte er Koslowski noch mal vom Anruf des Entführers. Mit verstellter Stimme habe ihn der Mann aufgefordert, das Geld in eine große, rote Sporttasche zu packen. So eine befände sich im Haus, habe man von der Geisel erfahren. Langeland wies auf eine rote Tasche, die auf dem Tisch stand. Koslowski ging hinüber und zog den Reißverschluss auf. Beim Anblick der vielen Geldbündel atmete er tief aus. Er griff hinein und hob die obersten Bündel an. So sah also eine Million Euro aus.

„Haben Sie denn auch ein Lebenszeichen von Ihrer Frau bekommen?", wollte er wissen.

Langeland rang die Hände. „Ich habe verlangt, mit ihr zu sprechen. Da haben sie sie ans Telefon gelassen, aber sie hat nur kurz meinen Namen gesagt, und dann wurde ihr der Hörer wieder weggenommen." Langeland machte einen verstörten Eindruck. „Ich konnte sie nicht mal fragen, wie es ihr geht."

Koslowski blickte erneut auf die Sporttasche. „Wie soll es nun weitergehen?"

Langeland ging zu seinem Schreibtisch und riss einen Zettel von einem Block.

„Ich habe alles genau aufgeschrieben, was der Entführer gesagt hat. Wir sollen uns genau an seine Anweisungen halten." Langeland reichte Koslowski mit zitternder Hand den Zettel.

Dieser nahm ihn an sich und las. „Lemgo?", fragte er ungläubig. Und einen Atemzug später. „Auf Kläschen? Die Geldübergabe soll auf dem Kläschen Markt stattfinden?"

Langeland hatte sich auf den Schreibtischstuhl fallen lassen und nickte.

„Ausgerechnet Kläschen", seufzte Koslowski sarkastisch. „Na, da werden wir ja ganz unter uns sein!"

Der Kläschen Markt war der Nachfolger des Nikolai Marktes. Dieser hing eng mit dem Bau der Nikolaikirche zusammen. In ihr hatte man früher, immer am 6. Dezember, zu Ehren des Heiligen Nikolaus eine Messe gefeiert, einen Dankgottesdienst für alle von ihren gefährlichen Reisen zurückkehrenden Seeleute und Kaufleute der Hansestadt Lemgo. Heute lockte Kläschen, wie die Lipper den Markt gerne nannten, jedes Jahr tausende von Menschen in die Innenstadt. Auf jeden Fall ein gute Möglichkeit mit einer Tasche voller Geld zu verschwinden.

Als Koslowski bereits fahren wollte, fiel Langeland ein, dass Koslowski seine Frau ja gar nicht kannte. Wenn sie nach der Lösegeldübergabe sofort freigelassen würde, müsse Koslowski sich ja um sie kümmern. Eine Annahme, die Koslowski für unwahrscheinlich hielt. Der oder die Entführer würden sich zunächst mit der Kohle in Sicherheit bringen und dann entscheiden, wann, wo und ob sie die Frau überhaupt freilassen sollten. Nicht selten war das Opfer unmittelbar nach der Lösegeldübergabe getötet worden, weil man Angst hatte, dass es den oder die Täter später würde wiedererkennen können.

Auf jeden Fall bat Langeland Koslowski, ein Bild seiner Frau mitzunehmen. Er schlug vor, das Porträt zu nehmen, welches im Nachbarzimmer auf dem Flügel stand. Koslowski tat ihm den Gefallen, ging hinüber und holte den schweren Silberrahmen. Langeland nahm das Bild heraus, sah es einen Moment lang sehnsüchtig an und reichte es ihm dann.

Koslowski ließ es in die Tasche verschwinden und machte sich auf den Weg. Im Flur saß der Schäferhund und sah ihm traurig nach.

***

Koslowski lenkte seinen Wagen auf einen freien Parkplatz am Rand der Lemgoer Fußgängerzone. Wenigstens damit hatte er Glück. Er schnappte sich die Tasche vom Beifahrersitz.

Nun stand er hier in Lemgo, am Anfang der Mittelstraße und beobachtete das Treiben des alljährlichen Kläschen-Marktes.

Rechts neben ihm drehten vergnügte Menschen auf Schlittschuhen ihre Runden auf der Eisbahn der Lemgoer Eiswelt. Sie wurde in den Wintermonaten in der Fußgängerzone aufgebaut und erfreute sich bei der Bevölkerung großer Beliebtheit. Koslowski konnte sich nicht daran erinnern, wann er das letzte Mal auf Kufen gestanden hatte. Er schüttelte den Gedanken ab und konzentrierte sich auf seine Aufgabe.

Diese sah vor, dass er sich in das Gewühl der Fußgängerzone stürzen sollte. Sein erster Anlaufpunkt war ein Stand für Bürsten und anderes Haushaltszubehör. Hier sollte er den Verkäufer nach einem Brief fragen.

Koslowski quetschte sich durch die Menschenmassen, die sich am frühen Abend auf dem beliebten Adventsmarkt drängten. Der Duft von Bratwürsten und gebrannten Mandeln lag in der Luft. Ebenso der Geruch von Glühwein.

Koslowski schüttelte sich bei dem Gedanken an Alkohol im Allgemeinen und an Glühwein im Besonderen.

Er passierte mehrere Stände, bis er den entsprechenden Bürstenstand erreichte. Der Verkäufer lehnte an einer der Zeltstangen und kaute auf einem Butterbrot. Koslowski blieb zunächst in einiger Entfernung stehen und taxierte ihn. Der Mann machte einen ganz normalen Eindruck. Kein bisschen aufgeregt oder nervös. Wenn das einer der Entführer sein sollte, dann hatte der Nerven aus Stahlseilen. Koslowski entschied, dass er weitermachen musste. Eine andere Wahl blieb ihm sowieso nicht.

Langsam schlenderte er an den Stand, die rote Sporttasche dabei deutlich sichtbar in der Hand. Der Mann sah ihm nur leidlich interessiert entgegen. Dann schob er den Rest seiner Schnitte in den Mund und wischte sich die Hände an der Hose ab.

„Na, was brauchen Sie? Staubsaugertüten?" Dabei deutete er auf die beigefarbenen Tüten einer bekannten Marke.

Koslowski schüttete den Kopf. „Was ich brauche, ist ein Umschlag."

Der Mann sah Koslowski einen Moment lang verständnislos an, dann schlug er sich mit der Hand gegen die Stirn. „Ach, Sie sind das", sagte der Mann. „Na, dann habe ich tatsächlich was für Sie." Der fliegende Händler griff in die Kasse und holte einen Umschlag hervor. „Hier ist Ihr Haustürschlüssel. Ihr Schwager hat mich gebeten, ihn an Sie weiterzugeben. Ein äußerst spendabler Mann, Ihr Herr Schwager. Immerhin hat er mir dafür 50 Piepen gegeben." Wie zur Bestätigung winkte er mit einem 50-Euro-Schein.

Koslowski nahm den Umschlag entgegen. „Wie sah er denn aus?", wollte er wissen.

Der Bürstenverkäufer sah ihn verständnislos an. „Wer?"

„Na, mein Schwager", hakte Koslowski nach.

Der Schausteller musterte ihn verwundert.

„Wie, Sie wissen nicht, wie Ihr Schwager aussieht?"

Er schüttelte erstaunt den Kopf. „Na, so um die Dreißig und mit einer dunklen Wollmütze bekleidet. Man konnte sein Gesicht kaum erkennen." Er stutzte erneut. „Aber den müssen Sie doch kennen?"

Koslowski lächelte. „Ich habe zwei Schwäger", meinte er erklärend und entfernte sich vom Stand. Das hier war garantiert nur ein Briefkasten gewesen. Wenn auch kein toter.

Koslowski stellte sich ein paar Meter weiter in einen Hauseingang. Hier hatte er mehr Ruhe. Bevor er den Umschlag öffnete, blickte er sich noch einmal um. Niemand schien ihn zu beachten. Es war nicht zu erkennen, ob ihn jemand beobachtete. Aber um das festzustellen, war der Trubel in der Mittelstraße auch zu groß.

Er riss den Umschlag auf, und ihm rutschte sofort ein Schlüssel in die Hand. Als Nächstes zog er mit spitzen Fingern einen Zettel heraus. Auf dem Briefbogen, der wieder mit Buchstaben aus Zeitungen und Illustrierten beklebt war, wurde er aufgefordert, sich zu Wiehmeiers Fischhafen, einem anderen Stand, zu begeben. Im Kopf der Anhängerkupplung des Verkaufswagens würde er weitere Anweisungen finden, den Schlüssel solle er gut aufheben.

Koslowski steckte beides in die Jackentasche und nahm die Sporttasche mit dem Geld wieder auf. Er verließ den Hauseingang und wandte sich nach rechts. Nur dort konnte die Fischbude sein, von links war er gekommen, auf dem Weg hätte er sie bereits sehen müssen.

Er reihte sich wieder in den Strom der Besucher ein und ließ sich von der Menge in Richtung Marktplatz treiben. Das Gedränge schien hier dichter zu werden. Koslowski sah sich um, immer darauf bedacht, die Sporttasche eng bei sich zu halten. Was wohl der eine oder andere Passant sagen würde, wenn er wüsste, dass er heute Abend achtlos an einer Million Euro vorbeigelaufen war?

Als er den Marktplatz erreichte, entdeckte er sofort den großen Verkaufswagen. Koslowski schob sich an der

Schlange der wartenden Kunden vorbei und steuerte auf die Seite zu, an der sich die Anhängerkupplung befand.

Die Sporttasche stellte er zwischen Zugdeichsel und der Wand des dahinter befindlichen Hauses ab und ließ sich neben dem Kopf der Anhängerkupplung auf ein Knie nieder. Für einen ahnungslosen Besucher wirkte es so, als ob er sich einen Schnürsenkel zubinden wollte. Unbeobachtet griff er in das Maul des Anhängerkopfes und spürte, dass dort ein weiteres Blatt Papier zusammengeknüllt deponiert worden war.

Er kam wieder auf die Beine und las, was auf dem Zettel stand. Die Neonreklame des Verkaufswagens reichte dafür bequem aus. Die neue Nachricht besagte, dass er sich weiter in Richtung Ostertor begeben sollte. Kurz davor befand sich ein Café, das von der Eben-Ezer-Stiftung betrieben wurde. Das Café Vielfalt. Dort sollte er durch das Lokal gehen, den Ausgang zum Hof nehmen und die Tasche im verschlossenen Innenhof unter einen der dortigen Tische stellen. Den Schlüssel für die Tür habe er ja bereits. Dann sollte er den Hof wieder verlassen und die Außentür hinter sich wieder verschließen. Im Café würde er dann erfahren, wie es mit der Geisel weitergehen würde. Vermutlich sei es überflüssig zu erwähnen, so las er, dass er unter ständiger Beobachtung stand. Jeder falsche Schritt von ihm würde zum Abbruch der Aktion und zum Tod der Geisel führen.

Koslowski nahm die Tasche wieder auf und wollte sich gerade wieder in den Strom der Kläschen-Besucher einreihen, als er angerempelt wurde. Sofort zog er die Tasche an seine Brust und umklammerte sie. Hinter ihm standen drei junge Frauen, mit von Alkohol und Nelken geschwängertem Atem, denen einige Tassen des lauwarmen Bordsteinkloppers bereits die Knie weich gemacht hatten. Sie kicherten Koslowski an und stolperten dann weiter in Richtung Busbahnhof.

Koslowski klopfte das Herz vor Schreck bis zum Hals. Seine Nerven waren auch nicht mehr die besten.

Tief Luft holend blieb er einen Moment lang stehen und wandte sich dann wieder in Richtung Ostertor. Ohne den kriminellen Grund, der ihn hierher geführte hatte, hätte er den verschiedenen Buden und Ständen sicher mehr Aufmerksamkeit geschenkt. Kläschen war für ihn einer der schönsten vorweihnachtlichen Märkte in der Umgebung. Aber heute? Keine Chance.

Er passierte auf der Mittelstraße weitere Buden, erblickte zwischen ihnen endlich den Eingang des Cafés und trat ein.

Auch hier herrschte reichlich Trubel. Alle Tische waren besetzt, und die Leute wärmten sich mit Kaffee oder Tee auf. Koslowski sah sich um. Er bemerkte einen Gang, von dem eine seitliche Glastür auf den Hof abging. Beides lag im Dunkeln.

Sobald er sich unbeobachtet fühlte, probierte Koslowski, ob die Tür verschlossen war, und als er sie zu seinem Erstaunen offen fand, huschte er hindurch und hinaus auf den dunklen Innenhof. Dort sah er sich erneut um.

Der Hof war klein und wurde durch mehrere Anbauten begrenzt. Am gegenüberliegenden Ende erkannte er eine Glasfront, die zu einem anderen Gebäude gehörte. Auch dieses war unbeleuchtet und verschlossen. Keine Menschenseele zu sehen. Wie es aussah, wurde er im Sommer als Biergarten genutzt.

Kurzentschlossen stellte Koslowski die Sporttasche unter einen der Gartentische und ging zurück ins Café. Nachdem er unbeobachtet ins Lokal gelangt war, steckte er den Schlüssel in das Türschloss, drehte ihn um und ließ ihn stecken. Durch die Glastür warf er noch einen Blick auf den dunklen Hof, dann suchte er nach einem freien Stuhl im Café. An einem der hohen Tische am Fenster fand er noch Platz. Er bestellte sich einen Kaffee und wartete.

Wenn seine Uhr richtig ging, dann hatte Koslowski bereits mehr als eine Stunde im Café gewartet, ohne dass irgendetwas passiert war. Er blickte noch mal auf die Uhr, dann schob er die bereits mehrfach gefüllte Kaffeetasse von sich und ging langsam in Richtung Seitentür. Der Schlüssel steckte noch im Schloss, die Tür war verschlossen.

Koslowski drehte sich mit dem Rücken halb zur Tür und drehte den Schlüssel unbemerkt wieder um. In einem geeigneten Moment schlüpfte er noch einmal hinaus auf den Hof. Immer noch war alles dunkel und menschenleer. Nur eines war anders. Die Tasche mit der Million war weg!

Vierundzwanzig

„Was?" Christoph Langeland sank fassungslos auf das teure Ledersofa im Wohnzimmer seines Hauses. „Die Tasche ist weg und von meiner Frau fehlt jede Spur?"

Koslowski stand vor ihm wie ein begossener Pudel. Er hatte Langeland bereits zweimal die Situation erklärt und konnte auch bei pingeligster Betrachtung keinen Fehler in seinem Handeln erkennen. Er hatte alles genau so gemacht, wie der oder die Entführer es verlangt hatten.

Er hatte sogar noch herausgefunden, dass der oder die Täter durch das dunkle Gebäude am Ende des Hofes in den Innenhof gelangt und so an die Tasche gekommen sein mussten. Frische, feuchte Abdrücke auf der Fußmatte, die vor dem Gebäude lag, deuteten darauf hin. Jetzt stand das Gebäude offen. Als Koslowski es durchquerte, fand er auch die nächste Tür unverschlossen. Sekunden später stand er auf der Echternstraße. Der oder die Täter mussten also einen Schlüssel für das Gebäude gehabt haben.

Koslowski hatte die Umgebung des Cafés abgesucht, aber Täter und Tasche waren über alle Berge.

Unverrichteter Dinge war Koslowski nach Bad Meinberg zurückgekehrt und hatte Langeland in Kenntnis gesetzt. Der war zunächst fassungslos gewesen, doch mittlerweile schlug seine Stimmung in Wut um. Wut auf Koslowski.

Dieser aber ließ sich nicht an die Karre fahren. „Ich habe Ihnen doch gleich geraten, die Polizei einzuschalten, aber Sie wollten das ja nicht. Jetzt, wo das Kind in den Brunnen gefallen ist, da geben Sie mir die Schuld. Was hätte ich denn, Ihrer Meinung nach, machen sollen?" Koslowski stand ebenfalls kurz vor dem Explodieren.

Langeland stand mit hochrotem Kopf auf. „Ich hätte nie auf Friedrich Krameike hören dürfen. Von wegen, der Mann hat Erfahrung. Für mich sind Sie ein Versager."

Langeland lief unruhig auf und ab. „Jetzt kann ich nur noch hoffen, dass sich der Entführer noch mal meldet und mir sagt, wo meine Frau ist."

Koslowski stand mit mühsam unterdrückter Wut im Bauch vor Langeland. „Wenn Sie trotzdem noch mal meine Hilfe brauchen, dann wissen Sie ja, wo sich mich finden", versuchte er ein letztes Mal die Wogen zu glätten.

„Sie noch mal um Hilfe bitten?", höhnte Langeland ungläubig. „Das dürfte wohl das Letzte sein, was ich zu tun gedenke. Verlassen Sie sofort mein Haus. Ich will Sie nicht mehr sehen."

Koslowski zuckte mit den Achseln und drehte sich um. An der Tür hielt ihn Langeland noch mal auf. „Ich verlange von Ihnen, dass Sie über diese Sache kein Wort verlauten lassen, weder gegenüber der Presse noch gegenüber der Polizei. Sollten Sie Ihren Mund nicht halten können, werde ich Sie verklagen!" Langelands Stimme wurde dabei immer lauter.

Koslowski nickte wortlos und verließ das Haus. Jeder Versuch, die Sache gütlich zu regeln, war überflüssig.

Als er an seinem Landrover stand, überkamen ihn plötzlich Selbstzweifel. Hatte er tatsächlich alles getan? Was hätte er sonst noch machen können? Hätte er doch zur Polizei gehen müssen? Er wusste keine Antwort.

Nachdem er sich in den Wagen geschwungen hatte, blieb er noch eine Zeitlang grübelnd sitzen. War er tatsächlich ein Versager?

Koslowski hieb mit der Faust auf das Lenkrad. Nein, das war er nicht!

Okay, er hatte eine schlechte Zeit hinter sich, aber heute hatte er alles richtig gemacht. Der Fehler lag bei Langeland, der hätte sofort die Polizei einschalten müssen. Koslowski startete den britischen Offroader und fuhr in Richtung Detmold. Er würde sein Handy anlassen, denn zu seinem Angebot, Langeland weiterhin zu helfen, stand er nach wie vor. Das war er ihm schuldig, wie auch immer der sich ihm gegenüber gerade verhalten hatte.

Aber es gab noch eine andere Sache zu regeln. Dazu musste er nach Detmold. Genauer gesagt zum Kaiser-Wilhelm-Platz. Aber das hatte Zeit bis morgen.

Fünfundzwanzig

Ahmet, Sergej und Kevin hatten sich gerade einen Joint gedreht und ließen ihn kreisen, als Kevin bemerkte, wie der dreibeinige Hund in den Kaiser-Wilhelm-Park lief.

„Ey Alter, da ist die Dreckstöle von neulich wieder!" Dabei zeigte er auf das behinderte Tier.

„Na und?", wollte Sergej wissen und zog an dem Joint, auf den auch Ahmet schon sehnsüchtig wartete. Er brauchte ihn am dringendsten. Heute waren die Bullen bei ihm aufgeschlagen und hatten nach ihm gefragt. Zum Glück hatte seine Schwester gelogen und behauptet, er sei nicht zu Hause. Währenddessen hatte er die Wohnung durch das Fenster zum Hof verlassen, um den Bullen nicht doch noch in die Arme zu laufen.

Er würde sich eine Zeitlang bei Sergej einquartieren müssen. Dessen Vater saß gerade im Knast, und seine Alte hatte Sergej fest im Griff.

„Ich mein doch nur, dass der Köter möglicherweise dem alten Penner gehört. Wär' doch geil, wenn man der Töle mal in den Arsch treten würde, oder?", schlug Kevin vor. „Außerdem habe ich mit dem Köter noch ein Hühnchen zu rupfen." Dabei blickte er grimmig auf die Bisswunden an seiner Hand.

Sergej sah ihn erst verständnislos an, dann hellte sich sein Gesichtsausdruck auf. „Keine schlechte Idee, Alter!" Er reichte den Joint weiter und schlug Ahmet auf die Schulter.

Erst würden sie den Köter von dem alten Penner mal so richtig frischmachen und dann den alten Sack selber.

Manchmal sah die Welt einfach geil aus. Er zog Kevin an der Jacke, und alle drei überquerten die Paulinenstraße, um in den Park zu gelangen.

Als Koslowski am Kaiser-Wilhelm-Park ankam, sah er einen Streifenwagen mit eingeschaltetem Blaulicht auf der Paulinenstraße stehen. Ein PKW mit eingeschalteter Warnblinkanlage war halb auf dem Gehweg geparkt. Hier hatte es augenscheinlich geknallt.

Koslowski fuhr daran vorbei, parkte ebenfalls und begab sich in den Park. Auf einer Bank unweit des 55er-Denkmals saß der alte Mann von neulich. Koslowski konnte sich nur dunkel an das Aussehen des Mannes erinnern. Ein verrostetes Fahrrad lehnte neben der Bank, davor lag ein Bündel auf dem Boden. Koslowski näherte sich und blieb ein paar Meter vor ihm stehen.

Der Mann schien ihn zunächst gar nicht zu bemerken. Erst nach einigen Sekunden hob er den Blick und schaute Koslowski in die Augen. „Er ist tot!", murmelte er tonlos und deutete auf das Bündel zu seinen Füßen. Bei genauerem Hinsehen erkannte Koslowski, dass es sich bei dem Bündel um einen Hund handelte. Der Mann zog ein großes Taschentuch aus der Jacke und schnäuzte sich. Dann deutete er wieder auf den Hund. „Er ist überfahren worden."

Koslowski verstand nun, warum der Streifenwagen auf der Paulinenstraße stand. Und auch, was der andere Wagen mit der Sache zu tun hatte. Der Mann beugte sich zu dem toten Hund hinunter und streichelte ihn. Koslowski musste schlucken, als er sah, dass der graue Hund nur noch drei Läufe hatte. Mit einem Mal kehrte seine Erinnerung zurück. Eine bittere Erinnerung.

Eine Erinnerung an sein Versagen, weil er zu betrunken gewesen war. An den mutigen Hund, der die drei Jugendlichen vertrieben hatte, als sie den alten Mann drangsalieren wollten. Und daran, dass er plötzlich auf seinem besoffenen und feigen Arsch gesessen hatte. Koslowski schüttelte sich. Wie tief konnte man eigentlich fallen, fragte er sich. Vollkommen erschüttert ließ er sich ebenfalls auf die Bank sinken.

Der Mann sah auf und blickte zur Straße hinüber. „Sie haben ihn gejagt und mit Steinen beworfen. Da ist er vor lauter Panik auf die Straße gelaufen. Ich habe es nur noch quietschen gehört und dann diesen dumpfen Aufprall." Der Mann schnäuzte sich erneut. Als er weitersprach, bemerkte Koslowski das Schimmern von Tränen in seinen Augen.

„Ich bin sofort rübergelaufen, aber er war schon tot." Er deutete mit einer Hand auf den Hundekörper. „Einer der Polizisten hat mich gefragt, ob das mein Hund sei. Aber der andere schien ihn zu kennen. Er sagte, dass der schon lange in der Stadt herumgestromert sei. Mit seinem fehlenden Bein war er eben sehr auffällig."

Koslowski konnte nichts anders tun, als zu dem Hund zu starren und zu versuchen, die folgende Stille zu ertragen. Auch wenn es ihm sehr schwer fiel.

Der Mann steckte das Taschentuch wieder ein. „Ich habe die Polizei gebeten, dass ich mich um das arme Vieh kümmern darf. Ich glaube, sie waren ganz froh darüber." Er stand langsam auf und schaute sich um. „Ja, nun muss ich ihn wohl irgendwo hinbringen, wo er seine letzte Ruhe finden kann." Nachdenklich kratzte sich der Mann am Kopf.

Koslowski hatte sich ebenfalls erhoben. „Ich weiß nicht, ob es Ihnen recht ist, aber das würde ich gerne übernehmen. Ich finde, das bin ich ihm schuldig."

Der Mann blickte Koslowski jetzt direkt ins Gesicht. „Sie kenne ich doch. Waren sie nicht neulich abends schon mal hier ...?"

Koslowski nickte betrübt. „Stimmt, und was ich mir da geleistet habe, war unter aller Sau. Dieser tapfere, kleine Kerl hier hat mir gezeigt, wie es ist, wenn man seinen Biss verloren hat. Ich habe ihm einiges zu verdanken, und das Mindeste, was ich tun kann, ist, dafür zu sorgen, dass er ein würdiges Plätzchen bekommt."

Der Mann sah Koslowski nachdenklich an. „Manchmal sind es große Dinge, die uns aus der Bahn werfen, und kleine, die dafür sorgen, dass wir wieder in die Spur finden. Wenn es Ihnen nichts ausmacht, dann würde ich gerne dabei sein, wenn Sie ihn ...?", bat der alte Mann. Dabei ließ er die Frage nach der Art der „Entsorgung" im Raume stehen.

Koslowski legte ihm die Hand auf die Schulter. „Ich werde ihn begraben, ich kenne da eine gute Stelle im Wald, da hätte es ihm sicher gut gefallen." Als er den zweifelnden Blick des Mannes bemerkte, machte er ein Angebot. „Wenn Sie möchten, können Sie mich gern begleiten. Ich würde Sie dann später wieder hierher bringen."

Der Mann überlegte. Dann nickte er, erst langsam, dann entschlossener. „Das ist in Ordnung. Wenn Sie so freundlich sind, dann nehme ich das Angebot gerne an."

Koslowski deutete auf das Fahrrad und die Taschen, die am Lenker hingen.

Der Mann war seinem Blick gefolgt und winkte ab. „Das Fahrrad kann gerne hier stehen bleiben, das klaut bestimmt keiner. Wenn wir nur die Taschen mitnehmen könnten? Ich würde sie ungern hier lassen, sie beinhalten mein ganzes Hab und Gut."

Koslowski ging zu seinem Landrover hinüber und holte eine Decke. Dann bettete er den Hundekörper darauf und schlug die Decke zusammen. Während der Mann seine Taschen holte, trug er den toten Hund zum Wagen und legte ihn behutsam auf die Ladefläche. Nachdem der alte Mann in den Landrover geklettert war, verstaute Koslowski die Taschen in einer Kiste auf der Ladefläche und stieg ebenfalls ein. Er drehte den Wagen, dann bog er rechts ab und fuhr in Richtung Sparkasse.

Als sie an der roten Ampel an der Bielefelder Straße anhalten mussten, deutete der Mann aus dem Fenster. „Da vorne gehen sie! Die drei haben den Hund so gehetzt, dass er über die Straße und gegen das Auto gelaufen ist." Er deutet auf drei Gestalten, die Koslowski ebenfalls sehr bekannt vorkamen. Wie gerne wäre er ausgestiegen und hätte allen dreien so richtig was aufs Maul gehauen, aber das musste er sich verkneifen. Außerdem hatte er im Moment genug andere Sorgen.

Sechsundzwanzig

Bernhard Mücks schlürfte mit sichtlichem Genuss von seiner heißen Schokolade. Er saß Koslowski im Café Ingwersen gegenüber.

Sie hatten den Hund in einem Waldstück hinter der Ortschaft Hiddesen vergraben und waren dann zurück in den Ortskern gefahren. Hier hatte Koslowski Bernhard Mücks, der sich ihm zwischenzeitlich vorgestellt hatte, zu Kaffee und Kuchen eingeladen. So wie es eben nach einer Beerdigung Brauch war.

Normalerweise wären sie ins Bistro Knispel gegangen, aber erstens hatte das um diese Uhrzeit noch geschlossen und zweitens traute Koslowski sich nach seinem letzten Ausfall noch nicht wieder hinein. Er war noch nicht mutig genug, Strunte unter die Augen zu treten, und außerdem hätte er vollstes Verständnis dafür, wenn dieser ihn achtkantig aus dem Laden warf.

Also saßen sie nun bei Ingwersen. Bernhard Mücks hatte sich für ein Stück Sachertorte sowie eine Tasse heiße Schokolade entschieden und genoss beides sichtlich. Koslowski war nicht nach Kuchen zumute, er begnügte sich mit einer Tasse Kaffee.

Während er zusah, wie Bernhard Mücks mit vor Verzückung verdrehten Augen beinahe andächtig die Sachertorte verspeiste, musterte er sein Gegenüber genauer. Der Mann mochte an die sechzig Jahre alt sein. Sein Gesicht war von den zahlreichen Tagen und Nächten im Freien wettergegerbt. Ein offenes und freundliches Gesicht ohne Anzeichen, die auf starken Alkoholgenuss hindeuteten. Keine gelblichen Augäpfel, keine gerötete Nase.

Die Haare waren relativ lang, sie reichten über den Kragen des alten Daunenmantels. Dieser war zwar verschlissen und hatte das eine oder andere Loch, doch verdreckt wirkte er nicht. Ebenso wenig wie sein Träger. Dieser schien trotz seines Lebens auf der Straße seine Körperhygiene nicht zu vernachlässigen. Koslowski sah auf Bernhard Mücks Hände und war erstaunt, als er gepflegte und saubere Fingernägel bemerkte.

Anscheinend hatte sein Gegenüber die Musterung bemerkt, denn plötzlich hielt er beim Essen inne. Die Gabel mit einem Stück Torte darauf schwebte sekundenlang vor seinem geöffneten Mund. Er war Koslowskis Blick gefolgt und betrachtete ebenfalls kurz seine Hände. Anschließend verschwand der schwebende Bissen in seinem Mund. Er wischte sich mit der Serviette den Mund ab und legte sie dann neben den Teller. „Ich muss Sie warnen", meinte er und lächelte Koslowski an. „Ich kann Gedanken lesen." Er strich mit der Hand das Tischtuch glatt.

„Und was habe ich gerade gedacht?"

„Sie haben sich gewundert, warum so ein alter Penner wie ich nicht vollkommen verdreckt ist, oder?" Als Koslowski etwas erwidern wollte, schnitt er ihm mit einer Handbewegung das Wort ab. „Abstreiten ist zwecklos, und Ihr Gedankengang ist ja durchaus legitim, aber Sie verwechseln da was. Sie verwechseln einen alten Säufer mit einem alten Mann."

Koslowski sah Mücks in die Augen und lächelte dann ebenfalls. „Okay, ich gebe zu, Sie können es!"

„Was?"

„Gedanken lesen, das war genau, was ich gedacht habe." Koslowski nahm einen erneuten Schluck aus der Kaffeetasse. Mücks lachte und geriet dadurch ins Husten.

Koslowski musste aufstehen und ihm auf den Rücken klopfen. „Asthma?", fragte er verständnisvoll.

„Nee, Krümel in der Tröte!", erwiderte Mücks. Er nahm einen Schluck Schokolade und räusperte sich. „Ich denke, jeder, der mich sieht, hält mich für einen Penner, und nur wenige, so wie Sie, sehen genauer hin." Er stellte die Tasse ab und lehnte sich zurück. Mit einem leisen Seufzen begann er, seine Geschichte zu erzählen.

Bernhard Mücks drehte die Zeit um genau fünf Jahre zurück. Fünf Jahre, die er nun schon auf der Straße lebte. Seit damals. Wann genau war es gewesen? Er konnte sich kaum noch erinnern. Es musste im Mai gewesen sein. Genau, im Mai, da war er in England gewesen, genauer gesagt in Cornwall, oder noch präziser in Stonehenge.

Versonnen sah er aus dem Fenster der Bäckerei. So viele Jahre war es her, und doch sah er die Szene immer noch überdeutlich vor seinem inneren Auge. Er hatte von seiner Universität einen Auftrag bekommen, der ihn in die Nähe von Amesbury in Wiltshire, etwa dreizehn Kilometer nördlich von Salisbury, führte. Dort sollte er, zusammen mit anderen Wissenschaftlern, Messungen an den konzentrischen Steinkreisen vornehmen. Drei Wochen waren für diese Arbeit veranschlagt gewesen, doch Mücks und seine Kollegen waren so fleißig gewesen, dass sie vier Tage früher als erwartet nach Hause zurückkehren konnten. Das gute Wetter hatte ihre Arbeiten begünstigt, und so saß Professor Bernhard Mücks bedeutend früher in einem Flugzeug nach Hause. Im Gepäck eine Flasche Parfüm, die er auf dem Flugplatz Heathrow noch schnell für seine Frau gekauft hatte. Um sie zu überraschen, hatte er nicht zu Hause angerufen. Er wollte ihr durch sein frühes Kommen eine Freude machen und sie abends zu einem schönen Essen einladen.

Als er seine Mainzer Wohnung betrat, wunderte er sich, dass keine Geräusche zu hören waren. Bernhard Mücks ließ seine Reisetasche und den Koffer im Flur stehen und ging durch die Wohnung. In der Küche standen zwei benutzte Teller auf der Spüle, und im Wohnzimmer fand er eine offene Flasche Champagner und zwei Gläser. Noch während er auf die Schlafzimmertür zusteuerte, merkte er, wie sich seine Nackenhaare aufrichteten.

Später hatte er sich oft gesagt, dass er in diesem Moment nicht hätte weitergehen dürfen. Doch er war sich auch im

Klaren darüber, dass sich dadurch nichts geändert hätte. Der Stachel des Misstrauens steckte bereits im Fleisch.

Also öffnete Professor Bernhard Mücks die Tür zum Schlafzimmer und fand seine Frau mit ihrem Liebhaber im Bett. Da er sich sehr leise verhalten hatte, bemerkten die beiden ihn zunächst gar nicht.

Erst als seine Frau, die auf dem Bett kniete und von hinten genommen wurde, sich umdrehte um ihren Liebhaber anzusehen, blieb ihr Blick an ihrem Mann hängen. Dieser sagte kein Wort, sie schrie auf, ihr Liebhaber grunzte.

Bernhard Mücks schüttelte wortlos den Kopf, schloss die Schlafzimmertür und ging zurück ins Wohnzimmer. Dort öffnete er den Wandschrank, stellte an dem darin befindlichen Möbeltresor die Kombination ein und öffnete ihn. Als seine Frau mit hochrotem Kopf und hastig um den Körper gewickeltem Bettlaken ins Wohnzimmer kam, knöpfte er gerade seinen kostspieligen Daunenmantel zu und griff nach seiner Reisetasche. Ohne ein Wort stieg er über den Koffer hinweg, drehte sich noch einmal um, legte den Schlüssel in die Schale auf die Anrichte neben der Tür und sah seine Frau ein letztes Mal traurig an. Als sie ansetzte, eine Erklärung abzugeben, schüttelte er nur abwehrend den Kopf. Dann drehte er sich um und zog die Wohnungstür hinter sich ins Schloss. Seine Frau sah er nie mehr wieder.

Koslowski konnte sich die Szene lebhaft vorstellen. Er hätte nicht sagen können, wie er an Mücks' Stelle reagiert hätte.

Dessen Reaktion und der Tatsache, dass er sich seitdem weigerte, ein bürgerliches Leben zu führen, und stattdessen auf der Straße lebte, zollte er großen Respekt.

Dieser Mann war aus eigenem Entschluss zum Obdachlosen, zum Nichtsesshaften, zum Tippelbruder geworden. Für die Gesellschaft war er nichts weiter als ein armer, alter Penner.

Nun war Koslowski auch nicht sonderlich überrascht, als Mücks ihm anvertraute, dass er in seinem Leben wohl kaum mehr Alkohol als ab und zu ein Glas Sekt mit Orangensaft bei offiziellen Anlässen getrunken habe. Ein erstaunlicher Mann, fand Koslowski.

Auch Krameikes Geschichte kam ihm wieder in den Sinn. Beide Männer hatten schwere Schicksalsschläge hinnehmen müssen, und waren nicht so abgestürzt wie er.

Er wandte sich wieder Bernhard Mücks zu und fragte ihn, was er nun machen wolle.

Dieser zuckte mit den Schultern. „Wissen Sie, ich bin ja kein Sozialfall, ich habe ja Geld. Meine Frau hat mir meine Scheckkarte gelassen, und so kann ich ab und zu Geld von unserem Konto abheben. Wir haben uns zwar nie mehr wiedergesehen, aber wir sind immer noch verheiratet. Zumindest auf dem Papier." Mücks lachte leise. „Aber ich arbeite für meinen Lebensunterhalt. Es kommt immer wieder vor, dass ich gebeten werde, Expertisen für Antiquitäten zu erstellen. Und auch mein ehemaliger Arbeitgeber hat mich nicht fallen gelassen. Ich melde mich brav und artig einmal im Monat dort. Das Geld für diese Arbeiten zahlt man dann auf mein Konto ein, und so schließt sich der Kreislauf. Ich arbeite also nach wie vor. Nur nicht so, wie sich der Normalbürger Arbeit vorstellt." Mücks leerte die Tasse mit der Schokolade.

Koslowski dachte nach. „Laut Wetterbericht wird es in den nächsten Tagen sehr kalt und ungemütlich. Wo wollen Sie denn schlafen?", fragte er den Professor.

Dieser kratze sich am Kinn. „Eine Brücke wäre nicht schlecht, oder gibt es hier so was wie ein Obdachlosenasyl?", fragte er nachdenklich. Er blickte nach draußen.

Koslowski faltete die Hände auf dem Tisch. „Ich hatte in der letzten Zeit ein paar Schwierigkeiten, einen Teil davon haben Sie ja auf dem Kaiser-Wilhelm-Platz hautnah miterleben dürfen. Ich lebe allein, und ich denke, es wäre ganz gut für mich, wenn ich in den nächsten Tagen nicht alleine wäre.

Sie würden mir also eine große Freude machen, wenn ich Sie für ein paar Tage zu mir einladen dürfte. Ich wohne hier ganz in der Nähe."

Mücks sah Koslowski mit schräg gehaltenem Kopf an. So ungefähr würde er wohl auch irgendeine Mumie begutachten, vermutete dieser.

Der Professor ließ sich mit seiner Antwort Zeit. „Ich glaube, momentan reichen mir die zugigen Brücken und die kalten Unterführungen erst einmal. Außerdem spüre ich meine Knochen. Es wird Winter." Er zog den Mantel, der neben ihm über eine Stuhllehne hing, zu sich heran. „Ich nehme ihr Angebot an. Aber ich stelle zwei Bedingungen."

Koslowski breitete ergeben die Arme aus. „Nur zu, was verlangen Sie?"

Mücks lachte. „Erstens möchte ich in der Zeit, in der ich bei Ihnen wohne, für das Essen sorgen. Also einkaufen, bezahlen und kochen."

Koslowski lächelte amüsiert. „Das dürfen Sie gerne." Er beugte sich über den Tisch. „Aber Sie haben von zwei Bedingungen gesprochen. Welches wäre die zweite?"

Mücks hatte sich erhoben und zog den alten Mantel über. Dann kramte er in der Tasche nach Geld. Als Koslowski sein Portemonnaie zückte, winkte er ab.

„Die erste Abmachung gilt bereits, ich zahle!"

Koslowski begleite ihn zur Theke. „Aber Sie müssen mir noch die zweite Voraussetzung nennen."

Mücks bezahlte die Rechnung und drehte sich zu Koslowski um. „Wir müssen noch mein Fahrrad holen!"

Siebenundzwanzig

Die Frau mit der Löwenmähne wartete nun schon seit mehreren Stunden in Henrik Sommers Studentenwohnung auf die Rückkehr des Mannes mit der prall gefüllten Sporttasche. Auf den Mann, der es schaffen sollte, dass sie ein sorgen- und arbeitsfreies Leben in Spanien würde führen können. Clarissa Langeland zündete sich eine Zigarette an. Sie war aufgeregt. Hoffentlich war alles gut verlaufen, so wie es der raffiniert ausgeklügelte Plan vorgesehen hatte. Ein Plan nicht ohne Tücken. Aber es würde schon geklappt haben, beruhigte sie sich. Sie hatte die restlichen Papierschnipsel in eine Plastiktüte und diese dann in ihre Handtasche gestopft. Sie hatte Henrik versprochen, dass sie aufräumen würde. Es durfte keine Spur zu ihm und dieser Wohnung führen.

Clarissa Langeland vernahm Schritte auf der Treppe und drückte ihre Zigarette aus. Na endlich. Sie hörte, wie draußen auf dem Flur eine Tasche abgestellt wurde und ein Schlüsselbund klapperte. Dann das Geräusch, als der Schlüssel ins Schloss gesteckt und umgedreht wurde. Die Tür öffnete sich, und Clarissa atmete auf. Gott sei Dank, da war er endlich, und er hatte die Tasche bei sich.

Sie ging ihm entgegen und lächelte ihn an. „Bin ich froh, dass du endlich da bist! Ich dachte, es wäre etwas dazwischengekommen."

„Aber was sollte denn dazwischenkommen? Es war doch alles minutiös geplant, und der Erfolg gibt uns Recht."

Mit einem Ruck wurde der Reißverschluss der Tasche geöffnet, und Clarissa sah Unmengen von Papierschnipseln. Sie glaubte ihren Augen nicht zu trauen. Die Tasche war voller Papier? Verdammt, wo war die Kohle?

Sie trat einen Schritt zurück und sah ihr Gegenüber an. „Was soll das bedeuten? Wo ist das Geld? Und warum grinst du so dämlich?" Clarissa Langeland griff in die Tasche und wühlte in den Papierfetzen.

Der Mann, der mit der Tasche das Zimmer betreten hatte, trat einen Schritt zurück und musterte sie aufmerksam. Offensichtlich genoss er ihre Verwunderung.

Die Frau sah ihn mit zu Schlitzen verengten Augen an. „Mein Freund, wenn das ein Scherz sein soll, dann ist es ein ganz dämlicher." Sie gab der Tasche einen verächtlichen Stoß. Dann trat sie auf den Mann zu. „So war das nicht geplant. Wir wollten eine Million abzocken, und nun kommst du hier mit einer Tasche voller alter Zeitungen an."

Der Mann lachte. „Zeitschriften, mein Schatz, es sind Zeitschriften."

Clarissa Langeland platzte endgültig der Kragen. „Du bist wohl nicht ganz dicht, oder? Ich riskiere für dich meinen Hintern, und du willst mich hier bescheißen?" Sie drehte sich um, und griff nach ihrer Handtasche. „Ich werde jetzt mal einen Besuch machen und einem gewissen Herrn Sägewerksbesitzer reinen Wein einschenken, was du für ein Schwein bist." Sie wollte gerade zur Tür gehen, als sich ihr Blick erschreckt weitete.

Der Mann hatte seine Hand in die rote Sporttasche gesteckt, und als er sie wieder herauszog, hielt er darin eine Pistole mit einem Schalldämpfer.

Clarissa Langeland wich zurück. Ihre Augen waren vor Schreck geweitet. Nach wenigen Schritten stieß sie mit den Beinen gegen Henriks Bett und blieb stehen. Abwehrend hob sie die Arme. „Bist du wahnsinnig? Was soll das?" Das Geschoss im Kaliber neun Millimeter Parabellum durchschlug zunächst das kostspielige Kostüm, dann eine dreihundert Euro teure Seidenbluse und dann das Herz von Clarissa Langeland.

Der Blick des Mannes wechselte zwischen der Leiche, die nun rücklings auf dem Bett lag und der automatisch ausgeworfenen Patronenhülse hin und her. Dann durchsuchte er die Handtasche der Frau, fand die Papierschnipsel und verstreute sie wieder auf dem Schreibtisch. Er hob die Patronenhülse auf und steckte die Waffe wieder in die rote Sporttasche. Zuletzt ließ er noch einen zufriedenen Blick durch das Zimmer schweifen und verließ dann leise pfeifend den Raum.

Achtundzwanzig

Koslowski, Mücks, Krameike und Eugelink saßen am großen Esstisch in Koslowskis Wohnung. Walfried Eugelink war als Letzter eingetroffen. Koslowski hatte ihm die Tür geöffnet und sekundenlang kein Wort herausgebracht.

Noch bevor er dann etwas sagen konnte, kam ihm der Detmolder Kriminalbeamte zuvor. „Vergiss es. Ich bin froh, dass du wieder zu Verstand gekommen bist, auch wenn er nach deinen Saufgelagen jetzt vermutlich erheblich abgenommen hat."

Koslowski musste lachen. Mit Walfried Eugelink hatte er schon so manches Abenteuer erlebt. Das hatte sie zusammengeschweißt, aber nach seinen Ausrastern hatte Koslowski nur noch wenig Hoffnung gehabt, dass sich ihr Verhältnis wieder normalisieren würde. Gott sei Dank, gab es doch noch echte Freunde. Eugelink trat ein und machte artig die Begrüßungsrunde um den Tisch. Bei Mücks stutzte er kurz, da er ihn nicht einordnen konnte. Koslowski machte sie bekannt, erzählte kurz, wie er den Professor kennen gelernt hatte, und servierte anschließend Kaffee.

„Ich hab euch hergebeten, weil ich euren Rat brauche. Ich habe einen Auftrag bekommen, und der ist gründlich in die Hose gegangen." Koslowski schilderte die gescheiterte Lösegeldübergabe und Langelands Reaktion.

Krameike hüstelte verschämt. „Ich glaube, da habe ich auch Schuld dran. Ich hab ihn schließlich an dich verwiesen."

Koslowski legte Krameike die Hand auf die Schulter. „Ist schon gut, Friedrich. Ich hätte ja auch ablehnen können."

„Oder zu uns kommen", warf Walfried Eugelink ein, der bereits bei dem Wort Entführung hellhörig geworden war. „Ich habe doch wohl richtig verstanden, dass die Polizei bis jetzt von nichts weiß, oder? Ich hätte erwartet, dass man sich in so einem Fall sofort an uns wendet."

„Das sagt sich so leicht", widersprach Koslowski. „Langeland wollte euch auf keinen Fall dabei haben. Er hatte Angst, dass der Erpresser es bemerken und seine Frau töten würde. Heute bin ich mir allerdings gar nicht mehr so sicher, ob sie noch am Leben ist." Er schenkte Kaffee nach und erzählte ausführlich von seinen Erlebnissen auf dem Lemgoer Kläschen Markt.

Alle Anwesenden hörten schweigend zu.

Nach einiger Zeit meldete sich Friedrich Krameike zu Wort. „Sag mal, Koslowski, weißt du, was mir die ganze Zeit schon im Kopf herumgeht?" Er sah alle Anwesenden der Reihe nach an. „Ich kann mir nicht erklären, wie Langeland an eine Million Euro gekommen sein soll. Ich glaube nicht, dass irgendein Sägewerksbesitzer eine solche Menge Kohle im Nachttisch liegen hat. Auch wenn die ab und zu große Mengen Holz einkaufen müssen, das geht doch heute alles über Computer, oder etwa nicht?"

Die drei anderen nickten zustimmend.

Krameike ließ seinen Gedanken weiter freien Lauf. „Na, und wenn der auf einmal so viel Geld aus der Firma ziehen will, dann hätte er doch zumindest mit seinem Teilhaber Bockstegers reden müssen. Und ob der mal so einfach eine Million Euro, wenigstens die Hälfte, über den Tisch geschoben hätte, wage ich ernsthaft zu bezweifeln. Der ist nämlich Lipper!", bekräftigte der ehemalige Polier seine Überlegungen.

Koslowski zog einen Schreibblock heran und machte sich Notizen. Es wäre sicherlich interessant, Bockstegers mal aufzusuchen und ihn zu befragen.

Krameike sah den Kriminalbeamten an. „Wie sieht es jetzt eigentlich mit dir aus, Walfried? Irgendwie steckst du jetzt ja in einer Zwickmühle. Denn das Legalitätsprinzip verpflichtet dich doch, jetzt, wo du von der Entführung Kenntnis bekommen hast, Anzeige zu erstatten. Oder sehe ich das falsch?"

Eugelink faltete die Hände auf dem Tisch und senkte den Kopf. Krameike hatte mit seiner Frage natürlich vollkommen recht. Bekam er als Polizeibeamter Kenntnis von einer Straftat, war er verpflichtet, diese anzuzeigen. Lediglich die Staatsanwaltschaft konnte ein solches Verfahren wieder einstellen. Doch im Laufe seiner langen Dienstjahre war Walfried Eugelink zum Pragmatiker geworden. Man musste zwar alles anzeigen von dem man Kenntnis bekam, aber hatte er gerade Kenntnis bekommen?

Natürlich war Entführung ein Kapitalverbrechen, und es würde sich nicht lange verheimlichen lassen. Spätestens dann würde man anfangen nachzuforschen, wer bereits alles davon wusste. Aber bis jetzt waren das ja nur ein paar vertrauenswürdige Leute.

„Ich werde nicht umhinkommen, über kurz oder lang, die zuständige Dienststelle darüber zu informieren, aber zunächst sollten wir selber die Sache noch mal durchsprechen. Denn wenn ich das melde, dann steckst du mal wieder bis über beide Ohren in Schwierigkeiten", prophezeite er Koslowski.

Einige Zeit diskutierten sie alle Möglichkeiten, und der Kriminalbeamte erklärte, dass in so einem Fall grundsätzlich in alle Richtungen ermittelt wurde. Er referierte die grundlegenden Fragen: Handelte es sich tatsächlich um eine Entführung? Hatte der Ehemann seine Ehefrau umgebracht und täuschte er eine Entführung nur vor? Oder war die Ehefrau einfach nur weggelaufen und wollte an das Geld ihres Mannes kommen? Alles schien möglich.

Koslowski beschloss, sich mit Langelands Partner Bockstegers zu unterhalten und Langeland mal gründlich auf den Zahn zu fühlen.

Krameike bot sich ebenfalls an, Information über Langeland und Bockstegers einzuholen. Selbstverständlich vollkommen diskret.

Blieb nur noch Bernhard Mücks. Der hatte dem Gespräch zwar aufmerksam zugehört, konnte aber keinen Beitrag dazu leisten. Als die anderen geendet hatten, stellte er jedoch eine Frage. „Ich weiß, dass es eher unwahrscheinlich ist, dass ihr, in einer so großen Stadt wie Detmold, ganz zufällig jemanden kennt, den ich suche, aber sagt einem von euch der Name Baumschulte etwas?"

Bernhard Mücks sah sie fragend an. Krameike und Koslowski schüttelten den Kopf. Nein, den Namen hatten beide noch nie gehört.

Auch Walfried Eugelink wollte schon verneinen, als sich sein Gesichtsausdruck plötzlich aufhellte. Baumschulte? Jürgen Baumschulte?

Bernhard Mücks zuckte mit den Schultern. „Den Vornamen weiß ich nicht. Nur, dass ich mich hier in Detmold mit einem gewissen Baumschulte treffen sollte. Dieser Baumschulte wollte sich noch bei der Universität melden und mitteilen, wo ich ihn erreichen kann. Bis heute hat er sich jedoch noch nicht gemeldet, und es ist nun immerhin schon etliche Tage her, dass wir uns treffen wollten."

Walfried Eugelink hörte aufmerksam zu. Seltsam, dass ausgerechnet hier und jetzt der nicht so häufige Name Baumschulte fiel. „Ich glaube, wenn Ihr Baumschulte und unser Baumschulte identisch sind, werden Sie weiterhin vergeblich auf ein Treffen mit ihm warten. Denn unser Baumschulte liegt im Leichenschauhaus. Er wurde ermordet. Und nachdem man ihn getötet hatte, wurde auch noch in sein Haus eingebrochen."

Koslowski wirkte ebenso verdutzt wie Krameike. „Gibt es denn schon so was wie ein Motiv oder einen Verdächtigen?", wollte der alte Lipper wissen.

Eugelink schüttelte den Kopf. „Zuerst hatte man den Verdacht, dass er als Befürworter des Nationalparks in einem Streit getötet wurde. Es gab da wohl neulich im Kreuzkrug eine heftige Auseinandersetzung, bei der auch mein Chef, der Landrat, zugegen war. Da hatte Baumschulte Zoff mit einem gewissen Meierkord, doch der hat ein hieb- und stichfestes Alibi. Nach der Streiterei ist der nämlich noch in Paderborn in einem Puff gewesen und hat da mächtig Ärger gemacht. Meine Kollegen mussten ihn da rausholen."

Bernhard Mücks hatte dem Kriminalbeamten gespannt zugehört. „Sagen Sie mal, hatte dieser Baumschulte oder besser gesagt Ihr Baumschulte etwas mit Antiquitäten zu tun?"

Eugelink dachte kurz nach. „Nun ja, sein Haus sah schon sehr nach einem Museum aus." Er überlegte. „Wir vermuten, dass er in eine Falle gelockt und getötet wurde, damit man sein Haus in Ruhe durchsuchen konnte. Doch ob etwas fehlt und wenn ja, was, können wir nicht sagen. Wir warten immer noch auf seinen Sohn, der sich in Kanada aufhält und der uns nach seiner Rückkehr hoffentlich weiterhelfen kann. Vor allem geht es um einen Tresor, in den wir gerne mal hineinsehen würden."

Bernhard Mücks verschränkte die Arme vor der Brust. „Ich bin mir jetzt ziemlich sicher, dass Ihr und mein Baumschulte identisch sind. Ich hatte eine Anfrage von ihm, in der es darum ging, dass ich eine äußerst seltene Antiquität begutachten und schätzen sollte. Baumschulte handelte im Auftrag einer Hamburger Anwaltskanzlei, die wiederum asiatische Mandanten vertrat. Aber wie gesagt, bis heute hat er sich eben nicht bei mir gemeldet."

„Was auch schwer möglich ist, wenn man tot ist", bemerkte Krameike trocken.

„Sie meinen also …?", begann Eugelink, wurde aber sofort von Mücks unterbrochen.

„Ja, ich meine, das es durchaus möglich wäre, dass man Jürgen Baumschulte wegen der Antiquität getötet hat, die ich schätzen sollte", vervollständigte der Professor Eugelinks Überlegungen.

„Aber die Sache wird noch seltsamer, wenn man bedenkt, dass Baumschulte erstochen wurde." Eugelink fuhr sich mit beiden Händen durchs Gesicht. „Das ist zwar an sich nichts Außergewöhnliches, aber wir haben vor einiger Zeit eine Mail aus Berlin bekommen, in der es hieß, dass dort ebenfalls zwei Männer in einer Anwaltskanzlei erstochen aufgefunden wurden." Alle Anwesenden lauschten gespannt.

„Die Spuren am Tatort und die Obduktion haben gezeigt, dass Baumschultes Mörder auf die gleiche Art und Weise vorgegangen ist. Er tötete ebenfalls durch einen Stich ins Herz. Dabei verwendete er eine dünne, runde Klinge. Ob und welcher Zusammenhang zwischen beiden Fällen besteht, wissen wir bis heute nicht."

Plötzlich spürte Koslowski im Magen ein seltsames Gefühl. Er konnte sich des Eindrucks nicht erwehren, dass er auf dem besten Wege war, wieder mal in eine sonderbare Sache zu schlittern. Und wenn er sich bislang auf eines immer hatte verlassen können, dann war es genau dieses Bauchgefühl.

Neunundzwanzig

Nachdem sich seine Besucher verabschiedet hatten, räumte Koslowski die Kaffeetassen weg. Er schloss soeben die Spülmaschine, als es an der Tür klingelte. Hatte einer der Männer etwas vergessen? Koslowski betätigte den Türöffner und blickte in den Hausflur.

Eine Frau stieg die Treppe herauf und sah ihn an. „Herr Koslowski?", fragte sie.

Er nickte etwas verwirrt, denn weder kannte er die Dame, noch hatte er einen Schimmer, was sie von ihm wollte. Eine Zeugin Jehovas war sie garantiert nicht, dafür war ihr Gesichtsausdruck zu fröhlich und ihre Kleidung zu teuer. Er schätzte sie auf Mitte vierzig. Blondes, lockiges, schulterlanges Haar umrahmte ein ausdrucksvolles Gesicht. Auffallend darin waren zwei strahlend blaue Augen.

Als sie den Treppenabsatz erreichte und Koslowski gegenüberstand, stellte er fest, dass sie fast seine Größe hatte. Schlanke Beine in Nylonstrümpfen endeten in teuer aussehenden High Heels. Unter den Arm hatte sie eine Art Aktenmappe geklemmt.

„Guten Tag, Herr Koslowski, mein Name ist Britta Craven. Darf ich Sie einen kurzen Moment stören?" Dabei lächelte sie ihn freundlich an.

„Wenn Sie mir irgendetwas verkaufen wollen, ich habe bereits alles, lese jede Zeitung und spende bereits für alle bekannten wohltätigen Zwecke. Sie müssen sich also schon etwas Originelles einfallen lassen", feixte er.

So leicht ließ sie sich nicht abweisen, sondern klappte ihre Aktenmappe auf und blickte kurz hinein. „Ich komme im Auftrag von Clarissa Langeland", erklärte sie und Koslowski fühlte sich, als ob ihn gerade jemand einen Baseballschläger über den Schädel gezogen hätte. Das konnte doch gar nicht sein?

„Ich glaube, ich habe Sie nicht richtig verstanden", fragte er nach, um Zeit zu gewinnen.

Doch die Dame hatte nicht vor, sich zu wiederholen.

„Ich bin Frau Langelands Anwältin und möchte gern mit Ihnen sprechen." Sie deutete auf die offene Wohnungstür. „Wollen wir das hier im Flur besprechen, oder darf ich reinkommen?"

Koslowski war völlig fassungslos, doch er riss sich zusammen, trat einen Schritt zurück und machte eine einladende Geste.

Britta Craven schritt an Koslowski vorbei und betrat dessen Wohnung. Sie wartete, dass ihr Gastgeber ihr einen Platz anbot.

„Möchten Sie lieber am Esstisch oder auf der Couch sitzen?"

Die Anwältin sah sich kurz um und entschied sich dann für den Stuhl am Esstisch. Nachdem Koslowski ihr gegenüber Platz genommen hatte, klappte sie die Aktenmappe erneut auf und blätterte in einigen Unterlagen. Dann hob sie den Kopf und sah Koslowski direkt in die Augen. „Meine Mandantin ist die Frau des Sägewerksbesitzers Christoph Langeland, aber ich denke, das werden Sie bereits wissen, oder?"

Ohne Koslowskis Antwort abzuwarten, fuhr sie fort. „Meine Mandantin hat mich beauftragt, für den Fall, dass sie unerwartet verschwinden sollte, sofort Nachforschungen über ihren Verbleib anzustellen. Damit ich in so einem Fall sofort handeln kann, hatten wir vereinbart, dass sie mir jeden Tag eine E-Mail oder eine SMS schickt. Alternativ wollte sie entweder bei mir oder in meiner Kanzlei anrufen."

„Das ist aber eine recht sonderbare Vereinbarung, oder?", erkundigte sich Koslowski.

Britta Craven nickte. „Da gebe ich Ihnen recht, aber der Wunsch unserer Mandanten ist uns Befehl. Und da Frau Langeland gut bezahlt hat, bestand keine Veranlassung, ihr diesen Wunsch abzuschlagen. Jetzt hat sie sich bereits seit mehreren Tagen nicht mehr gemeldet, und ich werde auftragsgemäß tätig."

Koslowski nickte zustimmend. „Aber für so eine, wie soll ich es nennen, Vorsorge muss es doch einen Grund geben, oder?" Er hütete sich davor, etwas von seinem Wissen preiszugeben. „Und wieso kommen Sie ausgerechnet damit zu mir?"

Die Anwältin blätterte weiter. „Meine Mandantin hatte Angst. Sie hat mir zwar nicht genau gesagt, was sie befürchtete, doch sie nahm an, dass ihr etwas geschehen könnte."

Koslowski deutete in Richtung Küche. „Darf ich Ihnen einen Kaffee anbieten?", fragte er.

Die Anwältin sah auf ihre Armbanduhr. „Na ja, ich habe zwar nachher noch einen Termin in Bielefeld, aber für einen Kaffee dürfte es wohl reichen." Dabei lächelte sie Koslowski an.

Der stand auf und begann, in der offenen Küche mit Maschine und Filter herumzuhantieren. „Aber noch mal meine Frage: Wieso kommen Sie ausgerechnet zu mir?"

Die Anwältin drehte sich auf dem Stuhl herum, sodass sie Koslowski zusehen konnte. „Das hat einen ganz einfachen Grund. Ihr Name stand in ihrem Tagebuch."

Koslowski fiel fast der Kaffeelöffel aus der Hand. Sein Name im Tagebuch der entführten Frau? Wie konnte das sein?

„Sie werden merken, dass ich leicht geschockt bin", versuchte er, seine Reaktion zu erklären. Die Anwältin beobachtete ihn genau.

Britta Craven klappte ihre Aktenmappe zu. „Frau Langeland hat ein elektronisches Tagebuch geführt. Per Internet hatte ich Zugriff auf ihren Laptop und auf dieses Dokument. Sie sah das als gute Möglichkeit an, mich, im Falle eines Falles auf den neusten Stand zu bringen."

Koslowski klappte den Filter ein und startete die Maschine.

Britta Craven hob warnend die Hand. „Darf ich noch schnell was anmerken?"

Koslowski nickte.

„Ich fülle immer noch Wasser in die Maschine, wenn ich Kaffee koche." Dabei lächelte sie.

Koslowski blickte sie zunächst verständnislos an, dann grinste er verlegen und schaltete die Kaffeemaschine schnell wieder aus. Mit rotem Kopf füllte er Wasser in den Tank. „Sie haben mich ganz schön durcheinander gebracht", gab er zu und startete die Maschine erneut.

„Ich nehme das mal als Kompliment", sagte Britta Craven lächelnd und schlug ein Bein über das andere.

„Aber sagen Sie mir doch bitte, wann Frau Langeland meinen Namen in ihr Tagebuch eingetragen hat?"

„Genau vor zwei Wochen!", antwortete die Anwältin, ohne in ihre Unterlagen sehen zu müssen.

Er hantierte einen Moment lang weiter, dann hielt er inne. Vor zwei Wochen? Dadurch, dass er umständlich die Tassen aus dem Schrank holte, verschaffte er sich eine kurze Denkpause. Das konnte doch gar nicht sein. Er war doch erst vor ein paar Tagen mit Christoph Langeland in Kontakt getreten. Wie also kam sein Name bereits zwei Wochen vor dieser Entführung in das Tagebuch? Hier stimmte doch was nicht.

„Haben Sie denn schon mit ihrem Ehemann gesprochen?", wollte Koslowski wissen.

Britta Craven sah ihn an und lächelte. „Ja, aber der ist mir nicht wohlgesonnen. Er hat jede Auskunft verweigert, bis auf eine."

Koslowski stutze. „Und welche war das?"

„Er hat mir geraten, doch mal Koslowski, den Versager zu fragen! Dann hat er mich des Hauses verwiesen."

Koslowski stellte die Kaffeetassen auf den Tisch.

„Mir scheint, Herr Langeland hat keine hohe Meinung von Ihnen, oder?" Britta Craven sah Koslowski durchdringend an. Dieser konnte sich Angenehmeres vorstellen, als so fixiert zu werden. „Ich sollte für ihn ein Geschäft abschließen, aber das hat leider nicht geklappt. Deshalb ist er so sauer auf mich." Koslowski versuchte dabei zu lächeln, was ihm aber kläglich missglückte.

Britta Craven nippte an ihrem Kaffee und erzählte dabei noch etwas über ihre Mandantin. Koslowski erklärte ihr, dass er Clarissa Langeland nie persönlich kennen gelernt habe. Und wie sein Name in ihr Tagebuch gekommen war, könne er sich auch nicht erklären. Und auch alle weiteren Fragen der Anwältin konnte er nicht beantworten.

Sie leerten ihre Kaffeetassen. Anschließend begleitete Koslowski sie nach draußen. Vor der Haustür versprach er, dass er sich bei ihr melden würde, falls er noch irgendwelche Informationen erhalten sollte.

„Herr Koslowski, erlauben Sie mir eine persönliche Anmerkung?", fragte sie ihn daraufhin lächelnd.

Als er nickte, sah sie ihm in die Augen und fixierte ihn. „Ich denke, dass der Karsten Koslowski, der hier vor mir steht, nicht ganz die Wahrheit gesagt hat."

Koslowski sah sie einen Moment lang verwundert an. „Wenn Sie das hier so in den Raum stellen, dann müssen sie mir aber auch zwei Fragen gestatten."

„Nur zu!", forderte ihn die Anwältin auf.

„Erstens, wie kommen sie zu der Annahme, dass ich Ihnen nicht die Wahrheit gesagt habe?"

„Nach über zwanzig Jahren Berufserfahrung hat man ein Gespür entwickelt, zu erkennen, wann man die Wahrheit hört und wann nicht."

Koslowski zog es vor, darauf nicht zu antworten, sondern stellte sofort die zweite Frage. „Und wie kommen Sie darauf, dass ich Karsten heiße?"

Die Anwältin lächelte und deutete auf das Namensschild am Briefkasten. „Deswegen!"

Nun war es an Koslowski zu lächeln. Tatsächlich stand an seinem Briefkasten der Name Karsten Koslowski. Vor- und Nachname jedoch auf zwei unterschiedlichen Papierstreifen. Mit dem Zeigfinger schob er das Papierstück mit der Aufschrift Koslowski zur Seite und zog es dann aus der dafür vorgesehenen Halterung. Darunter war nun der Name Karsten Schmelzer zu lesen. „Das rutscht immer wieder weg, ich werde es endlich mal festkleben müssen", erklärte er und schob sein Namensschild wieder hinein.

Die Anwältin nickte verstehend, dann reichte sie ihm ihre Visitenkarte und ging zu einem Porsche Cayenne, der vor dem Haus parkte.

Koslowski las das Nummernschild: BI- BC 1965. Das war also ihr Wagen, und sie war mit hoher Wahrscheinlichkeit 1965 geboren. Manchmal verrieten die Leute in ihrer Eitelkeit doch zu viel von sich selbst. Der Porsche setzte zurück, wendete, und mit einem Hupen fuhr Britta Craven davon.

Koslowski sah ihr nach, bis der Wagen nicht mehr zu sehen war. Ohne dass er den Grund dafür hätte sagen können, überfiel ihn plötzlich ein Schaudern. Er schüttelte sich kurz und kehrte ins Haus zurück.

Dreißig

Detmold, den 8. April 1945

Liebe Mutter!

Ich weiß nicht, ob und wann Du meinen Brief bekommst. Aber ich schreibe ihn trotzdem. Hier sind ganz schreckliche Dinge passiert.

Ich wohne nicht mehr auf dem Jagdschloss Lopshorn. Ich habe Dir ja geschrieben, dass mit mir noch 17 Kinder und 11 Erwachsene aus Essen hier gewohnt haben. Und auch, dass ich mir dieses Schloss ganz anders vorgestellt hatte. Mehr wie eine Burg oder so wie das Wasserschloss Wittringen in Gladbeck, wo wir mit Vater im letzten Sommer mal waren. Mit meiner Box habe ich ein paar Fotos gemacht, und hoffe, dass ich sie Dir bald zeigen kann. Es wäre zu schön, wenn ich schnell wieder nach Hause könnte.

Ich hoffe, Euch geht es allen gut. Ich wohne jetzt bei einem älteren Ehepaar in Hiddesen, das ist ein Stadtteil von Detmold. Wo die anderen jetzt sind, weiß ich gar nicht, es ging alles so schnell. Letzten Dienstag, es war der 3. April, kamen plötzlich einige SS-Offiziere auf den Hof des Schlosses. Wir hatten gerade geholfen, ein paar Pferde vom Sennergestüt auf die Weide zu bringen. Die Männer waren sehr aufgeregt und machten einen ganz erschöpften Eindruck. Einer von ihnen erzählte einer Frau vom Gestüt, dass der Feind mit Panzern hinter ihnen her wäre. Die Männer wurden dann ins Haus gebracht, wo sie sich ausruhen sollten.

Plötzlich hörte man aus der Ferne Geschützdonner. Es schien aber noch weit weg zu sein. Ich bin dann mit Franz, einem anderen Jungen aus Essen, in den Stall gelaufen, um zu sehen, ob die Pferde sich von dem Krach erschreckt hatten. Aber sie standen ganz ruhig und still im Stall.

Franz kam dann auf die Idee, noch mal auf den Heuboden zu gehen. Dort kann man sich von einem Balken schön ins weiche Heu fallen lassen. Also sind wir raufgeklettert, und Franz ist als Erster runtergesprungen. Ich bin sogar fast an die Außenwand gerutscht, um noch mehr Platz zu haben. Als ich dann plötzlich den Halt verlor, keine Angst, liebe Mutter, mir ist nichts passiert, konnte ich mich noch soeben an der Bretterwand festhalten.

Dabei ist dann eines der Bretter raus gebrochen. Es war schon ziemlich alt und morsch. Als ich meinen Halt wiedergefunden hatte, sah ich, dass hinter dem Brett eine Art Hohlraum war. Erst habe ich mich nicht getraut hineinzusehen. Du weißt ja, dass ich große Angst vor Spinnen habe, und das Loch war voller Spinnweben. Aber der Franz, der alles mit angesehen hatte, machte mir dann Mut. Und wie ich dann so genauer hingesehen habe, da stellte ich fest, dass in dem Hohlraum ein Bündel lag.

Es sah aus wie alte Lumpen. Aber es war gar kein Stoff, sondern Leder. Darin hatte man etwas eingewickelt, denn als ich es hochhob, bemerkte ich, dass es sehr schwer war. Franz hat mir dann geholfen, und wir mussten es erst drehen, bevor wir es durch den schmalen Spalt herausholen konnten.

Es war dann auch sehr spannend, das Bündel zu öffnen, fast so wie bei den Weihnachtsgeschenken. Du wirst nicht erraten, was darin war. In dem Bündel lag ein Schwert!

Es war etwa einen halben Meter lang und wunderschön. Ganz sicher war es auch sehr alt.

Und weißt Du, was das Beste daran war? Dass am Ende des Griffes ein großer, roter Edelstein war. Auf der Klinge gab es auch eine lateinische Inschrift, aber davon konnte ich nur das Wort Tiberius lesen. Alles andere war zu dreckig.

Der Griff des Schwertes war aus weißem Holz oder so etwas Ähnlichem. Franz behauptete sofort, dass es das Schwert eines Königs gewesen sei, der mal hier auf dem Schloss gelebt hat.

Aber Franz hat gar keine Ahnung, denn hier hat nie ein König gelebt, sondern nur ein Fürst. Ich glaube der hieß Leopold. Der Fürst von heute heißt übrigens auch Leopold. Aber er ist ein Nachfolger von dem anderen, denn der von heute heißt Leopold IV, aber den habe ich hier noch nie gesehen.

Das Schwert war aber bestimmt viel älter, und warum hatte man es hier im Stall versteckt? Wir haben dann lange überlegt, was wir damit machen sollen.

Franz wollte es zuerst behalten. Es sei doch sicher wertvoll und man würde bestimmt viel Geld bekommen, wenn man es verkauft.

Aber ich habe dann gesagt, dass man Sachen, die man gefunden hat, abgeben muss. Das war doch richtig, oder?

Also habe ich Franz gesagt, dass er das Schwert zum Schloss bringen muss. Es könnte ja sein, dass es dafür eine Belohnung gibt. Und das hat der Franz dann auch eingesehen, dass wir es abgeben müssen.

Als wir auf den Hof kamen und zum Schloss hinübergehen wollten, kam uns ein Offizier entgegen. Er hatte seinen Uniformrock geöffnet und ganz viele Haare auf der Brust.

Er rauchte eine Zigarette, und als er uns sah, blieb er stehen. Dann fragte er, was wir da hätten und zeigte auf das Bündel, das Franz trug. Ich erklärte ihm, dass wir ein Schwert gefunden hätten und es nun zum Schloss hinüberbringen wollten.

Der Offizier ließ sich das Schwert zeigen und hielt es lange in der Hand. Dabei hat er es ganz komisch angesehen und gezittert, so als ob er plötzlich Fieber bekommen hätte. Und dann sagte er, dass er sich um das Schwert kümmern werde. In dem Moment kam noch ein anderer Offizier über den Hof. Der hatte eine ganz lange Narbe im Gesicht. Auf der rechten Backe, so wie Onkel Franz eine hat. Du weißt schon, sein Schmiss aus der Verbindung.

Da drückte der erste Offizier Franz plötzlich das Schwert wieder in die Hand und sagte, er solle es nicht ins Jagdschloss bringen, sondern sich gleich auf den Weg zum richtigen Schloss nach Detmold machen. Das Schwert müsse unbedingt an den Fürst abgegeben werden. Denn wenn es hier gefunden wurde, gehöre es ihm auch.

Dann hat er Franz lachend den dienstlichen Befehl gegeben, sich auf den Weg zu machen. Er müsse einfach durch die Mordkuhle laufen und dann über Hiddesen nach Detmold. Das Schloss sei in der Stadtmitte und er könne es gar nicht übersehen. Als ich mitgehen wollte, sagte er, dass ich hierbleiben müsse, falls man noch Fragen habe.

Der Franz ist dann auch sofort losmarschiert. Als der Offizier mit der Narbe zu uns kam, hat der andere ihn nur kurz gegrüßt und ist dann schnell weggegangen.

Der Offizier mit der Narbe hat mich dann gefragt, was passiert sei, und ich habe es ihm erzählt. Daraufhin ist auch er plötzlich sehr schnell weggegangen.

Am Mittwoch kamen dann die Amerikaner, und die Soldaten waren plötzlich alle weg. Ich bin dann auch schnell abgehauen. Ich habe gedacht, weil der Franz nun ja wegen den Feinden nicht mehr zurück konnte, wäre es besser, ich gehe ihm nach und suche ihn in Detmold. Sicherlich würde ich ihn im Schloss finden. Bestimmt hatte er dort ein Zimmer bekommen. Wenn das Schwert wirklich wertvoll war, hatte sich der Fürst sicher sehr darüber gefreut.

Da ich schon öfter hier im Wald war, bin ich einfach losgelaufen und war ganz schnell am Gedenkstein an der Haidspitze. Von da aus muss man, um nach Detmold zu kommen, durch die Mordkuhle laufen, und ich war sicher, dass auch Franz hier langgelaufen war.

Als ich schon ein ganzes Stück weit war, sah ich plötzlich einen Schuh auf dem Weg liegen. Und als ich mich umsah, wer ihn wohl verloren haben könnte, da sah ich jemanden im Gebüsch liegen.

Mutter! Du kannst Dir gar nicht vorstellen, wie ich mich erschreckt habe.

Und stell Dir vor, es war der Franz. Und sein Kopf war ganz zermantscht.

Neben ihm lag noch ein Stein voller Blut. Und das Schwert war weg!

Ich glaube, er ist überfallen und totgeschlagen worden. Und der, der ihn umgebracht hat, der hat auch das Schwert gestohlen.

Und weißt Du, wer schuld daran ist? Der Offizier mit den vielen Haaren auf der Brust. Weil er ihm nämlich den Befehl gegeben hat, das Schwert nach Detmold zu bringen.

Wenn er es an sich genommen hätte, wäre es sicherer gewesen. Den hätte garantiert keiner überfallen. Das war nämlich genau das Pech von Franz, dass er eben nur ein Junge war.

Liebe Mutter, gerade fangen die Sirenen wieder an zu heulen und ich muss schnell runter in den Keller. Zum Glück sind noch keine Bomben auf das Haus gefallen. Wenn ich wieder oben bin, schreibe ich Dir noch einen Brief.

Bis bald, Dein Dich liebender Sohn

Eberhard

Einunddreißig

Horst Winschel trat vor die Haustür. Er schlug seinen Jackenkragen hoch und pfiff. Einen Moment später stand ein Collie-Mischling neben ihm und ließ sich schwanzwedelnd das Halsband anlegen. Der ehemalige Feuerwehrmann hakte die Leine ein und machte sich auf seine übliche Runde.

So langsam wurde es wirklich Winter. Der Wind kam aus Osten und wehte ihm ganz schön um die Ohren. Die Luft roch nach Schnee, aber es waren ja auch nur noch wenige Wochen bis Weihnachten.

Weihnachten! Der Tannenbaum!, schoss es Winschel durch den Kopf.

Er hatte vorgehabt, sich nach einem Tannenbaum umzusehen. Darüber hatte er auch schon mit seinem Kegelbruder Willi Eikerling gesprochen. Der besaß nämlich ein kleines Waldstück mit einer Schonung darin. Vor Jahren hatten sie dort einige Nordmanntannen angepflanzt. Beim letzten Kegelabend hatte er Willi gefragt, wie weit die Bäumchen denn so seien. Der hatte ihm mitgeteilt, dass ein Teil in diesem Jahr bereits geschlagen werden konnte. „Natürlich kannst du dir einen aussuchen. Hast damals ja auch beim Setzen geholfen." Diese Abmachung hatten sie dann mit mehreren Bierchen besiegelt.

Horst Winschel öffnete die Heckklappe seines Kombis, und mit einem Satz sprang der Hund in den Wagen. Winschel setzte sich ans Steuer und fuhr in Richtung Wellentrup. Er wohnte schon viele Jahre in Oerlinghausen, war aber gebürtiger Helpuper. Daher kannte er die Gegend um Wellentrup gut, diesen kleinen Teil der Zuckerstadt Lage, der an Helpup angrenzte. Ab und zu nahm er als Treiber an der dortigen Jagd teil oder half seinem Freund bei der Ernte.

Winschel parkte den Wagen unterhalb des Wasserwerkes und ließ den Hund raus. Der Rüde begann sofort zu schnüffeln und hob das Bein an jedem Baum in seiner Nähe.

Winschel kramte die Klappsäge, die er immer im Kofferraum hatte, heraus und steckte sie in die Jackentasche. Dann nahm er noch ein Paar Arbeitshandschuhe und schloss die Heckklappe. Er sah sich nach seinem Hund um. Der war schon ein paar Meter vorausgelaufen und machte gerade sein Geschäft. Winschel folgte dem Pfad bergan und durchquerte ein lichteres Waldstück.

Hier hatten sie im Herbst noch Buchen gefällt und zersägt. Ein Teil davon lagerte jetzt auf seinem Grundstück. In zwei Jahren würde das Holz so weit getrocknet sein, dass er damit heizen könnte. Passenderweise pfiff er die Melodie vom Alten Holzmichl und vergrub dabei die Hände tief in die Jackentaschen.

Der Collie-Mischling blieb nun in seiner Nähe, und Winschel kam ein seltsamer Gedanke in den Sinn. Es waren doch sehr häufig Spaziergänger mit ihren Hunden, die in Waldstücken irgendwelche Leichen fanden. Komisch, wie kam er nur jetzt gerade auf diese Idee? Sein Hund war ein paar Meter vorgelaufen und blieb plötzlich stehen. Winschel konnte sehen, wie er etwas fixierte. Der Hundekörper schien zu zittern. Was das Tier wohl entdeckt hatte?

In diesem Moment sprang ein Hase aus dem Unterholz und raste zwischen Winschels Beinen hindurch. Dieser erschrak heftig und wäre fast gestürzt, als auch sein Hund vorbeifegte und ihn dabei streifte.

Verdammter Köter, dachte Winschel und sah wütend der wilden Jagd nach, die nun den Waldweg entlangging. Mit heiserem Bellen verfolgte der Collie-Mischling den flüchtenden Hasen.

Horst Winschel verwünschte die Tatsache, dass er den Hund nicht an die Leine genommen hatte. Zum Glück befand er sich hier noch auf dem Grund und Boden seines Freundes Willi. Ansonsten hätte er womöglich Ärger bekommen. „War das schon Wilderei?", überlegte er.

Erfahrungsgemäß würde es eine ganze Weile dauern, bis der vermaledeite Köter wieder da war. Den Hasen bekam er sowieso nicht zu packen.

Winschel lehnte sich an einen Baum und machte das, was ein erfahrener Hundebesitzer in solchen Fällen eben macht. Er wartet an der Stelle, an der der Hund abgehauen ist, und setzt darauf, dass der Ausreißer auf seiner eigenen Spur zurückkommt. Nur wann? Hoffentlich jagte der den blöden Hasen nicht bis nach Hörste hinüber.

Winschel kramte eine Packung Zigaretten aus der Tasche und suchte nach dem Feuerzeug. Seine klammen und kalten Finger machten die Suche nicht einfacher. Als er sein blankpoliertes Zippo-Feuerzeug endlich gefunden hatte, rutschte es aus seinen steifen Händen und landete neben ihm im Unterholz.

Winschel fluchte wie ein Droschkenkutscher. Erst das Malheur mit dem Köter, und nun auch noch das. Er ging in die Hocke und durchforstete das dichte Gestrüpp zunächst mit den Augen. Wenn er das Feuerzeug nicht mehr finden würde, wäre er echt sauer. Ein Geschenk seiner Tochter, und es hatte ihm schon viele Jahre treue Dienste geleistet. Irgendwo musste das verflixte Ding doch sein!

Glücklicherweise sah er im Unterholz das blanke Metall aufblitzen. Winschel griff zu und bekam es zu fassen. Aber es handelte sich nicht um sein Feuerzeug, sondern um eine Armbanduhr.

Als er versuchte, sie herauszuziehen und dabei einen Widerstand spürte, der daher rührte, dass sie noch an einem Arm hing, wurde ihm klar, dass heute tatsächlich er der Spaziergänger mit Hund war, der eine Leiche fand.

Zweiunddreißig

Koslowski stand gerade unter der Dusche, als sein Handy sich meldete. Man musste nur unter die Dusche oder auf die Toilette gehen, garantiert würden einen Moment später entweder das Telefon oder die Türklingel gehen. Er schlang sich ein Handtuch um die Hüften und ging in die Küche. Zum Glück hatte er sich noch nicht eingeseift. Als er das Telefon endlich erreichte, hörte das Schellen prompt auf. Bernhard Mücks hatte sich zu einem Spaziergang abgemeldet.

Einen kurzen Augenblick später läutete es an der Tür, und Koslowski gab die Hoffnung auf, jemals wieder unter die Dusche zu kommen.

Einen Moment später blickte er auf zwei Kripomarken, die ihm unter die Nase gehalten wurden. Die beiden Männer vor seiner Wohnungstür stellten sich als Kriminalhauptkommissare Asböck und Becker vor.

Koslowski bat den Besuch in seine Wohnung, und kurze Zeit später saßen sie am Esstisch. Wenigstens hatten die beiden Kriminalbeamten sein Angebot zu einem Kaffee abgelehnt. Zum Glück, denn mittlerweile gingen ihm die sauberen Tassen aus. Freundlicherweise hatte er sich wenigstens anziehen dürfen.

Hauptkommissar Asböck kam relativ schnell zur Sache. „Wir sind hier, weil sich ein gewisser Christoph Langeland an die Polizei gewandt und die Entführung seiner Frau angezeigt hat. Dabei hat er zerknirscht zugegeben, dass er zunächst geschockt war und den Anweisungen der Entführer nachgegeben hat.

Er gab zu, dass er die Polizei zunächst nicht informiert und sie stattdessen mit der Übergabe des Lösegeldes beauftragt hat."

Wie das ausgegangen sei, wäre ihm ja wohl hinlänglich bekannt, vermutete KHK Becker.

Koslowski trat die Flucht nach vorn an und berichtete genauestens von seinen Erlebnissen. Den Besuch von Britta Craven ließ er dabei aus.

Die beiden Kriminalbeamten stellten noch jede Menge Fragen, doch viel Wissenswertes konnte Koslowski ihnen nicht mitteilen.

Abschließend forderte Asböck ihn auf, sich am nächsten Tage um zehn Uhr im Dienstgebäude an der Bielefelder Straße einzufinden, um seine Aussage zu Protokoll zu geben.

Dann verließen sie ihn, nicht ohne den Hinweis, dass man nicht begeistert davon war, dass Koslowski sich für eine solche Sache zur Verfügung gestellt hatte. Das sei Aufgabe von Profis, nicht von Amateuren, gaben sie ihm deutlich zu verstehen. Dann war Koslowski endlich wieder allein.

So langsam hatte er die Nase voll. Wenn es jetzt noch einmal klingelte, würde er ausrasten. Daher schnappte er sich vorsorglich seine Jacke, verließ die Wohnung und kletterte in seinen Landrover. Ohne nachzudenken fuhr er kreuz und quer durch die Gegend und landete schließlich wieder in Hiddesen. Er fuhr auf den Parkplatz am Mufflonkamp und stellte den Wagen dort ab. Mit tief in den Taschen vergrabenen Händen stapfte er durchs Heidental und nahm dann den Martsiekweg hinauf zum Hermannsdenkmal. Zum Nachdenken brauchte er Bewegung und frische Luft.

Clarissa Langeland war entführt worden. Der oder die Entführer hatten ihn ausgetrickst und sich das Lösegeld unter den Nagel gerissen. Langeland war verständlicherweise sauer und nun doch endlich zur Polizei gegangen.

Bernhard Mücks, der sonderbare Professor mit Fachrichtung Archäologie, sollte sich in Detmold mit einem gewissen Baumschulte treffen, dessen Leiche man in einem Container in einem Waldstück bei Blomberg entsorgt hatte. Baumschulte hatte irgendwas mit Antiquitäten zu tun, und in sein Haus war eingebrochen worden.

Dann diese beiden Toten in Berlin, bei denen man vom selben Modus Operandi ausgehen konnte wie bei der Ermordung Baumschultes.

Koslowski musste grinsen, wenn er daran dachte, dass Lippe, was Kapitalverbrechen anging, als sicherste Region Nordrhein-Westfalens galt. Momentan hatte es jedoch den Anschein, als ob die Statistik demnächst schlechter ausfallen würde.

Koslowski stellte sich die immer wiederkehrende Frage nach dem Motiv, wenn es galt, ein Verbrechen aufzuklären. Qui bono? Wem nutzt das? Aber eine Antwort auf diese Frage hatte er nicht parat.

Irgendwie fühlte er, dass Langeland etwas verheimlichte, und beschloss, die Initiative zu ergreifen. Dazu gehörte ohne Zweifel ein intensiver Blick in Langelands Haus. Allerdings würde er diesen Besuch ohne dessen Erlaubnis durchführen müssen.

Langelands Verhalten machte ihn stutzig. Erst diese Geheimnistuerei, dann doch der Gang zur Polizei. Wieso nicht sofort? Wieso hatte er zunächst nur ihn engagiert?

Okay, er hatte diesen Auftrag angenommen, weil er sich etwas beweisen wollte. Hätte er in früheren, in besseren Zeiten anders reagiert und vernünftiger gehandelt?

Obwohl er sein eigenes Verhalten wieder und wieder durchdachte, konnte er keinen Fehler finden. Allmählich kam er auf dem stetig bergan führenden Weg langsam aber sicher aus der Puste. Mit seiner Kondition stand es wirklich nicht zum Besten. Daran musste er dringend etwas ändern. Aber die frische Luft und die Anstrengung sorgten dafür, dass er endlich wieder klarer denken konnte.

Am Hinweisschild zum Vogelpark in Heiligenkirchen bog er links ab und nahm den nächsten Anstieg in Angriff. Hermann, ich komme!

Dreiunddreißig

Acht Jahre hatte er damals bekommen. Und dabei war es nicht mal seine Schuld, dass man ihn erwischt hatte. Seine Arbeit war wie immer erstklassig gewesen. Anhand der Spuren am Tresor hätten sie ihm nichts, aber rein gar nichts anhängen können.

Aber sein dämlicher Komplize Toni hatte ja unbedingt dieses Paar italienische Markenschuhe mitgehen lassen müssen. Und die waren so einmalig, dass die Kripo sie wunderbar dem Tatort zuordnen konnte.

Als es dann hart auf hart ging, hatte Toni angefangen zu singen wie eine Nachtigall. Toni, dieser italienische Schlappschwanz. Anstatt die Schnauze zu halten und die Sache auszusitzen, hatte er ihn reingerissen und einen auf Kronzeuge gemacht.

Mit dem Erfolg, dass er acht Jahre seines Lebens in der Justizvollzugsanstalt Bielefeld-Brackwede hatte verbringen müssen. Das Leben war nun mal ungerecht. Zu ihm genauso wie zu Toni. Denn der hatte zwar deutlich weniger bekommen, doch nun fehlte ihm der Zeigefinger der rechten Hand.

Es hatte einen ganz dummen Unfall in der Tischlerei der Justizvollzugsanstalt gegeben, in der nicht nur Toni, sondern auch einer von seinen eigenen guten Freunden einsaß. Und der war ihm noch einen Gefallen schuldig gewesen.

Dann kam dieser kleine Unfall und nun würde Toni nie mehr die drei Finger der rechten Hand zum Schwur heben können. Von wegen „Herr Rischter, isch schwör, ware nur Komplize!"

Siegfried Gründler musste nachrechnen, wie lange das nun schon wieder her war. Er kam auf zehn Jahre. Und seit drei Jahren war er nun schon wieder draußen. Eine verdammt lange Zeit.

„Stahl-Siggi" hatten sie ihn früher genannt. Der Spezialist für Tresore und Panzerschränke in ganz Ostwestfalen-Lippe.

Mann, das waren noch Zeiten! Keine dieser lächerlichen Blechbüchsen war vor ihm sicher gewesen. Das absolute Gehör hatte man ihm nachgesagt. Er könne die Flöhe husten hören, hieß es in Fachkreisen.

Die Zahl der geknackten Tresore, bei denen er, nur mit seinem Stethoskop bewaffnet, das Einrasten der Zahlendrehscheibe gehört hatte, wusste er schon gar nicht mehr. Wegen seines Stethoskops hatte man ihn damals scherzhaft „den Doktor" genannt.

Als die Technik immer besser und sein Gehör allmählich schlechter wurde, hatte er sich auf heiße Arbeit verlegen müssen. Sein Vater, ein Stahlarbeiter, der früher noch bei Krupp in Essen am Hochofen gestanden hatte, wäre stolz auf ihn gewesen. Seinem Jungen hatte er das Gefühl für Stahl in die Wiege gelegt.

Und dann kam dieser blöde Itaker nach dem herrlichen Baumarkt-Job und alles war dahin. Auch in Verbrecherkreisen war es unendlich schwer geworden, gutes Personal zu finden. Sogar das Schränker-Gewerbe war nicht mehr wie früher.

Aber er war clever und hatte zeitig vorgesorgt. Er hatte nie über seine Verhältnisse gelebt, und sein „Mäuschen" Erika, mittlerweile ein ausgewachsener Nager, hatte sich immer schon rührend um seine Altersvorsorge gekümmert.

Als er aus dem Knast kam, hatte sie bereits alles in die Wege geleitet, und heute war Stahl-Siggi ein angesehener Geschäftsmann, der sein Geld mit dem Aufstellen und nicht mit dem Aufbrechen von Spielautomaten verdiente. Es war ein Genuss, ihn in der Kneipe erbost schimpfen zu hören, wenn dieses, wie er sagte, „asoziale Verbrecherpack" nachts mal wieder einen seiner Automaten aufgebrochen hatte.

Jetzt stand Stahl-Siggi am frühen Abend auf dem Vorplatz vor der Sparkasse an der Bielefelder Straße und wartete. Einen Moment lang überkam ihn der Wunsch, diesem

Gebäude mal einen Besuch abzustatten, doch der Gedanke an modernste Sicherheitstechnik brachte ihn schnell wieder davon ab. Außerdem hatte er heute Abend Wichtigeres vor.

Ein Landrover hielt an der Ampel, und der kleine, untersetzte Gründler hastete zu dem haltenden Wagen. Kaum war er eingestiegen, als die Ampel wieder auf Grün umschaltete und Koslowski losfuhr.

Gründler zwirbelte die Enden seines gewaltigen Schnurrbartes, der sogar mit dem von Horst Lichter würde konkurrieren können. Etwas außer Atem drehte er sich zur Seite und sah seinen Chauffeur neugierig an.

„Na, Koslowski, ich bin ja mal gespannt, was das hier für eine Nummer werden soll."

„Keine Sorge, nichts Großes. Hast du denn dein Schätzchen dabei?"

Gründler zog sein altes Stethoskop aus der Tasche. „Jawohl", bestätigte er, „und es funktioniert immer noch bestens." Er setzte die beiden Hörrohre in die Ohren und presste Koslowski die Muschel auf den Oberkörper.

„Alles bestens mein Lieber, wirst hundert Jahre alt", diagnostizierte er und kicherte über seinen eigenen Witz. Dann steckte das Stethoskop wieder ein. „Und die Sache ist todsicher?", wollte er wissen.

Koslowski nickte.

Gründler legte den Kopf schief. „Du weißt, du hast noch was gut bei mir, sonst würde ich mich auf so was wie das hier garantiert nicht mehr einlassen. Ich habe Erika ganz schön die Hucke volllügen müssen. Wenn die wüsste, dass ich mit dir zum Einbrechen fahre, würde sie mich mit dem Nudelholz bearbeiten."

„Und was hast du ihr erzählt, wo du heute Abend bist?", wollte Koslowski wissen.

„Ich habe erzählt, dass ich in den Puff gehe. Da hat sie mich ausgelacht und mir viel Spaß beim Skatspielen gewünscht. Mann, bin ich wirklich schon so alt, dass mir meine Frau so was nicht mehr zutraut?" Gründler versuchte in den Außenspiegel zu sehen, doch der war auf Koslowski eingestellt.

Koslowski lachte schallend und bog am Lippischen Hof rechts ab. Ihr Weg führte sie nach Horn-Bad Meinberg.

Stahl-Siggi war ihm tatsächlich noch einen Gefallen schuldig. Als er damals im Knast gesessen hatte, war man von Seiten der Konkurrenz auf die Idee gekommen, seiner Frau mal einen „geschäftlichen" Besuch abzustatten, um mit ihr über die Verschiebung gewisser Eigentumsverhältnisse zu reden.

Koslowski war damals durch Zufall in die Sache hineingeraten und hatte ihr ein wenig helfen können. Gründler hatte im Knast davon erfahren und war ihm dafür äußerst dankbar gewesen. So war er in Koslowskis sagenhaftem, braunem Ledernotizbuch gelandet, in dem dieser die Kontakte notierte, die ihm noch einen Gefallen schuldig waren.

Während der Fahrt wollte Siegfried Gründler nun jedoch weitere Informationen. „Was ist mit dem Türschloss?", fragte er. „Und wie sieht es mit einer Alarmanlage aus?"

Koslowski sah ihn von der Seite aus an. „Sag mal, wer von uns beiden ist hier der Spezialist, du oder ich?"

Gründler schnaubte verächtlich. „Ich frage nur, weil ich keinen Bock mehr auf diesen Knastfraß habe." Dabei tätschelte er liebevoll seinen Bauch.

Um bloß nicht aufzufallen, hielt Koslowski den Wagen konstant bei 50 km/h. „Siggi, mach dir nicht ins Hemd. Der Besitzer des Hauses ist nicht zu Hause, der hat einen Termin außerhalb, und für seinen Hund habe ich mir was einfallen lassen." Koslowski deutete auf ein Paket aus rotem Metzgerpapier, welches zwischen den Vordersitzen lag. „Feinstes Rindfleisch, eigentlich zu schade für einen Hund."

Gründler sah nach vorne aus dem Fenster. „Na, dein Wort in Gottes Ohr!"

Koslowski passierte Holzhausen-Externsteine und fuhr weiter in Richtung Horn. Sie nahmen die Parkplatzeinfahrt zu den Externsteinen und erreichten nach kurzer Zeit die Paderborner Straße. Hier bog Koslowski links ab und fuhr Richtung Zentrum. Nach der Tankstelle bogen sie wiederum links ab, und nach kurzer Fahrt noch einmal nach links in die Straße Holzhauser Berg.

Aufmerksam sah Gründler sich immer wieder um. Dann zuckte er entschuldigend mit den Achseln. „Alte Gewohnheit von mir. Musste verstehen!"

Koslowski nickte und fuhr nun wieder in Richtung Detmold zurück, allerdings parallel zur Externsteiner Straße. Nach einiger Zeit hielt er den Landrover an und schaltete den Motor ab.

Gründler starrte in die Dunkelheit und konnte vor sich eine Einmündung ausmachen. Koslowski blieb unbeweglich im Wagen sitzen. Die gesamte Umgebung war ruhig. In dem einen oder anderen Haus brannte Licht, auf der Straße war niemand zu sehen.

„Wir müssen den Rest zu Fuß gehen", meinte Koslowski und griff nach dem Fleischpaket. „Das Haus gehört zur Paschenburg, zu der es da vorne rechts reingeht." Koslowski deutete auf die Einmündung vor ihnen.

Gründler blieb ruhig sitzen. „Und du bist sicher, dass niemand zu Hause ist?", wollte er noch mal wissen.

Koslowski legte ihm beruhigend die Hand auf den Arm. „Ganz sicher, der Inhaber hat einen wichtigen Termin." Dabei öffnete er die Wagentür und stieg aus.

Gründler tat es ihm nach. Langsam schlenderten die beiden Männer wie abendliche Spaziergänger in Richtung Paschenburg. An der Einmündung sahen sie sich noch einmal um, dann verschwanden sie in die Straße.

Koslowski kannte den Weg genau. Das Haus lag in der Linkskurve auf der rechten Seite und war von hohen Bäumen umgeben. Als sie es erreichten, nickte Gründler anerkennend. Das war mal ein Haus. Koslowski kannte es ja bereits, aber Gründler staunte.

Leise gingen die beiden Männer die Auffahrt hinauf. Das gesamte Gebäude lag im Dunklen, nur ein schwaches Licht leuchtete aus einem der Fenster.

Koslowski wollte auf den Eingang zusteuern, als Gründler ihn am Arm festhielt. „Immer langsam mit den jungen Pferden", mahnte er und griff in die Tasche. Einen Augenblick später hielt er sich ein kleines, aber leistungsstarkes Fernglas vor die Augen und betrachte das Gebäude genauer.

Koslowski blieb mit angehaltenem Atem neben ihm stehen.

Gründler deutete auf den Hauseingang. „Dachte ich es mir doch. Da links sind Bewegungsmelder. Keine schöne Art, ungebetene Gäste wie uns zu begrüßen." So langsam schien ihm dieser nächtliche Ausflug richtig Spaß zu machen. Er trat ein paar Schritte zur Seite und beobachtete weiter. Dann stieß er Koslowski mit dem Ellbogen an und deutete mit dem Kopf zur Seite. „Da müssen wir hin, das ist unser Ziel!"

Er steckte das Fernglas ein und marschierte langsam los. Koslowski folgte ihm. Gründler bewegte sich für seinen Körperbau erstaunlich leichtfüßig.

Sie näherten sich dem Gebäude von der Seite, und Gründler blieb ab und zu stehen, um noch einen Blick durch das Fernglas zu riskieren. Jedes Mal nickte er zufrieden.

Endlich standen sie neben dem Gebäude, und der ehemalige Geldschrankknacker deutete auf einen weiteren Bewegungsmelder, der sich über der seitlichen Eingangstür befand. Er blickte sich um, streifte ein Paar Einweghandschuhe über, reichte Koslowski ein zweites Paar und schnappte sich eine an einen Blumenkübel gelehnte Harke.

Damit bewaffnet steuerte er nun langsam und allein auf den Bewegungsmelder los. Koslowski hatte er aufgefordert zu warten. Ohne den Melder auszulösen, drehte er ihn mit dem Harkenstiel nach oben. Dann winkte er Koslowski heran. Dem drückte er die Harke in die Hand und sah sich bereits das Türschloss an.

Koslowski stellte die Harke an die Seite. „Und du bist sicher, dass der nicht mehr anspringt?", deutete er auf den verdrehten Bewegungsmelder.

Gründler schnaufte verächtlich. „Keine Sorge, den kann nur noch ein vorbeifliegendes Ufo auslösen. Was ist das denn hier für eine Spielerei?", hörte Koslowski ihn lachen. In diesem Moment sprang die Eingangstür bereits auf.

„Hoppla, war die offen?, fragte Koslowski.

Gründler richtete sich auf und zeigte ihm einen dünnen, zweimal gebogenen Draht. „Nee, zweimal abgeschlossen!" Dabei lachte er leise und legte die Hand auf die Türklinke, dann lauschte er ins leere Haus. „Sag mal, wo ist denn der Köter?", wollte er von Koslowski wissen. Dieser war ratlos.

„Keine Ahnung, der hätte schon längst bellen müssen. Das ist ein Trottel, der tut keiner Fliege was zu Leide." Koslowski hatte das Fleischpaket immer noch in der Hand. Irgendwas stimmte hier nicht.

„Kann es sein, dass der Besitzer ihn mitgenommen hat?", wollte Gründler wissen.

Das konnte Koslowski sich nicht vorstellen, der Hund war doch der Liebling der Ehefrau gewesen. Langeland hätte ihn sicher nicht aus reiner Tierliebe durch die Gegend gefahren. Nein, aber der Hund war anscheinend nicht im Hause. Er tippte Gründler auf die Schulter und ließ ihn zur Seite treten.

Koslowski öffnete lautlos die Tür, betrat den Raum und blickte sich um. Der Raum wirkte wie eine Mischung aus Wäscheraum und Vorratskammer. Regale an der Wand und zwei große, weiße Maschinen mit Bullaugen. Auf der anderen Seite befand sich eine Tür. Langsam schlich Koslowski durch den Raum und horchte daran. Totenstille.

Dann drückte er leise die Klinke herunter und öffnete sie. Einen Moment später waren sie im Flur. Das Haus lag ruhig vor ihnen.

„Weißt du, was ich überhaupt nicht verstehe?", wollte Stahl-Siggi wissen.

„Russisch vermutlich", scherzte Koslowski, fing sich für diesen Scherz aber einen vernichtenden Blick ein.

„Du Blödmannsgehilfe! Was ich nicht verstehe, ist, dass es in diesem Luxushaus keine Alarmanlage gibt. Draußen keine Rundumleuchte, keine Glasbruchmelder an den Fenstern und keine Bewegungsmelder in den Zimmerecken. Äußerst seltsam." Dann kicherte er leise. „Na ja, ich bin ja auch clean, vor wem sollen die Leute da noch Angst haben?"

Koslowski schüttelte den Kopf und durchquerte dann mit Gründler im Schlepptau den Flur. Links erkannten sie jetzt die Haustür, rechts eine zweiflügelige Tür, deren beide Teile weit offen standen. Ab hier kannte Koslowski sich wieder aus. Er schlich ins Wohnzimmer hinüber und wartete auf Gründler.

In diesem Moment scheppterte es leise an der Haustür. Koslowski fuhr herum. Dann bemerkte er Gründler, der einen großen Schirmständer aus Blech vor die Haustür geschoben hatte. „Als kleine Alarmanlage, für den Fall, dass der Hausherr unerwartet zurückkommt", erklärte er.

Koslowski war mitten im Wohnzimmer stehen geblieben und ließ seine Taschenlampe aufflammen. Der Lichtkegel schweifte durch den Raum.

Zum Glück lag das Haus so abseits, dass niemand den Lichtschein würde sehen können.

Gründler war nun wieder neben ihm.

„Was meinst du?", wollte Koslowski wissen. „Wo könnte hier ein Tresor versteckt sein?"

Gründler stemmte die Hände in die Seiten, legte den Kopf schief und musterte den Raum im Licht von Koslowskis Lampe. „Schwenk mal da rüber!", befahl er.

In diesem Moment hörten sie einen dumpfen Schlag. Beide Männer zuckten wie vom Blitz getroffen zusammen. Dann folgten noch acht weitere Schläge.

„Punkt Neun Uhr", kommentierte Koslowski, als er sich von dem Schreck erholt hatte. Dann leuchtete er zu einer großen Standuhr hinüber.

„Geht exakt richtig!", bestätigte Gründler und sah von seiner Armbanduhr hoch. „Ich hätte mir gerade fast in die Hosen gemacht."

Als sein Atem und sein Herzschlag sich wieder beruhigt hatten, blickte sich Gründler erneut um. Dann steuerte er auf ein großes Gemälde zu, welches eine Landschaft mit Heidschnucken zeigte. Er sah hinter den Rahmen, schüttelte aber den Kopf. Anschließend schweifte sein Blick erneut durch den Raum. Dann stiefelte er auf ein Bücherregal zu und blieb mit schräg gehaltenem Kopf davor stehen. Für Koslowski wirkte es so, als ob sein Komplize überlegte, ob er es kaufen sollte.

Das Regal schien aus massivem Holz gebaut zu sein, kein Wunder im Hause eines Sägewerkbesitzers. Gründler nahm Koslowski die Lampe aus der Hand und trat einen Schritt zurück. Dann ließ er den Lichtkegel langsam über die einzelnen Stollen wandern, aus denen das Regal bestand.

Er leuchtete mehrmals hin und her, dann befühlte er einen der Stollen. Nach einigen Sekunden hörte man ein leises Klicken, dann sprang ein Teil der Bücherwand auf. Gründler zog daran und legte einen Hohlraum frei.

Koslowski war sprachlos. „Wie bist du darauf gekommen?", wollte er wissen.

Gründler tippte sich an die Nase. „Für so was bekommt man ein Näschen. Aber sieh mal hier!" Dabei beleuchtete er den Stollen, in dem der Öffnungsmechanismus verborgen war. „Die Zeit und häufige Benutzung haben hier ihre Spuren hinterlassen." Dabei deutete er auf eine etwas abgegriffene Stelle.

Nachdem Gründler ihn darauf hingewiesen hatte, sah Koslowski es auch. Vorher wäre es ihm nie aufgefallen.

Stahl-Siggi leuchtete in den Hohlraum, und der Schein der Lampe fiel auf einen älteren, großen Geldschrank, der die Nische mit einer Höhe von fast zwei Metern und einer Breite von gut einem Meter komplett ausfüllte.

„Glück gehabt!", flüsterte Gründler. Als Koslowski ihn fragend ansah, deutete er auf drei Scheiben mit Ziffern darauf. „Ein Zahlenschloss. Hätte die Spardose hier eines oder mehrere Schlüsselschlösser, dann wäre es sehr schwierig geworden. Außerdem ist das Ding hier älter als ich", kicherte der Schränker leise.

Während Koslowski noch den Safe betrachtete, war Gründler schon in seinem Element. Er kniete vor dem Tresor, hatte das Bruststück seines Stethoskops, in dem sich die Membrane befand, an die Tresortür gepresst und die Bügel in die Ohren gesteckt. Als Koslowski etwas sagen wollte, wurde er mit einer Handbewegung zum Schweigen gebracht. Gebannt sah er zu, wie Gründler an den Zahlenscheiben drehte und dabei mit geschlossenen Augen andächtig lauschte. Die Zeit schien stillzustehen.

Immer wieder drehte Gründler die Zahlenräder hin und her. Koslowski wagte kaum zu atmen.

Nach einer schier unendlich langen Zeit richtete der ehemalige Tresorknacker sich auf und stöhnte. Dann drückte er den Rücken durch. „Mann, oh Mann, ich werde auch immer steifer", stöhnte er. „Das ist das Alter!"

Koslowski legte ihm die Hand auf die Schulter. „Willst du es gleich noch mal probieren?" fragte er.

Gründler sah ihn erstaunt an. „Was probieren?", wollte er wissen.

„Na, den Safe zu öffnen."

„Warum sollte ich?" fragte Gründler und zog an einem der Handgriffe. Langsam schwenkte die Tür auf.

Vierunddreißig

Siegfried Gründler musste schlucken. Nachdem er beide schweren Tresortüren vollständig aufgezogen hatte, war ihm die Spucke weggeblieben. In dem Safe gab es noch einen weiteren kleineren Tresor. Und so wie es aussah, einen nagelneuen.

Dieser besaß genau die von Gründler gefürchteten Schlüsselschlösser. Aber das war es nicht, was ihn sprachlos machte, sondern das, was unter diesem Tresor, der nur ein Drittel des alten Geldschrankes ausmachte, in mehrere Fächer hineingepackt worden war. Berge von Geldscheinen. Feinsäuberlich in unterschiedlich großen Haufen aufgestapelt. Ein Anblick, der das Herz eines jeden Geldschrankknackers höher schlagen ließ. Auf so einen Anblick hatte er immer gewartet. Und nun durfte er davon nichts anrühren, geschweige denn mitnehmen.

Doch ganz konnte er der Verlockung nicht widerstehen und nahm einen der Packen in die Hand. Langsam ließ er den Daumen darübergleiten und die Scheine blättern. Bedauernd blickte er zu den weiteren Stapeln.

Koslowski erkannte, wie Gründler sie lautlos zählte. Nur seine Lippen bewegten sich dabei. Nach einer Weile sah er Koslowski an.

„Ich schätze mal," dabei wedelte er mit dem Packen, der aus lauter Hundertern bestand, „das Päckchen hier und seine kleinen, grünen Verwandten dürften eine ganze Stange Geld sein."

Koslowski blickte ebenfalls auf die Scheine. So viel Geld hatte er noch nie auf einem Haufen gesehen. Er hatte absolut keine Vorstellung, welche Summe da vor ihm lag. Er tippte Gründler auf die Schulter. „Was meinst du, wie viel ist das?"

Der Schränker kratzte sich nachdenklich am Kopf. Dann legte er schweren Herzens den Stapel Hunderter wieder zurück. „Ich denke mal so über den Daumen etwas in Höhe von einer Million."

Koslowski fühlte sich, als hätte man ihm eine Ohrfeige versetzt. Eine Million? Im ersten Moment wusste er nicht, was er davon halten sollte. Doch ein Gedanke überstrahlte plötzlich alle anderen: Er konnte sich des Eindrucks nicht erwehren, dass er kräftig verladen worden war. Langeland, dieses verdammte Dreckschwein, hatte ihn nur benutzt. Koslowski hätte vor Wut am liebsten sämtliche Scheine angezündet. Doch er beherrschte sich. Die einzige Genugtuung war, dass ihn sein Gefühl nicht getrogen hatte.

Gründler hatte von seinem Schreck nichts mitbekommen. Fachmännisch hatte er mittlerweile die beiden Schlösser untersucht. Dann drehte er sich zu Koslowski um. „Ende der Fahnenstange!", gab er bekannt. „Hier geht nichts mehr." Er deutete auf die beiden Schlüssellöcher. „Das sind Doppelbartschlösser, da müsste ich Nachschlüssel haben oder ein Schweißgerät."

Nachdenklich sah Koslowski auf den kleinen Tresor im Geldschrank. Er hätte zu gerne gewusst, was sich darin befand, doch da war nichts zu machen. Er zog Gründler vom Tresor zurück, zückte eine Kamera und fotografierte den Inhalt. Dann schloss er die linke der beiden Tresortüren.

„He, darf ich mir nicht wenigstens ein Andenken mitnehmen?", fragte Gründler beleidigt.

Koslowski schloss die zweite der Türen. „Wenn du ein Andenken haben willst, dann kauf ich dir ein Hermannsdenkmal in einer Schneekugel." Er schloss auch die Bücherwand wieder. „Es wird Zeit, dass wir hier verschwinden. Aber du hast mir einen großen Gefallen erwiesen." Dabei klopfte er Gründler anerkennend auf die Schulter.

Dieser schüttelte unwirsch den Kopf. „Weißt du was echt mies ist? Wenn man ehrlich geworden ist, und dann so eine Chance bekommt. Das ist doch wie Duschen mit Regenmantel."

Koslowski lachte leise und schob ihn dann in Richtung Flur.

Sie hatten das Haus gerade verlassen und wollten die Einfahrt hinuntergehen, als sich plötzlich ein Motorengeräusch näherte. Koslowski zog Gründler in den Schatten eines großen Kirschlorbeerstrauches.

Der Wagen kam immer näher.

Die beiden Männer schlugen sich nun vollends in die Büsche. Atemlos lauschten sie.

Sollte das Langeland sein, der schon zurückkam? Koslowski konnte es sich nicht vorstellen. Der müsste noch in der Nähe des Schiedersees sein, denn dahin hatte er ihn durch einen fingierten Anruf, bei dem ihm Mücks behilflich gewesen war, gelockt. Angeblich ging es um ein Angebot für eine Antiquität aus der Zeit des Kaiserreiches. Als begeisterter Sammler war Langeland, wie erwartet, sofort darauf angesprungen. Zurzeit müsste er daher eigentlich noch vergeblich am Schiedersee warten, oder er wäre gerade mal auf der Rückfahrt.

Der Wagen bremste ab, und die beiden Männer hörten, wie er in die Einfahrt eines anderen Hauses einbog.

Gründler atmete auf. „Mann, das ist ja hier wie Cowboy und Indianer", seufzte er.

Koslowski fasst ihn am Arm und wollte ihn wieder in Richtung Auffahrt ziehen, als er fast hingefallen wäre.

Er war in etwas Weiches getreten und blickte nach unten. Der Boden wirkte umgewühlt. Irgendein Instinkt ließ ihn die Taschenlampe benutzen und auf den Boden leuchten. Tatsächlich, hier war vor nicht allzu langer Zeit gegraben worden.

Und wenn man den leichten Hügel ansah, der sich vor seinen Füßen erhob, dann war beim Graben Erde übriggeblieben. Das wiederum bedeutete, dass etwas anderes die Erde ersetzt hatte.

Koslowski leuchtete die Fläche ab, und ihm wurde eiskalt, als er erkannte, dass sie ungefähr die Größe eines Grabes hatte. Plötzlich hatte er das komische Gefühl, dass er Clarissa Langeland so nah wie nie war.

Fünfunddreißig

Britta Craven parkte ihren Porsche Cayenne unmittelbar hinter dem Wagen der beiden Kriminalkommissare Becker und Asböck. Becker saß noch im Zivilwagen und schien zu telefonieren, während Asböck rauchend am Wagen lehnte.

Britta Craven ging auf den Beamten zu und reichte ihm die Hand.

„Hallo, Herr Asböck, schön, dass Sie auf mich gewartet haben. Ich bin froh, dabei sein zu dürfen, wenn Sie Herrn Langeland befragen."

Asböck warf die Zigarette auf den Boden und trat sie aus. „Frau Craven, wir sind Ihnen sehr dankbar für den Hinweis auf dieses angebliche Grab. Aber es hilft uns wenig weiter, wenn Sie uns nicht sagen, woher Sie diese Information haben. Ein anonymer Hinweis reicht in der Regel nicht aus, um einen Richter davon zu überzeugen, uns einen Durchsuchungsbeschluss auszustellen. Aber warum erzähle ich Ihnen das? Als Anwältin kennen Sie sich damit ja sicher aus." Asböck steckte die Hände in die Tasche seiner pelzgefütterten Lederjacke. Hier oben an der Paschenburg wehte der Wind noch eisiger als unten im Tal.

Britta Craven nickte. Natürlich wusste sie das auch, aber als Koslowski gestern Nacht bei ihr anrief und sie darüber informierte, dass es auf dem Grundstück der Villa Langeland anscheinend ein Grab gab, und dass er im Tresor eine Million Euro gesehen habe, waren beide übereingekommen, dass sie seinen Namen aus dem Spiel lassen musste. Die Anwältin war jedenfalls froh, dass er sie überhaupt informiert hatte. In dieser Hinsicht hatte er Wort gehalten. So konnte sie im Auftrag ihrer Mandantin handeln und die Kripo in Kenntnis setzen.

Noch bevor sie sich weiter mit Asböck unterhalten konnte, stieg Kriminalhauptkommissar Becker aus dem Wagen und begrüßte sie ebenfalls mit Handschlag.

„Tja, Frau Craven, tut mir leid. Ich fürchte, Sie sind die Strecke von Bielefeld bis hierher vergeblich gefahren."

Britta Craven sah den Mann verständnislos an.

„Ich habe gerade mit Herrn Langeland telefoniert. Er ist in wenigen Minuten hier. Dann wird er uns auch ohne Durchsuchungsbeschluss erlauben, sein Grundstück zu betreten und uns umzusehen." Der Beamte klemmte sich eine Schreibmappe unter den Arm und schloss die Jacke. „Nur als ich erwähnte, dass Sie gern dabei wären, hat er sofort abgewehrt. Sie dürfen das Grundstück auf keinen Fall betreten."

Britta Craven sah man die Enttäuschung förmlich an. „Aber ich bin die rechtliche Vertreterin meiner Mandantin", begehrte sie auf.

KHK Becker winkte ab. „Frau Craven, ich denke, es wäre besser, wenn wir die Lage so hinnehmen, wie sie ist. Wenn sie darauf bestehen mitzukommen, könnte es sein, dass auch wir nicht mehr aufs Grundstück dürfen, und damit wäre dann keinem von uns geholfen." Der Kriminalbeamte rieb sich die klammen Finger.

„Ich verspreche Ihnen, Sie nach Abschluss unseres Besuches umgehend zu informieren, ich habe ja Ihre Karte. Jetzt möchte ich Sie bitten, nach Hause zu fahren, nur so gehen wir jeder Konfrontation aus dem Wege."

Britta Craven wäre eine schlechte Anwältin gewesen, wenn sie die Logik dieser Erklärung nicht verstanden hätte. So bedankte sie sich bei den Kripobeamten und stieg schweren Herzens wieder in ihren Wagen. Nur zu gerne wäre sie bei dieser Aktion dabei gewesen, denn sie war überzeugt, dass der Ehemann ihrer Mandantin Dreck am Stecken hatte. Sie wendete den Porsche und fuhr zurück in Richtung Horn. Auf halber Strecke kam ihr eine schwarze Mercedes-Limousine entgegen. Auch ohne auf das Nummernschild zu sehen, wusste sie, wem der Wagen gehörte. Christoph Langeland passierte ihren Wagen und bedachte sie mit einem fast schon hasserfüllten Blick.

***

„Nichts!" Britta Craven saß am Schreibtisch in ihrer Bielefelder Kanzlei und schob einen Stapel Akten zur Seite. Das hatte sie sich alles ganz anders vorgestellt. Am anderen Ende der Leitung schwieg man ebenfalls. „Sie haben das angebliche Grab gefunden und Langeland hat ihnen sogar noch zwei Schaufeln zur Verfügung gestellt, damit sie es öffnen konnten. Was glauben Sie, was darin lag?"

Koslowski, der mit seinem Wagen unterwegs war, hielt an, um wegen des Telefonats kein Knöllchen zu riskieren. „Ich habe keine Ahnung, aber wenn Sie ‚nichts' sagen, dann wird es wohl leer gewesen sein, oder?" Er war über die Auskunft der Anwältin einerseits enttäuscht, andererseits aber auch erleichtert. Zwar hatte er stark vermutet, dass man dort die Leiche von Clarissa Langeland finden würde, aber wenn das nicht der Fall war, dann waren die Chancen, dass sie noch lebte, natürlich wieder etwas größer geworden. „Machen Sie es nicht so spannend. Sagen Sie schon, was die ausgegraben haben."

Die Anwältin atmete tief durch. Dann erklärte sie Koslowski, dass es sich bei dem Erdhügel tatsächlich um ein Grab gehandelt hatte. Aber nicht um das von Clarissa Langeland. Die Kripobeamten hatten lediglich ihren toten Schäferhund gefunden. Diesen hatte Langeland dort vergraben, nachdem er plötzlich eingegangen war. Langeland habe die Kripo schon vorher darüber informiert, was in dem Loch lag, und hat dann graben lassen. Und auch in seinem Haus und auf dem Rest des Grundstückes durften sie nachsehen. Keine Spur, kein Hinweis, nichts.

Die Million Euro im Tresor hatte Britta Craven den Beamten natürlich verschwiegen, denn sie hätte wohl kaum vernünftig erklären können, woher sie diese Information hatte. Langeland spielte der Kripo den immer noch sehr besorgten Ehemann vor. Nochmals bedauerte er zutiefst, auf die Drohung des Entführers eingegangen zu sein und sich zuerst an Koslowski, anstatt sofort an die Polizei gewandt zu haben.

Koslowski seufzte. Der Fund der Leiche wäre ein Durchbruch gewesen. Mittlerweile war er fest davon überzeugt, dass Christoph Langeland keine weiße Weste hatte.

Selbst wenn er direkt nichts mit der Entführung oder dem Tod seiner Frau zu tun hatte, dann wusste er mehr, als er zugab. Koslowski betrachtete die herbstlich kahlen Felder neben der B 66. Er hatte in Höhe des Weinhofes in Kachtenhausen angehalten. Sein Blick schweifte über die Landschaft rund um den kleinen Ortsteil Wellentrup. Ganz oben der Wald und darin ...

Sollte er es ihr sagen? Koslowski traf einen schnellen Entschluss. Britta Craven schien ihm vertrauenswürdig. Was man von einer Anwältin eigentlich auch erwarten durfte. Aber selbst in diesem Berufsstand hatte Koslowski schon Überraschungen erlebt.

Wie sagte Krameike immer so treffend? „Es gibt überall Gute, Mittlere und Schlechte. Musst mit allen leben!" Koslowski schmunzelte und konzentrierte sich dann wieder auf das Telefonat. „Ich bin gerade auf dem Weg nach Bielefeld. Ich habe einen Hinweis bekommen, und dem würde ich gerne nachgehen."

Er wechselte das Mobiltelefon ans andere Ohr. „Wenn Sie wollen und Zeit haben, können wir uns dort gerne treffen, denn ich denke, möglicherweise könnte es auch Ihre Mandantin betreffen."

Britta Craven überlegte einen Moment lang. Sie war schon immer lieber draußen unterwegs, als am Schreibtisch zu sitzen. Außerdem war ihr die Sache wichtig und Koslowski ihr nicht unsympathisch. Der Mann hatte was, auch wenn er reichlich mitgenommen aussah und müde wirkte. So, als ob er lange Zeit eine schwere Last hatte tragen müssen.

Sie schaute kurz auf ihren Terminkalender und beschloss dann, sich mit ihm zu treffen. Nachdem er das genaue Ziel genannt hatte, fragte sie ihn, wie er auf diese Idee kam. Doch Koslowski lehnte ab und versprach ihr, dass er sie vor Ort aufklären würde. Britta Craven klappte ihr Notebook zu und stand auf. „Dann bis in ein paar Minuten." Irgendwie freute sie sich darauf, den Mann wiederzusehen.

Sechsunddreißig

Der Porsche bog auf den Parkplatz des Etap-Hotels an der Detmolder Straße ein. Britta Craven hatte die Strecke in erstaunlich kurzer Zeit geschafft. Sie parkte direkt neben Koslowskis Landrover. Als sie ausstieg, wartete er bereits am Eingang des Hotels.

Heute trug sie zur Jeanshose eine Wildleckerjacke mit Naturfellfutter. Dazu hohe Stiefel mit umgeschlagener Krempe. Das blonde, lockige Haar hatte sie hinter dem Kopf mit einem Band zusammengebunden. Dunkelbraune Wildlederhandschuhe komplettierten den Eindruck von sportlicher Lässigkeit.

Koslowski sah ihr entgegen und nickte bei ihrem Anblick anerkennend mit dem Kopf. Die Sachen standen ihr außerordentlich gut. Sie machte darin einen ebenso guten Eindruck wie im Businesskostüm. Garantiert keine Billigmode.

Leichtfüßig kam sie ihm entgegen und streckte die Hand aus. Ihre blauen Augen strahlten ihn an. „Na, dann lassen Sie mal die Katze aus dem Sack. Sie haben ja versprochen, mir zu erzählen, worum es hier geht."

Er erzählte ihr, dass er einen anonymen Anruf bekommen hatte. Der Anrufer hatte ihm dabei einige Informationen zukommen lassen. Es ging unter anderem darum, dass man in einem Waldstück in Wellentrup die unbekannte Leiche eines jungen Mannes gefunden hatte. Dieser war durch einen Schuss in den Kopf gestorben.

Neben der Leiche lag eine Pistole. Neun Millimeter Parabellum.

Obwohl es zunächst nach Selbstmord ausgesehen hatte, war die Polizei anhand der Spurenlage sicher, dass der Mann sich nicht selbst getötet hatte. Spezialisten erkannten schnell, dass der Fundort nicht der Tatort war. Man hatte die Leiche transportiert und dort abgelegt. Der Fund der Waffe sollte offenbar einen Selbstmord vortäuschen.

Spuren an der Einschussstelle bewiesen, dass es sich um einen aufgesetzten Schuss gehandelt hatte, doch an den Händen des Toten gab es keinerlei Schmauchspuren. Doch die hätten da sein müssen, wenn der Mann die Waffe selber abgefeuert hätte.

Eine Identifizierung war bislang noch nicht möglich gewesen, denn bei der Leiche hatte man keine Papiere gefunden, kein Handy, keine Kreditkarten. Nichts, was eine Identifikation ermöglicht hätte. Fest stand nur, es handelte sich um einen jungen Mann mit blonden Haaren. Der Rechtsmediziner schätze ihn auf Mitte Zwanzig. Erst eine Rekonstruktion seines Gesichtes würde dazu führen, dass man mit seinem Bild an die Öffentlichkeit gehen konnte, denn die Kugel hatte eine Schädelseite fast weggesprengt.

Lediglich einige rechteckige Schnipsel aus alten Zeitschriften, sowie eine Rechnung des Hotels, vor dem sie nun beide standen, hatte man bei ihm gefunden.

Britta Craven hatte Koslowskis Ausführungen aufmerksam zugehört. Als er endete, stellte sie die für eine Rechtsanwältin typische Frage: „Woher wissen Sie das alles?"

Doch Koslowski lächelte sie nur an, zuckte bedauernd die Achseln und hütete sich preiszugeben, dass sein Freund Eugelink ihn davon in Kenntnis gesetzt hatte.

Britta Craven sah Koslowski prüfend an, dann entschied sie, dieses Thema ruhen zu lassen. „Was haben Sie jetzt genau vor?", wollte sie wissen.

Koslowski zog ein Farbfoto von Clarissa Langeland aus der Tasche.

Die Augen der Anwältin weiteten sich. „Woher haben Sie das denn?", fragte sie neugierig.

Koslowski erklärte ihr, dass er es vom Klavier in Langelands Haus genommen habe, an dem Abend, als die Lösegeldübergabe stattfinden sollte.

Einen Augenblick schweiften Koslowskis Gedanken zu dem Moment ab, als er das Foto holte, dann wandte er sich wieder der Frau zu. „Meine Überlegung ist folgende: Warum übernachtet ein junger Mann für eine Nacht in einem Hotel? Das ist doch eher ungewöhnlich, oder?"

Britta Craven dachte kurz nach. „Wer weiß, vielleicht hat er hier Bekannte besucht?"

Koslowski zuckte mit den Achseln. „Ja, oder er hat sich für ein Rendezvous eingemietet. Zugegeben, meine Idee ist sehr weit hergeholt, aber es könnte doch immerhin sein, dass er etwas mit Clarissa Langelands Verschwinden zu tun haben könnte. Eine verschwundene Frau und ein getöteter Mann in so kurzer Zeit?" Koslowski rieb sich das Kinn. „Egal, es kann auf keinen Fall schaden, im Hotel mal nachzuhaken."

„Hat die Kripo das denn noch nicht gemacht?", wollte die Anwältin wissen. Koslowski hätte sich fast verplappert, fing sich aber noch soeben.

„Mein Informant sagte mir, dass deren Ermittlungen nichts ergeben hätten."

Wenn er solche Informationen bekommt, hat er einen guten Bekannten bei der Polizei, vermutete Britta Craven. Nicht schlecht, das zu wissen.

Koslowski steuerte auf den Eingang des Hotels zu. Das Haus lag hinter einer Tankstelle und schien recht neu zu sein. Zumindest machte es einen solchen Eindruck. An der Rezeption war eine junge Frau damit beschäftigt, Briefbögen zu falten und in Kuverts zu stecken. Die beiden Besucher steuerten auf sie zu, und die junge Dame erhob sich. Aufmerksam musterte sie Koslowski und die Anwältin.

Bestimmt überlegt sie, ob wir verheiratet sind und das auch noch miteinander, vermutete Koslowski.

„Guten Tag, was kann ich für Sie tun?", fragte die Hotelangestellte höflich.

Koslowski stellte sich kurz vor und kam dann sofort zur Sache. Er zog das Bild von Clarissa Langeland aus der Jacke und legte es auf die Theke. „Haben Sie diese Frau schon mal gesehen?", wollte er wissen.

Die junge Frau zog das Bild zu sich heran. Aufmerksam betrachtete sie es, dann schüttelte sie den Kopf. Erst langsam, dann bestimmter. „Nein, diese Frau habe ich noch nie gesehen, zumindest kann ich mich nicht an sie erinnern."

Britta Craven trat nun ebenfalls an den Empfangstresen. „Sind Sie schon von der Kripo befragt worden?" wollte sie wissen.

Die junge Frau sah sie erstaunt an. „Wieso, sind Sie denn nicht von der Kripo?", wollte sie überrascht wissen. Erst jetzt war ihr bewusst geworden, dass man ihr gar keinen Ausweis gezeigt hatte.

Koslowski schüttelte lächelnd den Kopf. „Nein, wir interessieren uns nur aus privaten Gründen für die Dame." Dabei hob er das Bild hoch und hielt es der der jungen Frau noch einmal hin.

„Nein!" Sie schien absolut sicher zu sein. „Ich habe die Frau wirklich noch nie gesehen. Meine Kolleginnen sind tatsächlich schon von der Polizei befragt worden, aber die konnten denen auch nichts sagen. Wenn die Rezeption nicht besetzt ist, dann kann man auch ohne unser Wissen einchecken. Über eine Kreditkarte und eine Codenummer." Dabei deutete sie auf den Eincheckterminal am Eingang.

Koslowski bedankte sich und legte Britta Craven eine Hand auf den Arm. „Na ja, einen Versuch war es wert, oder?"

Die Anwältin nickte.

Zum Parkplatz zurückgekehrt, blieben sie zwischen den Wagen stehen. Britta Craven wollte gerade etwas sagen, als Koslowski sich aufrichtete und über ihre Schulter hinwegsah.

Die Anwältin schaute sich um. In einem der Beete am Hotel stand ein älterer Mann mit einer Schlägermütze und harkte Blätter aus der Anlage. Noch bevor sie etwas sagen konnte, ging Koslowski an ihr vorbei und steuerte auf den Mann zu. Britta Craven sah, wie Koslowski sich kurz mit ihm unterhielt und dann erneut das Bild aus der Jacke zog. Der Mann richtete sich auf, bog den Rücken durch und schob seine Mütze in den Nacken. Kopfschüttelnd sah er auf das Foto und schüttelte abwehrend den Kopf. Britta Craven sah, wie Koslowski in die Tasche griff und dem Gärtner einen Schein zu steckte. Der betrachtete das Bild mit schief gelegtem Kopf, dann nickte er plötzlich. Britta Craven lief es kalt über den Rücken. Kannte er Clarissa Langeland?

Ein paar Augenblicke später war Koslowski wieder bei ihr.

„Er konnte sich an sie erinnern. Zugegebenermaßen, nachdem ich seinem Gedächtnis mit etwas Geld auf die Sprünge geholfen habe. Sie kam mit einem teuren Wagen, und auf dem Beifahrersitz saß ein junger, blonder Mann. Er hielt die beiden zunächst für Mutter und Sohn, bis sie sich leidenschaftlich küssten. Das hat ihn dann doch überrascht."

Koslowski musste leise lachen. „Er sagte, wenn es noch eine Sekunde weitergegangen wäre, hätten sie sich vermutlich schon hier die Kleider vom Leib gerissen. Er war sich dann vollkommen sicher, dass es sich bei den beiden um ein altersmäßig ungleiches Liebespaar gehandelt hat."

Britta Craven sah Koslowski erstaunt an. „Und was bedeutet das?", fragte sie und sah ihm in die Augen.

„Auf jeden Fall Schwierigkeiten!", vermutete Koslowski.

Siebenunddreißig

Koslowski war wieder auf dem Rückweg nach Lippe. Britta Craven hatte noch mehrere berufliche Termine, aber beide wollten auf jeden Fall noch einmal miteinander telefonieren.

Unterwegs rief Koslowski Eugelink an und erzählte ihm, was er am Etap-Hotel herausgefunden hatte. Der tote junge Mann und die verschwundene Frau hatten sich hier getroffen. Für ein amouröses Abenteuer, wie es schien. Also hatte der junge Mann möglicherweise etwas mit dem Verschwinden von Clarissa Langeland zu tun.

Eugelink ließ ihn in aller Ruhe erzählen. Als Koslowski endete, hatte der Kripobeamte eine neue Information für ihn. „Der junge Mann hieß Henrik Sommer. Wir haben seine Fingerabdrücke in unserer Datei gefunden. Er ist mal bei einer Antifa-Demo mit Kollegen aneinandergeraten und wurde daraufhin erkennungsdienstlich behandelt. Zurzeit prüfen wir nach, wo er wohnte. Hier im Kreis ist er jedenfalls nicht gemeldet."

Koslowski hatte angehalten, um diese Nachricht zu verdauen. Was außer Sex verband Clarissa Langeland mit diesem jungen Mann? Und wer hatte ihn getötet? Ein Motiv wäre möglicherweise Eifersucht. Dafür käme am ehesten ihr Mann in Frage.

Eugelink fragte nach, ob Koslowski noch am Telefon sei, denn der hatte schweigend nachgedacht. Er riss sich zusammen und dankte Eugelink für die Informationen. Sein Freund versprach, die Bielefelder Kollegen sofort zum Hotel zu schicken, um den Gärtner zu befragen. Aus alter Gewohnheit als ehemaliger Polizeibeamter heraus hatte Koslowski den nach seinem Namen gefragt. Damit würden die Kollegen schon was anfangen können, vermutete Eugelink.

„Und wie erklärst du denen, woher diese Information stammt?"

„Ach, ich werde mir schon was einfallen lassen. Anonymer Hinweis oder so." Damit beendeten sie das Gespräch.

Koslowski stand immer noch an der Eisdiele in Helpup, wo er angehalten hatte. Er legte das Handy auf den Beifahrersitz und dachte nach.

Clarissa Langeland wurde entführt. Der oder die Entführer wollten Lösegeld. Clarissas Mann holte ihn zu Hilfe und bezahlte. Das Geld war weg, Clarissa blieb verschwunden.

Im Tresor von Langeland lag circa eine Million Euro. Im Garten war der Hund vergraben. Dann dieser tote junge Mann im Wald. Erschossen. Wie passte das alles zusammen? Koslowski saß mehrere Minuten, ganz in Gedanken versunken im Wagen, dann fasste er einen Entschluss. Es wurde Zeit, sich mit Langelands Partner Bockstegers zu unterhalten. Mal sehen, ob der was zu dem Fall beitragen konnte. Vor allem interessierte Koslowski die Frage, woher Langeland so viel Geld hatte.

Er startete den Motor, legte den Gang ein und fuhr zurück auf die B 66.

***

Das Sägewerk lag etwas abseits. Koslowski war nach Horn gefahren und hatte sich bis zum Sägewerk durchgefragt. Krameike hatte ihm telefonisch die Adresse durchgegeben, aber mit dessen Wegbeschreibung kam Koslowski nicht klar. Immer wieder nannte der alte Lipper Namen von längst geschlossenen Kneipen und Gehöften.

„Musste doch kennen!", forderte er jedes Mal, wenn Koslowski nachfragte. Man hätte seit mindestens hundert Jahren in Lippe leben müssen, um sich anhand von Krameikes Beschreibungen zurechtzufinden. Als Koslowski weitere Erläuterungen ablehnte, gab es noch eine typische Krameike-Äußerung mit auf den Weg. „Weißt du Koslowski, schon der alte Adenauer hat gesagt, dass wir zwar alle unter demselben

Himmel leben, aber nicht denselben Horizont haben." Koslowski hörte, wie der alte Maurerpolier anschließend lachend auflegte.

Egal, er hatte die Firma von Langeland und Bockstegers auch so gefunden. Es lag im Industriegebiet am Ende der Carl-Zeiss-Straße. Hier hatte man das große Sägewerk vor einigen Jahren aus dem Boden gestampft.

Koslowski war vom Hessenring links eingebogen, und kurze Zeit später sah er schon ein Hinweisschild zum Sägewerk. Er folgte der Straße und erreichte nach einiger Zeit die Einfahrt des Betriebes. Dort wurden soeben einige Lastwagen beladen. Gabelstapler flitzten eilig hin und her. Koslowski beschloss, seinen Wagen vor dem Betriebsgelände abzustellen und sich erst mal zu Fuß umzusehen. Keinesfalls wollte er mit Langeland zusammentreffen.

Er schlenderte über den Hof und ging zum zweistöckigen Bürogebäude hinüber. Dort stand ein großer Mercedes-Geländewagen mit Lipper Kennzeichen und den Zwischenbuchstaben HB, aber andere Fahrzeuge waren nicht zu sehen. Vor allem keine Mercedes-Limousine, wie Langeland sie fuhr.

Koslowski näherte sich dem Verwaltungsgebäude, als ein Mann herausgehumpelt kam und auf den Geländewagen zusteuerte. Das konnte nur Bocksteger sein, vermutete Koslowski und beschleunigte seinen Schritt. Die beiden Männer kamen gleichzeitig am Fahrzeug an. Koslowski stellte sich vor und fragte, ob er es tatsächlich mit Heinrich Bockstegers zu tun habe. Dieser bejahte und wandte sich ihm zu.

Koslowski schätzte Bockstegers auf Anfang bis Mitte fünfzig. Er war circa 1,85 Meter groß und hatte kurze, dunkle Haare. Sein Gesicht wurde von einer Raubvogelnase dominiert, auf der eine Brille mit einem schwarzen Gestell saß.

Er wirkte trotzdem recht jovial, hinterließ bei Koslowski aber auch den Eindruck, dass er sich in seinem Metier durchsetzen konnte. Bocksteger trug Kleidung im Landhausstil und stützte sich auf einen schweren, hölzernen Gehstock.

Koslowski fragte, ob er einen Moment Zeit für ihn habe. Es ginge um die Frau seines Kompagnons.

Bocksteger sah ihn erstaunt an. „Sind Sie von der Polizei?", erkundigte er sich spontan, dann hielt er inne und überlegte. „Nein, nein, Ihr Name kommt mir bekannt vor. Kann es sein, dass Christoph über Sie gesprochen hat?", wollte er von Koslowski wissen.

Dieser nickte bestätigend. „Dann aber sicher nichts Gutes."

Bocksteger sah ihn an und lächelte. „Ach, Christoph ist manchmal ungerecht. Aber wollen wir nicht reingehen und uns im Büro unterhalten, ich kann schlecht lange Zeit stehen." Dabei klopfte er mit der Hand an sein Bein. „Ein Reitunfall, wissen Sie?" Er deutete auf das Bürogebäude und humpelte los. „Ich bin vor einiger Zeit vom Pferd gefallen und habe mir dabei den Oberschenkel gebrochen. So richtig wollen die alten Knochen noch nicht wieder." Er tippte mit der Spitze des Gehstocks auf den Boden. „Ist zwar lästig, das Ding hier, aber es hilft doch ein wenig."

Sie hatten den Eingang erreicht, und Bocksteger steuerte auf ein Büro am Ende des Gangs zu. Sie passierten den Schreibtisch seiner Sekretärin, bei der Bocksteger Kaffee bestellte. Kurze Zeit später saßen die beiden Männer in Bockstegers Büro, dessen Einrichtung verriet, dass der Inhaber ein jagdlich interessierter Mann, wenn nicht sogar Jäger war.

Bocksteger bemerkte Koslowskis Blicke und schmunzelte. „Sie vermuten richtig, die Jagd ist meine Leidenschaft." Dabei deutete er stolz auf das Geweih eines kapitalen Rothirsches. Dann schob er Koslowski eine der hereingebrachten Kaffeetassen zu. „Aber Sie sind sicher nicht zu mir gekommen, um mit mir über die Jagd zu plaudern, sondern wegen Christoph Langeland, beziehungsweise wegen seiner Frau. Was kann ich also für Sie tun?"

Koslowski erklärte, dass Langeland sich an ihn gewandt hatte, um das Lösegeld zu überbringen, und wie diese Aktion dann kläglich gescheitert war. Dass Langeland ihn daraufhin rausgeworfen und sich an die Polizei gewandt hatte.

All das war Bockstegers bereits bekannt. Er bedauerte die Sache. Seinem Partner Langeland hatte er jede Hilfe zugesagt. Nach einer kurzen Pause sah er Koslowski eindringlich an. „Ich hoffe, ich kann auf Ihre Diskretion zählen, oder?" Ohne ein Antwort abzuwarten, sprach er weiter. „Es ist nämlich so, dass ich Christoph meine Zustimmung gegeben habe, das Geld von unserem Firmenkonto zu nehmen. In einem Notfall muss man doch helfen, oder?" Bockstegers sackte in seinem Sessel etwas zusammen. Was seinem Partner und dessen Frau geschehen war, schien ihn zu bedrücken.

„Tja", bestätigte Koslowski. „Und nun ist das Geld weg, und Frau Langeland immer noch nicht wieder da."

Bockstegers sah ihn mit traurigem Blick an. „Ach, das Geld ist doch nicht so wichtig. Wenn es nur dazu gedient hätte, dass Clarissa wieder freigelassen worden wäre." Er schlug mit der flachen Hand auf die Lehne des schweren Ledersessels. „Das Geld wird irgendwann schon wieder auftauchen, und auch wenn nicht, es ist doch bloß Papier. Was zählt es schon im Gegensatz zu einem Menschenleben?"

Koslowski musste an die Stapel von Geldscheinen im Tresor von Langeland denken. Hier stimmte etwas doch absolut nicht. Sein Geschäftspartner lieh ihm 500.000 Euro aus dem Firmenvermögen, und im Tresor lag die doppelte Menge? Koslowski hütete sich, das Thema anzusprechen.

Bockstegers griff nach seiner Kaffeetasse. „Wir werden das Geld schon irgendwie wieder hereinbekommen. Haben Sie denn inzwischen irgendetwas herausgefunden, was dazu beitragen könnte, Clarissa wiederzufinden?" Erwartungsvoll sah er Koslowski an.

Dieser hob bedauernd die Schultern.

„Wie schade!", bedauerte Bockstegers. „Jeder Hinweis wäre eine große Hilfe." Dann sah er zur Uhr. „Ich muss Sie jetzt leider rauswerfen", bedauerte er. „Ich habe noch einen wichtigen Termin. Geschäfte, wissen Sie?" Mühsam erhob er sich aus dem Sessel und griff nach seinem Stock. „Aber ich würde mich freuen, wenn Sie uns in dieser Sache doch noch weiterhelfen könnten. Ich betrachte die ganze Geschichte quasi als Firmenangelegenheit, denn die Entführer vermuten sicherlich, dass unser Sägewerk viel abwirft, dass Christoph ein reicher Mann ist."

Er begleitete Koslowski zur Tür. „Aber die Wirtschaftskrise ist auch an der Holzindustrie nicht spurlos vorbeigegangen. Aber was belästige ich Sie mit unseren Sorgen."

Koslowski ergriff die angebotene Hand. „Darf ich Ihnen noch eine letzte Frage stellen?"

„Aber sicher", nickte Bockstegers.

„Ich würde gerne wissen, ob Christoph Langeland ein Faible für Antiquitäten hat. Die Einrichtung seines Haus vermittelte mir diesen Eindruck."

Bockstegers lachte. „Ach ja, der ganze alte Krempel. Ja, mit so was beschäftigte er sich gerne. Aber ich glaube, ein echter Sammler ist er nicht."

„Und wie sieht es bei Ihnen damit aus?"

„Meine Leidenschaft haben Sie ja schon kennen gelernt. Sie heißt Wald und Jagd. Oder besser Holz und Wild." Er deutete auf die Trophäen an der Wand. „Ich hoffe, ich konnte Ihnen weiterhelfen."

„Voll und ganz. Vielen Dank für das Gespräch, Herr Bockstegers. Wenn ich etwas herausfinden sollte, melde ich mich sofort. Ich denke, es wird besser sein, Sie anzurufen, als Herrn Langeland."

Damit verabschiedeten sie sich, und Koslowski verließ das Firmengelände. Viel hatte er nicht erfahren, aber die Aussage, dass das Geld vom Firmenkonto stammte, war ein weiteres Mosaiksteinchen. Immer mehr verstärkte sich sein Gefühl, dass die Sache gewaltig stank. Und der Verursacher dieses Gestanks hieß seiner Meinung nach immer eindeutiger Christoph Langeland.

Achtunddreißig

Als Koslowski wieder auf dem Heimweg war, klingelte erneut sein Handy. Auf der Fromhauser Straße hielt er an.

Man hatte die Leiche von Clarissa Langeland gefunden. Eugelink telefonierte von seinem Handy anscheinend irgendwo von draußen, denn es waren deutliche Windgeräusche zu hören.

Zunächst hatte man ermitteln können, dass Henrik Sommer in Berlin gemeldet war. Aber laut Angaben seiner Vermieterin besaß er zusätzlich noch eine Studentenbude in Detmold.

Dort entdeckte man Clarissa Langeland erschossen auf dem Bett, außerdem Zeitungs- und Zeitschriftenreste. Dieselben wie auch in der Kleidung von Sommers Leiche. Diese Schnipsel verdichteten den Verdacht, dass Sommer zumindest die Erpressererbriefe angefertigt hatte, wenn er nicht sogar selber der Entführer von Clarissa Langeland war.

Eugelink war gar nicht wohl dabei, diese dienstlichen Informationen an Koslowski weiterzugeben, doch er wusste sie bei seinem Freund in sicheren Händen.

Außerdem war Koslowski ein guter Spürhund, das hatte er in diversen Situationen bewiesen. Als ehemaliger Polizist stand er immer noch auf der Seite des Gesetzes. Auch wenn seine Methoden manchmal etwas unorthodox wirkten.

Und noch etwas würde Eugelink nie vergessen. Koslowski hatte ihm das Leben gerettet und steckte selber momentan in einer Krise. Welche Auswirkungen könnte es haben, wenn er sich nun auch noch die Verantwortung für den Tod von Clarissa Langeland aufbürdete? So hatte er wenigstens die Chance, selbst etwas zur Aufklärung des Falles beizutragen.

Koslowski musste schlucken. Er hatte schon vermutet, dass Clarissa Langeland nicht mehr am Leben war. Aber warum sollte Henrik Sommer die Frau erschießen, mit der er ein leidenschaftliches Verhältnis hatte? Und warum wurde er dann getötet?

Aber was war mit der Entführung? Wieso lag eine Million Euro in Langelands Tresor? Er hatte doch die Tasche mit dem Geld abgeliefert.

Koslowski stieg aus und folgte der Straße in Richtung Fromhausen. Er musste nachdenken. Irgendetwas störte ihn gewaltig.

Was war es nur? Geldtasche? Bilderrahmen? Zeitungsschnipsel?

All diese Begriffe schossen ihm wahllos durch den Kopf. Plötzlich blieb er abrupt stehen.

Wie durch einen sich lichtenden Nebel sah er noch einmal die Situation im Hause Langeland vor sich, als er dort die Sporttasche mit dem Geld abholte. Was, wenn in der Tasche gar kein Geld gewesen wäre? Nein, das konnte nicht sein, er hatte doch selbst hineingesehen. Ja, da war er sich sicher.

Die Tasche hatte er anschließend die ganze Zeit im Blick gehabt. Wirklich die ganze Zeit?

Er erinnerte sich daran, dass er den Raum nur kurz verlassen hatte, um das Bild von Clarissa Langeland aus dem Nachbarraum zu holen. Sollte während dieser paar Minuten die Tasche vertauscht worden sein? Außerdem musste er jetzt plötzlich an die rechteckig zugeschnittenen Papierschnipsel denken, die man in der Bekleidung von Sommers Leiche gefunden hatte denken. Papier als Geldersatz?

Koslowski presste sich die Faust an den Mund und biss sich auf die Finger.

Wenn er ohne Geld losgeschickt worden war, dann war das eine ausgeklügelte Sache von Christoph Langeland gewesen, und das Geld hatte das Haus nie verlassen.

Er nahm seine Wanderung am Straßenrand wieder auf.

Wie kam dann Henrik Sommer ins Spiel? Und welche Rolle spielte die Entführte?

Wenn das Ganze nur ein Fake gewesen war, eine vorgetäuschte Entführung, wer würde dann davon profitieren? Auf jeden Fall doch Christoph Langeland. Zumindest war er so in den Besitz von zusätzlichen 500.000 Euro gekommen, die ja angeblich an die Entführer gegangen waren. Damit hätte er seinen Geschäftspartner ausgetrickst.

An einer vorgetäuschten Entführung hätte die Ehefrau beteiligt sein müssen. Die aber hatte ein Verhältnis mit Sommer gehabt.

Hatte Sommer sich an der Frau bereichern wollen? War er nur auf die Kohle aus gewesen?

Aber warum war er dann tot? Anscheinend hatte er das Geld nie gesehen, sondern nur einen Haufen Altpapier. Zumindest wenn Koslowskis Theorie mit den vertauschten Taschen stimmte.

Mal angenommen, Herr und Frau Langeland hätten die ganze Sache ausgeheckt, sie hätten Sommer nur benutzt um die Entführung vorzutäuschen, und Langeland hätte ihn dann getötet?

Sommer kam ihm plötzlich vor wie ein Sündenbock, den man vorgeschoben hatte, um die Drecksarbeit zu machen. Genau solch ein Idiot wie er selbst, dachte Koslowski. Ja, das alles ergab einen Sinn. Blieb bloß noch zu klären, warum auch Clarissa Langeland hatte sterben müssen.

Koslowski war sich sicher, dass sowohl sie als auch Henrik Sommer mit derselben Waffe erschossen worden waren. Auch wenn er die Ergebnisse der ballistischen Untersuchung noch nicht kannte.

Genauso sicher war er jetzt, dass Christoph Langeland die beiden auf dem Gewissen hatte. Nicht selten war die Gier so groß geworden, dass plötzlich alle Abmachungen unter Komplizen passé waren.

Koslowski ging die Kette seiner Überlegungen erneut durch. Ja, genau so hatte es Sinn.

Jetzt galt es, Langeland zu erwischen. Er spurtete zu seinem Wagen zurück und angelte sich das Handy vom Beifahrersitz. Er erklärte Walfried Eugelink seine Theorie, und der sagte zu, die Sache bei den Kollegen der Mordkommission zur Sprache zu bringen.

Abschließend gab er Koslowski noch einen Tipp mit auf den Weg. „Bitte, lass da ab jetzt die Finger davon. Der Typ ist sicher nicht ungefährlich. Du hast schon genug Ärger am Hacken."

Koslowski versprach, sich rauszuhalten, außerdem hatte er auch keine Idee, wo er nach Langeland suchen sollte. Der war garantiert schon ausgeflogen und mit der Kohle über alle Berge.

Neununddreißig

Koslowski schloss gerade seine Wohnungstür auf, als Bernhard Mücks ihm entgegenkam. Das Mobilteil des Telefons noch in der Hand. Der Professor lächelte ihn unsicher an. „Ich habe gerade einen Anruf meiner Universität bekommen. Dort hat sich der Auftraggeber für meine Expertise gemeldet und eine Mobilfunknummer hinterlassen. Es geht um die Begutachtung eines angeblich bedeutenden Stücks aus der Römerzeit. Ich soll mich bei ihm melden und dann will er mich treffen. Leider geht er zurzeit nicht ans Telefon." Mücks hob bedauernd die Schultern.

Koslowski sah ihn erstaunt an. „Sie wollen sich wirklich mit dem Mann treffen?" Er musste an den ermordeten Baumschulte denken. Auch der hatte Mücks wegen einer besonderen Antiquität konsultieren wollen. Was, wenn diese Antiquität jetzt im Besitz des Mörders war und Mücks sich mit ihm treffen sollte? Koslowski verspürte ein ungutes Gefühl.

„Warum ist es für diesen Mann so wichtig, dass sie diese Antiquität in Augenschein nehmen?", wollte er von Mücks wissen.

Der Professor setzte sich auf einen Stuhl und fuhr fahrig mit der Hand durch die Haare. „Weil er dann fast hundertprozentig sicher sein kann, dass sie echt ist."

Koslowski blickte auf Mücks hinunter. „Aber dazu müssten dann doch noch viele kostspielige Untersuchungen stattfinden, oder?"

Mücks legte das Telefon auf den Tisch. „Gewiss, gewiss! Aber eine erste Untersuchung und Bestätigung durch einen Spezialisten, und als solchen darf ich mich trotz aller Bescheidenheit bezeichnen, würde solche weiteren Untersuchungen rechtfertigen und vor allem eines zur Folge haben."

Koslowski war neugierig geworden. „Und was wäre das?"

„Sie würde den Preis für das Stück in astronomische Höhen schnellen lassen. Vorausgesetzt, dass es sich tatsächlich als ein gut erhaltenes Stück mit einem Alter von circa zweitausend Jahren erweist."

„Wie kommen Sie darauf, dass es so alt sein könnte?"

Mücks lächelte Koslowski an. „Weil der Anrufer behauptet, es stamme aus der Zeit der Varusschlacht."

Nun musste auch Koslowski sich erst mal hinsetzen. „Donnerwetter, was wäre denn so ein Stück wert, mal angenommen, es wäre echt?"

Mücks legte den Kopf schief und überlegte. „Wenn es ein gut erhaltenes Stück wäre, könnte es sicherlich so um eine bis anderthalb Millionen Euro bringen. Auf dem schwarzen Markt, versteht sich."

Koslowski war klar, dass ein gieriger Sammler sicher bereit wäre, dafür einen Menschen zu töten. Vermutlich ging es hier um dieselbe Antiquität, für die auch Baumschulte hatte sterben müssen. Mehr als unwahrscheinlich, dass plötzlich ein weiteres wertvolles Stück aufgetaucht ein sollte. Sofort musste er an Christoph Langeland und seinen Antiquitätenspleen denken.

Nein! Die ganze Angelegenheit wurde zu gefährlich. Das war eindeutig ein Fall für die Polizei. Koslowski teilte Mücks seine Überlegungen mit.

Dieser dachte angestrengt nach. Dann nickte er. „Sie haben recht, das ist nichts für alte Männer."

Koslowski reichte ihm das Telefon. „Ich denke, Sie sollten sofort die Polizei informieren, damit sie die Sache untersuchen kann."

Mücks nahm den Hörer entgegen, auf dem Koslowski bereits die Nummer der Kreispolizeibehörde gewählt hatte. Dann wartete er auf das Freizeichen.

***

„Sie müssen nichts anderes machen, als diesen Schalter hier umzulegen!", erklärte der Kriminaltechniker Bernhard Mücks die Funktionsweise des Miniatursenders.

Dieser schaute befremdet auf die zahlreichen Kabel und Stecker. Bereits jetzt bereute er, dass er Koslowskis Aufforderung gefolgt war und die Polizei informiert hatte. Aber sein Verantwortungsgefühl gegenüber der Geschichte und ihren Zeugen in Form von Antiquitäten hatten dann doch überwogen.

Weiterhin bereute er, dass er zugestimmt hatte, den Lockvogel zu spielen. Er sollte den Kontakt zu dem Anrufer herstellen, ein Treffen mit ihm vereinbaren, und die Polizei würde den Mann dabei festnehmen. Alles ganz simpel, hatte man ihm erklärt. Doch Mücks fand die ganze Sache alles andere als einfach.

Nun saß er also hier in Koslowski Wohnung und ließ sich verkabeln.

Gestern Abend hatte er den Mann erreicht, von dem alle wissen wollten, wer er war.

Mücks hatte ihn nach seinem Namen gefragt und den Namen Sommerfeld zur Antwort erhalten. Alle Beteiligten waren sich einig gewesen, dass dieser Name falsch sein musste. Eine Rückverfolgung des Anrufs hatte nicht geklappt, und so musste man auf Plan B zurückgreifen und Mücks ins Rennen schicken. Er sollte sich zum Detmolder Bahnhof begeben. Dort wollte ihn der Anrufer abholen.

Die Kriminalbeamten winkten lässig ab. Spätestens dort würde man zugreifen und die Sache beenden. Mücks musste nur darauf achten, dass er nicht in den Wagen des Mannes stieg. Alles kein Problem.

Koslowski hatte vormittags noch mit Britta Craven telefoniert und sie darüber in Kenntnis gesetzt, dass Christoph Langeland mittlerweile wegen des Verdachts auf zweifachen

Mord von der Polizei gesucht wurde. Auch von seiner Vermutung, dass Langeland möglicherweise Baumschulte wegen der Antiquität getötet haben könnte, hatte er berichtet.

Sie hatte aufmerksam zugehört und sich dann bei Koslowski bedankt. Momentan war sie dabei, die Papiere ihrer Mandantin zu sichten und sich um das Erbe zu kümmern. Sollte Clarissas Ehemann tatsächlich des Mordes überführt werden, würde der keinen roten Heller erben. Sie lud Koslowski als Dank für seine Mithilfe zum Essen ein und meinte, dass er das Lokal aussuchen solle.

Koslowski sagte zu und schlug Die Windmühle im Örtchen Fissenknick nahe Bad Meinberg vor. Wenn die Sache mit Mücks über die Bühne gegangen war, würde er sich bei ihr melden.

Irgendwie war es ein seltsames Gefühl, nach Lisas Tod mit einer anderen Frau essen zu gehen. Aber wie hatte Krameike gesagt? „Lass die Lebenden ihr Leben leben!" Und seltsamerweise war sich Koslowski plötzlich ziemlich sicher, dass es nicht in Lisas Sinne gewesen wäre, wenn er sein Leben wegwarf. Vermutlich hätte sie ihn sogar überredet, die Einladung anzunehmen. Tatsächlich freute er sich sogar auf das Essen mit der durchaus attraktiven Anwältin.

Die Aufbruchstimmung in seiner Wohnung holte ihn aus seinen Gedanken zurück.

Mücks stand da wie ein armer Sünder, und Koslowski hatte den Eindruck, die Kabel des Funkgerätes schnürten dem Professor die Luft ab.

Der obdachlose Akademiker fühlte sich sichtlich unwohl. Die beiden Kriminalbeamten rieten zum Aufbruch. Sie waren getarnt als Mitarbeiter der Stadtwerke in Koslowskis Wohnung gekommen.

Koslowski sollte Mücks bis zur Paulinenstraße bringen. Den Rest der Strecke bis zum Bahnhof sollte er zu Fuß zurücklegen. Die gesamte Zeit über würden sich mehrere

Teams eines Mobilen Einsatzkommandos in ihrer Nähe aufhalten und sie observieren. Sie wären also keine Sekunde unbeobachtet.

Koslowski fuhr den Professor in Richtung Innenstadt und ertappte sich dabei, öfter als sonst in den Rückspiegel zu blicken. Er konnte aber kein Fahrzeug ausmachen, das ihnen folgte. Anscheinend wurde die Observation wirklich unauffällig und professionell durchgeführt.

An der Paulinenstraße schüttelte er Mücks aufmunternd die Hand. „Ich finde es überaus mutig, dass Sie mitmachen. Es könnte sein, dass dadurch ein Mörder zur Strecke gebracht wird. Ich drücke Ihnen die Daumen."

Mücks sah Koslowski mit einem zweifelnden Blick an. „Ich glaube, mein Mut verlässt mich gerade." Doch dann öffnete er die Beifahrertür und stand auf der Paulinenstraße. Wehmütig blickte er zum Kaiser-Wilhelm-Platz hinüber. Als er sich neulich nachts dort schlafen gelegt hatte, war die Welt für ihn noch in Ordnung gewesen.

Ohne sich noch einmal umzusehen, ging er die Paulinenstraße in Richtung Bahnhof hinunter. Einen besonders entschlossenen Eindruck vermittelte er nicht gerade.

Koslowski wendete und hoffte inständig, dass die Observationskräfte am Ball blieben.

***

Bernhard Mücks erreichte den Bahnhofsvorplatz und sah zu der großen Uhr hinauf. Um 11.00 Uhr sollte er hier sein. Nun war es fünf vor.

So unauffällig wie möglich sah er sich um. In der Manteltasche konnte er den Schalter des Funkgerätes fühlen. Aber wo waren die Polizisten?

Nirgends konnte er jemanden erkennen, der als Polizist durchgegangen wäre. Vielleicht der Straßenfeger mit seiner Karre dort? Die Frau mit dem Kinderwagen? Oder saß sogar einer als Taxifahrer getarnt in einem der Wagen? Mücks trat von einem Bein aufs andere.

Noch vier Minuten. Wie wollten die Polizisten es schaffen, den Mann festzunehmen, wenn der nicht aus dem Wagen ausstieg? Mücks sah bereits jetzt schwarz für den Ausgang der Aktion. Am liebsten hätte er sich die Verkabelung abgerissen und das Weite gesucht, aber dafür war es nun zu spät.

Noch drei Minuten. Quälend langsam rückten die Zeiger der großen Uhr vor.

Um was für eine Antiquität es sich wohl handelte? In letzter Zeit hatte er des Öfteren von einem sagenhaften Fund aus der Römerzeit gehört, aber was es genau war, darüber wusste niemand Bescheid. Angeblich ein Helm oder der Teil einer Rüstung, munkelte man in Fachkreisen. Der Archäologe in ihm war interessiert, um was es sich handelte. Warum tat der Mann, den er gleich treffen sollte, so geheimnisvoll? Das konnte doch nur bedeuten, dass er illegal in den Besitz eines solchen Stückes gekommen war.

Noch zwei Minuten. Vergeblich sah Bernhard Mücks sich erneut um.

Noch eineinhalb Minuten. Mücks spürte, wie ihm der Schweiß ausbrach und langsam den Rücken hinunterlief. Hoffentlich lösen sich dadurch die Klebestreifen nicht, betete er inbrünstig. Aus den Augenwinkeln bemerkte er plötzlich eine Bewegung. Ein Mann kam auf ihn zu. Mücks schluckte. War er das?

„Können Sie mir sagen, wie ich zum Amtsgericht komme?", fragte er Mücks, der einen Moment lang kein Wort über die Lippen brachte. Da er seine Sprache nicht so schnell wiederfand, deutete er einfach in die Richtung und der junge Mann entfernte sich wieder. Mücks atmete auf.

Eine Minute noch. Mücks hätte schreien können, so stark nahm ihn die Anspannung mit.

Dreißig Sekunden. Aus der Reihe der Taxen löste sich ein Wagen, fuhr langsam an und hielt direkt neben Bernhard Mücks. Der Fahrer ließ die Scheibe herunter und beugte sich über den Beifahrersitz. „Sind Sie Herr Mücks?", wollte er wissen.

Der Professor für Archäologie nickte.

„Na, dann steigen Sie mal ein. Ich soll Sie ein Stück fahren."

Mücks überlegte. Was sollte er machen, einsteigen? Im selben Moment fiel ihm ein, dass er ja den Sender noch einschalten musste und betätigte den Schalter.

***

Der Einsatzleiter des Mobilen Einsatzkommandos stand vor einer schweren Entscheidung. Mit einem Taxi hatte niemand gerechnet. Aber endlich hatte die Zielperson, wie Mücks bezeichnet wurde, den Sender aktiviert. Nun konnte man mithören, denn dafür sorgte das Miniaturmikrofon in Mücks' Manteltasche.

„Wohin sollen Sie mich denn bringen?", hörten sie ihn fragen.

Auch die Antwort des Taxifahrers klang deutlich aus dem Lautsprecher.

„Nur eine kleine Rundfahrt durch Detmold. Ich soll Sie dann irgendwo absetzen. Wo das ist, das kriege ich noch gesagt. Also, was ist nun?"

Mücks stand da wie ein begossener Pudel. So war das aber nicht gedacht gewesen. Was also tun? Zögernd streckte er die Hand zum Türgriff aus. Wenn er jetzt nicht mitfuhr, war die Sache geplatzt.

Mücks griff zu und öffnete die Tür. Dabei schickte er ein Stoßgebet zum Himmel: Lieber Gott, mach, dass die Polizisten das alles mitbekommen und an uns dranbleiben! Dann setzte er sich in den Wagen und schloss die Tür.

„Na bitte, geht doch! Zurücklehnen und entspannen", riet ihm der Taxifahrer. „Genießen Sie unsere kleine Spritztour." Dann fuhr er über den Vorplatz in Richtung Hermannstraße.

Ohne dass die beiden Insassen des Taxis es bemerkten, wurde deren Verfolgung aufgenommen. Der Einsatzleiter war froh, dass Mücks ihm die Entscheidung abgenommen hatte. Die Halterfeststellung für das Taxi lief bereits. Aber sicher war, dass der Taxifahrer nur Mittel zum Zweck war.

Eines seiner Teams hatte er bereits zur Taxizentrale in Marsch gesetzt, um dort zu ermitteln. Der Taxifahrer würde seine Anweisungen über Handy oder über Funk bekommen, und im zweiten Fall wollte man an Ort und Stelle sein und mithören.

Das Taxi fuhr kreuz und quer durch Detmold, blieb aber die ganze Zeit im Innenstadtbereich.

Mücks saß wie ein armer Sünder auf dem Beifahrersitz und lauschte notgedrungen der wenig professionellen Stadtführung des Taxifahrers. Doch als der auch noch anfing, ihm die Baustile der alten Gebäude zu erläutern und ihm das lippische Landestheater als typisches Bauwerk des Rokoko verkaufen wollte, schaltete Mücks vollkommen ab. Deshalb schreckte er auch umso mehr hoch, als sich die Zentrale über das Funkgerät meldete.

„Die Fahrt ist zu Ende. Setz deinen Fahrgast irgendwo ab." Der Fahrer bremste ab und blickte enttäuscht zu seinem Fahrgast hinüber. „Den Rest der Hundert Euro kannst du behalten, hat der Auftraggeber gesagt."

Das Taxi hielt an der Fußgängerfurt am Rosenthal an, und der Fahrer reichte Mücks zum Abschied die Hand. „Ich hoffe, Sie haben unsere kleine Spazierfahrt genossen. Einen schönen Tag noch," meinte er freundlich.

Mücks war vollkommen perplex, öffnete dann aber die Tür und stieg aus. Der Taxifahrer winkte noch kurz und fuhr dann mit einem Gewinn von fast achtzig Euro wieder los. Für ihn war es kein schlechtes Geschäft gewesen.

Bernhard Mücks fand sich an der Kreuzung Lange Straße/ Rosenthal wie bestellt und nicht abgeholt wieder. Regungslos blieb er mehrere Minuten stehen. Aber nichts geschah.

Unsicher schlenderte er das Rosenthal in Richtung Landestheater hinunter. Dort angekommen drehte er sich um und ging wieder zurück.

Er hatte diese Wanderung bereits dreimal absolviert, als plötzlich eine Frau mit einem Kinderwagen an seine Seite kam.

„Gehen Sie zurück zum Bahnhof, der Einsatz ist abgebrochen. Meine Kollegen holen Sie dort ab."

Bernhard Mücks starrte die Frau ungläubig an. Die hatte er doch schon vorhin am Bahnhof bemerkt, also doch eine Polizistin und dann erkannte er auch, dass es sich bei dem Baby im Kinderwagen um eine Puppe handelte. Ohne weitere Erklärungen bog sie ab und überquerte die Straße.

Zu Fuß machte sich Mücks auf den Rückweg zum Bahnhof. Gott sei Dank war diese Geschichte zu Ende. So was war wirklich nichts für seine schwachen Nerven.

Vierzig

In einem lippischen Waldstück – Ende September 1958

Der Wagen stand auf einem Waldweg, und der Fahrer lehnte am Kofferraum seines 190er Mercedes. Gerd Kampmann warf die Zigarettenkippe weg und trat sie gründlich aus. Der Wald war pulvertrocken, ein Funke und die ganze Chose hier würde in Flammen aufgehen.

Kampmann war sauer. Zu diesem Treffen kam er nur äußerst ungern. Garantiert bedeutete es Ärger. Womöglich wurde nun alles wieder aufgewühlt. Dabei hatte er unendliche Mühe aufgewandt, um seine Vergangenheit zu vertuschen. Bisher hatte alles planmäßig funktioniert, und nun das hier.

Gerd Kampmann, der eigentlich Karl-Hermann Hartwig hieß, war im Krieg Offizier und Heinrich immer sein großes Vorbild gewesen. Heinrich Himmler, Reichsführer SS. Diesem hatte immer seine Treue gegolten. Als er erfuhr, dass er am 23. Mai 1945 in Lüneburg Selbstmord begangen haben sollte, brach für Hartwig eine Welt zusammen.

Hartwig, ein Sohn Bielefelds, hatte kurz vor Kriegsende gemeinsam mit anderen Offizieren vor den anrückenden Amerikanern flüchten müssen. Anfang April waren sie in der Senne auf dem Jagdschloss Lopshorn angekommen.

Um die anrückenden feindlichen Truppen doch noch aufzuhalten, sollte auf der Straße Lopshorn-Detmold eine Verteidigung organisiert werden. Dazu waren SS-Verbände aus Richtung Augustdorf in Marsch gesetzt worden. Hartwig hatte das Jagdschloss wegen einer äußerst wichtigen persönlichen Angelegenheit bereits vorher verlassen. Leider war er dabei von seinem Offizierskollegen Schöneberg beobachtet und überrascht worden.

Dieser Schöneberg hatte ihn nun, dreizehn Jahre nach Kriegsende, wieder aufgespürt. Hartwig alias Kampmann hatte sich lange Jahre in Sicherheit gewähnt.

Er war nicht nach Südamerika geflohen wie viele andere, sondern hatte hier still und unauffällig in Lippe weitergelebt. Seine Uniform hatte er am letzten Kriegstag verbrannt und sich schon vorher falsche Papiere auf den Namen Kampmann besorgt.

Woher, zum Schinder, wusste also dieser Schöneberg, wie er heute hieß?

Mittlerweile hatte er sich in einer Möbelfabrik bis zum Prokuristen hochgearbeitet und genug Geld auf der hohen Kante. In ein oder zwei Jahren, so plante er, würde er noch seinen größten Schatz zu Geld machen und sich dann ins Ausland absetzen. Dabei schwebte ihm ein kleines Chalet in der Schweiz vor. Seine Frau hatte dort Verwandte, sodass ein Neuanfang nicht schwer würde. Hier aus dem Lippischen würde man sich mit dem Hinweis auf die angegriffene Gesundheit seiner Frau verabschieden.

Und nun plötzlich dieser Anruf von Schöneberg, der ihn sogar noch mit seinem richtigen Namen anredete. Kampmann war fest davon überzeugt gewesen, alle alten Kameraden nach Kriegsende abgeschüttelt zu haben. Irrtum!

Ein Wagen kam den Waldweg heraufgerumpelt. Kampmann erkannte einen Opel Rekord P1. Er drückte sich vom Wagen ab und ging dem Opel entgegen.

Zwanzig Meter vor Kampmann hielt der Rekord an, und ein dicker, rotgesichtiger Mann mit dünnen, strähnigen Haaren stieg schwerfällig und schnaubend aus. Grinsend kam er auf Kampmann zu, blieb vor ihm stehen und riss den rechten Arm zum deutschen Gruß hoch. „Heil Hitler, Untersturmführer!"

„Sind sie völlig übergeschnappt, Schöneberg?", fauchte Kampmann ihn an.

Der Angesprochene riss erschrocken die Augen auf. Das Grinsen gefror ihm im Gesicht. „Ich dachte ..."

Kampmann blickte sich sicherheitshalber noch einmal nach möglichen Zeugen um. Das hatte er vor dreizehn Jahren unweit von hier schon einmal getan. „Was wollen Sie, Schöneberg?", fuhr er den Dicken an.

Der steckte zwei Finger zwischen seinen fetten Hals und den Hemdkragen. „Mussten wir uns ausgerechnet hier mitten im Wald treffen?", jammerte er wehleidig. „Hier ist es ja noch schwüler als in der Stadt."

Kampmann wischte diese Bemerkung mit einer Handbewegung zur Seite. „Also los, sagen Sie schon, was Sie wollen?" Schöneberg druckste herum.

„Haben Sie gehört, dass Eisenhower die Annahme der Fern-Ost-Note Chruschtschows verweigert hat?"

Kampmann platze so langsam der Kragen. „Sie werden mir doch wohl nicht erzählen wollen, dass Sie mich treffen wollten um über Politik zu reden, oder?" Demonstrativ sah er auf seine goldene Armbanduhr. „Mann, kommen Sie endlich zur Sache, ich habe meine Zeit nicht gestohlen."

Schöneberg trat von einem Bein auf das andere. „Tja, es geht darum, dass ich einen Nachtklub betreibe, und der läuft gerade nicht besonders. Außerdem noch ein paar Spielschulden und ich dachte ..."

„Sie dachten, dass ich Ihnen Geld leihen würde", vervollständigte Kampmann mit süßlicher Stimme den Satz.

Schöneberg schnaufte erleichtert. „Genau."

Kampmann zündete sich eine neue Zigarette an. „Und woher nehmen Sie die Hoffnung, dass ich so etwas machen würde?"

Schöneberg zog ein Taschentuch aus der Hose und wischte sich den Schweiß von der Stirn. „Na, ich dachte wegen der alten Zeiten und von wegen alter Kameradschaft und so."

Kampmann lachte spöttisch auf und verschluckte sich dabei fast am Rauch seiner Zigarette. „Alte Kameradschaft? Schöneberg, der Krieg ist seit dreizehn Jahren vorbei."

Kopfschüttelnd betrachtete er den Dicken. „Kameradschaft und alte Zeiten? Davon will heute keiner mehr was wissen. Wenn Sie Geld brauchen, dann wenden Sie sich an die Sparkasse."

Schöneberg war mit der Antwort nicht zufrieden. „Aber ich brauche das Geld dringend. Da sind ein paar Leute, die mir gewaltig im Nacken sitzen. Sie müssen mir helfen! Unbedingt!"

Kampmann betrachtet interessiert die Glut seiner Zigarette. „Ich muss gar nichts, Schöneberg! Lassen Sie mich in Ruhe!"

Schönebergs Aussicht auf einen günstigen Sofortkredit brach zusammen wie ein Kartenhaus. Das hatte er sich ganz anders vorgestellt. Aber wenn der Herr Unterstumführer es so haben wollte? Er konnte auch andere Saiten aufziehen. „Was wäre denn, wenn man in Ihrer Firma erfahren würde, dass der feine Herr Prokurist im Krieg nicht bei der Wehrmacht, sondern in Wirklichkeit bei der SS gedient hat?"

Kampmanns Augen verengten sich zu schmalen Schlitzen. Wütend warf er die Kippe auf den Boden und trat sie aus.

„Das wagen Sie sich nicht, Schöneberg, denn dann wären sie selbst mit dran, Herr Nachtklubbesitzer!" Die letzten Worte zischte Kampmann förmlich.

Schöneberg überlegte kurz. Dann spielte er seinen letzten Trumpf aus. Damit würde er Kampmann endgültig auf die Knie zwingen. „Und was wäre, wenn ich der Polizei mal einen Tipp geben würde, wer im April 1945 diesen Jungen erschlagen hat? Erschlagen, um ihm dann das Schwert abzunehmen?"

Kampmanns Gesicht verlor alle Farbe.

Der Dicke fuhr ungerührt fort. „Ein sicher äußerst wertvolles Schwert, das der werte Untersturmführer vermutlich längst zu Geld gemacht hat, oder?" Dabei deutete er auf Kampmanns Mercedes. „Oder sollten die Geschäfte in der Möbelbranche so gut laufen, dass Sie das Schwert immer noch haben?"

Kampmann hatte die rechte Hand in die Hosentasche gesteckt und funkelte Schöneberg böse an. „Sie verdammtes Schwein, was soll das hier werden? Eine Erpressung?" Seine Worte kamen wie Pfeile.

Schöneberg wich einen Schritt zurück. Der Schweiß lief ihm jetzt in Strömen von der Stirn. Nervös fasste er sich an die Narbe auf seiner Wange.

Kampmann setzte sofort nach. „Sie wollen mich des Mordes beschuldigen? Sie? Sie waren doch dabei. Käme es so weit, dass ich angeklagt würde, dann würde ich Sie mit reinziehen. Aber so weit wird es nicht kommen." Kampmann zog die Hand wieder aus der Tasche. In seiner rechten Hand hielt er seine Ordonnanz-Waffe aus dem Krieg. Im Gegensatz zu seiner Uniform hatte er sich von ihr niemals getrennt. Mit teuflischem Grinsen richtete er die Luger auf sein Gegenüber. „Mein lieber Schöneberg, oder wenn Sie es so gerne hören, Herr Kamerad! Ich werde Ihnen jetzt ein Geheimnis verraten. Ich habe das Schwert, das der dumme Junge damals im Schloss gefunden hat, immer noch, und ich werde es benutzen, um Deutschland zu verlassen. Und niemand, vor allem nicht Sie armseliges, fettes Würstchen, wird mich daran hindern."

Schöneberg wurde leichenblass. Aber mehr als ein gestottertes „Nein!" brachte er nicht mehr heraus, als ihn die erste Kugel in die Brust traf. Die Wucht des Aufpralls riss ihn herum und Sekunden später lag er mit dem Gesicht im Moos.

Kampmann trat einen Schritt heran und schoss ihm ins Genick. Alte Schule. Sicher ist sicher.

Dann steckte er die Waffe wieder ein und sah sich um. Das war ganz gut gelaufen. Kampmann steckte sich eine weitere Zigarette an und sah auf Schönebergs Leiche. Für das Schwert hatte er nun bereits zweimal getötet – und er würde es wieder tun.

Und dieser Mord hier würde niemals aufgeklärt werden, denn auf ein römisches Schwert als Mordmotiv würde die Polizei nie kommen.

Einundvierzig

„Und es war so, dass der Mann dann die Taxizentrale angerufen hat und gesagt hat, dass ich aussteigen soll. Und er hat mit einer unterdrückten Rufnummer angerufen, und so hat man den Anruf zunächst nicht ermitteln können."

Mücks sah in die Runde. Koslowski und Britta Craven saßen mit ihm am Tisch in Krameikes Haus. Auch der alte Lipper hatte Mücks' Ausführungen genau zugehört.

„Und die vermuten nun, dass er sich nur vergewissern wollte, ob ich beschattet werde. Als er es bemerkte, hat er die Sache abgeblasen." Mücks sah auf seine gefalteten Hände. „Ich bin ganz froh, dass es so gekommen ist. Das wurde mir dann allmählich doch zu brenzlig."

Koslowski lächelte. „Das kann ich gut verstehen. Aber wie soll es jetzt weitergehen?"

Mücks breitete hilflos die Arme aus. „Keine Ahnung. Angeblich ist auch die Polizei mit ihrem Latein am Ende." Mücks schnaufte.

„Es erscheint mir eher unwahrscheinlich, dass der Mann sich noch mal melden wird", meldete sich die Anwältin zu Wort. Sie hatte erst kurz vorher von der Sache erfahren. Koslowski hatte sie gebeten, ihn zu Hause abzuholen. Gemeinsam hatten sie Bernhard Mücks dann zu Krameike gebracht.

Der hatte den leicht verstörten Professor zum Essen eingeladen. Koslowski war froh darüber, denn er wollte Mücks nach der heutigen Aktion ungern alleine lassen.

Noch saßen sie an Krameikes Küchentisch, doch Koslowski und Britta Craven waren bereits auf dem Weg nach Fissenknick. Koslowski legte ein Mobiltelefon auf den Tisch.

„Hier, das ist ein neues Handy. Ich habe es heute erst gekauft. Ich lasse es Ihnen hier, Herr Mücks. Sie brauchen nur auf die Taste mit der Ziffer Eins zu drücken, und Sie werden sofort mit meinem Handy verbunden. Also, wenn was sein sollte, einfach melden."

Mücks blickte erst auf das Handy, dann zu Koslowski. „Ja, glauben Sie denn, es passiert noch was?", wollte er wissen.

„Reine Vorsichtsmaßnahme!", beruhigte dieser den Professor und erhob sich.

Britta Craven stand ebenfalls auf und legte dem Professor die Hand auf die Schulter. „Ich denke auch, dass nichts mehr passieren wird. Der Mann weiß ja gar nicht, wo Sie sind. Deshalb sind Sie hier in guten Händen." Dabei lächelte sie Friedrich Krameike an, der wie ein Honigkuchenpferd grinste.

„Selbstverständlich, Mädchen", versicherte er der Anwältin. „Geht mal schön essen, wir beiden alten Kerle kommen schon alleine klar, was?"

Der Professor für Archäologie nickte. „Ich soll heute in die Geheimnisse des Pickert Backens eingeweiht werden", lachte er und sah Krameike amüsiert an.

Koslowski und Britta Craven verabschiedeten sich, und an der Tür gab Krameike Koslowski noch zwinkernd einen Rat mit auf den Weg. „Sabbel nich' so viel dumm Zeug, dann kommste klar!"

Zweiundvierzig

Krameike räumte die Teller vom Esstisch ab und stellte eine Flasche Wacholder darauf. Bernhard Mücks lehnte dankend ab. „Wissen Sie, ich habe in meinem ganzen Leben noch keinen Schnaps getrunken." Dabei sah er an sich und seinen abgetragenen Sachen herunter. „Auch wenn die Leute es immer sofort annehmen."

Krameike goss sich einen Senne-Whiskey ein und prostete Bernhard Mücks zu. „Na, dann auf Ihr Wohl, für mich ist das Medizin. Kann man schön pillern von!", lachte er und stellte mit zufriedenem Gesichtsausdruck das Glas auf den Tisch.

„Was haben Sie denn nun noch so vor?", wollte er von Mücks wissen. „Jetzt, wo sich die Sache mit der Untersuchung dieses alten Krempels erledigt hat."

Mücks sah Krameike belustigt an. „Krempel?", fragte er.

„He he, ich wette, in weiteren zweitausend Jahren werden Archäologen wie Sie hier in Lippe wieder Ausgrabungen machen, und die wichtigsten Fundstätten werden die Garagen der Lipper sein."

Bernhard Mücks musterte Krameike.

Dieser nickte bestätigend. „Kannste mir glauben. Die sind nämlich heute schon so voll mit altem Köbel, da würden sie nicht mal Hermanns olle Rüstung drin wiederfinden."

Bernhard Mücks lachte lauthals bei der Vorstellung, dass der Brustpanzer des Cheruskerfürsten in einer alten Kartoffelkiste lag, zugedeckt mit alten Autoreifen und kaputten Sonnenschirmen. Dieser Krameike hatte vielleicht Ideen.

„Junge, es ist so, wie ich es sage. Deshalb stehen doch auch in Lippe so viele Autos auf der Straße, weil die Garagen so vollgemüllt sind." Dabei blickte er zur Anrichte, auf der der Schlüssel für seinen alten VW lag. „Mein Wagen steht nämlich deshalb auch draußen", gab er zu.

Wieder musste Mücks lachen. Diese Lipper, das war schon ein nettes Völkchen. So langsam konnte er sich vorstellen, dass die Vorfahren dieser pfiffigen Leutchen sich schon damals gegen die Römer zur Wehr gesetzt haben könnten. Aber das war nun wahrlich keine wissenschaftlich untermauerte These zum Ort der Varusschlacht. Wobei Mücks auch da so seine eigenen Theorien hatte.

Er stand auf und sah Krameike an. „Ich denke, ich werde mich auf den Weg machen. Morgen will ich weiter. Ich werde mal in Richtung Norden ziehen. Es war eine schöne Zeit hier, aber allzu lange hält es mich nirgendwo. Na, ich hoffe, dass auch Koslowski bald nach Hause kommt, denn ich würde mich gerne bei ihm bedanken. Er war sehr nett zu mir."

Krameike begleitete den Professor zur Tür, nahm dabei den Autoschlüssel von der Anrichte.

„Jau, er ist ein feiner Kerl. Hatte in der letzten Zeit nur ordentlich Pech. Aber jetzt läuft er wohl wieder in der Spur. Ich hoffe, diese Rechtstante, diese Anwältin bringt ihn wieder auf andere Gedanken."

Krameike schlüpfte im Flur in seine Jacke und half Bernhard Mücks in den alten Daunenmantel. Von dem hatte der sich auf keinen Fall trennen wollen.

Krameike öffnete die Haustür und atmete tief durch. „Herrlich, frische lippische Luft", lachte er und zog die Tür dann hinter sich zu.

Gemeinsam standen sie nun vor dem Haus im Schling und schauten zu einem sternenklaren Himmel empor.

Auch Bernhard Mücks atmete tief ein. „Ich finde, die Luft riecht nach Schnee!"

Krameike probierte einen neuen Luftzug und nickte. „Stimmt, der Winter steht vor der Tür. Und deshalb fahre ich Sie auch mal kurz über'n Berg", erklärte er. „Ist doch zu kalt zum Laufen, außerdem kennen Sie sich vielleicht in der Geschichte aus, aber nicht hier bei uns im düsteren Lipperland!"

Mücks blieb stehen. „Ja, können Sie denn nach dem Wacholder überhaupt noch fahren?", wollte er wissen.

„Kein Problem. Ohne wäre vermutlich schwieriger." Lachend stiefelte er zu seinem alten VW.

Bis zum Ortskern von Hiddesen unterhielten sich die beiden Männer angeregt. An der Hauptkreuzung musste Krameike vor der roten Ampel anhalten. Mücks öffnete die Tür und stieg aus. Dann schloss er die Tür und schlug mit der Hand leicht aufs Dach.

„Vielen Dank fürs Bringen. Ich werde von hier aus zu Fuß gehen, ein bisschen frische Luft tut mir sicher gut."

„Da nicht für!", erwiderte Krameike und da die Kreuzung leer war, wendete er sofort. Hupend fuhr er wieder zurück.

Bernhard Mücks schlug den Mantelkragen hoch und ging am Bistro Knispel vorbei, in dem alle Tische besetzt waren. Heute Knobelturnier las er auf einem Plakat im Fenster.

Mücks steckte die Hände in die Taschen und ging die Hindenburgstraße hinauf. Tja, morgen würde er weiterziehen. Das war sein Leben, seine Welt. Immer in Bewegung, immer auf der Waltz. Aber wie lange noch?, grübelte er. Irgendwann würden seine Knochen dieses Leben nicht mehr mitmachen. Und dann? Vielleicht sollte er sich doch allmählich mit dem Gedanken beschäftigen, wieder sesshaft zu werden. Und dafür wäre Lippe gar kein so schlechtes Pflaster. Immerhin historischer Boden, dachte er.

Er kam gerade an der Einfahrt zum Kaiserhof vorbei, als unerwartet ein Mann aus dem dunklen Schatten der großen Eiche trat.

„Haben Sie vielleicht mal Feuer?", fragte er, und als Mücks verneinte, trat er einen Schritt zur Seite, um den Professor durchzulassen. Kaum hatte der den Mann passiert, zog dieser einen sandgefüllten Sack aus der Tasche und ließ ihn auf Mücks Kopf niedersausen. Augenblicklich verlor der Professor das Bewusstsein, und der Mann fing ihn noch im Fallen auf. Er hatte ihn gerade unter den Armen gepackt, als auch schon ein dunkler Transporter neben ihm anhielt. Die Seitentür flog auf, und ein weiterer Mann sprang heraus, fasste Mücks an den Füßen und half ihn in den Wagen zu legen. Der Schläger sprang sofort hinterher und fesselte Mücks Hände mit einem Seil. Seinen Mund verschloss er mit einem Stück Klebeband. Als er die Seitentür zuzog, fuhr der Wagen bereits wieder an.

Dreiundvierzig

Koslowski und Britta Craven hatten einen schönen Abend verbracht. Nun waren sie auf dem Weg nach Hiddesen, wo ihr Wagen stand. Sie hatte unbedingt mit Koslowskis Landrover fahren wollen. Ein reizvoller Kontrast, eine so elegante Frau in einem so rustikalen Fahrzeug. Sie unterhielten sich lebhaft und beide hatten längst festgestellt, dass ihnen die Anwesenheit des anderen sehr angenehm war. Als sie in Hiddesen ankamen, hielt Koslowski neben Britta Cravens Porsche. Er stellte den Motor ab und wandte sich ihr zu.

„Ich möchte mich bei Ihnen für den überaus netten Abend bedanken", meinte die Anwältin und legte ihre Hand auf seine. Dabei sah sie ihn lächelnd an.

Das Licht einer Straßenlaterne sorgte für romantische Stimmung. Langsam begannen die Scheiben im Wagen zu beschlagen. Koslowski schluckte. Dem Ziel seiner Wünsche war er sicher sehr nah. Viele andere Männer hätten ihn garantiert beneidet. Er hielt dem Blick Britta Cravens einen Augenblick stand, dann wandte er sich ab und entzog ihr seine Hand. „Auch ich habe den Abend sehr genossen. Es war seit längerer Zeit mal wieder ein Abend, an dem mir die Gespenster der Vergangenheit nicht so nah auf den Fersen waren." Er blickte aus dem Fenster und wischte verlegen den Beschlag ab. „Und vermutlich sollte ich Ihnen jetzt noch die obligatorische Tasse Kaffee anbieten, oder?"

Britta Craven blickte ihn von der Seite her an. „Wenn Sie mich auf diese Art fragen wollen, ob ich Lust hätte mit ihnen zu schlafen, dann könnten Sie sich diesen Umweg sparen, und die Antwort würde Sie vermutlich nicht enttäuschen."

Koslowski lachte trocken auf. „Vermutlich halten Sie mich jetzt für einen kompletten Idioten, aber ich werde Sie nicht fragen." Er wagte kaum sie anzusehen. „Ich weiß nicht, wie ich es Ihnen erklären soll, aber ich kann das im Moment nicht. Ich bin noch nicht so weit." Er öffnete die Fahrertür und stieg aus. Draußen steckte er die Hand in die Hosentaschen und kickte einen Stein weg.

Britta Craven kam um den Wagen herum und stellte sich nah neben ihn.

„Ich kenne Ihre Geschichte, oder glauben Sie, ich hätte mich vorher nicht erkundigt, mit wem ich essen gehe?" Vorsichtig legte sie eine Hand auf seine Schulter.

Koslowski ließ sie gewähren.

„Ich weiß, was Ihnen passiert ist, und es ist nicht immer leicht, mit der Vergangenheit abzuschließen. Aber betrachten Sie das Leben mal als Bilderbuch. Um ans Ende zu kommen, müssen Sie Seite für Seite umblättern. Jede Seite ist ein Abschnitt in unserem Leben, und es wird sicher öfter mal vorkommen, dass man zu der einen oder anderen Seite zurückblättert, um sich zu erinnern. Doch das Leben geht weiter. Irgendwann muss man auch diese Seiten wieder zuklappen und weiterleben."

Koslowski sah sie wehmütig an.

„Ich finde Sie sehr sympathisch und würde mir wünschen, dass wir in Kontakt blieben. Auch wenn der Fall Langeland nun abgeschlossen erscheint", schlug die Anwältin vor.

Koslowski seufzte und drehte sich zu ihr um. „Auch ich würde Sie gerne wiedersehen, wer weiß, was die Zeit bringt. Angeblich heilt sie ja alle Wunden." Er sah ihr in die Augen. Dann nahm er ihre Hände und zog sie an seine Brust. „Sie haben heute schon einen Teil meines Schmerzes gelindert. Aber so ein Verlust wird immer Narben hinterlassen."

Britta Craven lächelte. „Mit Narben kann man leben! Und irgendwann glätten sie sich so, dass man sie kaum noch sieht und spürt. Dabei würde ich Ihnen gerne helfen."

Koslowski beugte sich leicht vor und küsste zart und nur ganz kurz ihre Lippen. Dann ließ er sie los und atmete tief durch. „Endlich kann ich auch das wieder."

Britta Craven betrachte ihn amüsiert. „Was, küssen oder atmen?"

„Auch wenn es nicht gerade charmant klingt, ich meinte das Durchatmen."

Beide lachten.

Koslowski begleitet sie zu ihrem Wagen, als sich eine Person aus dem Dunklen näherte. „Guten Abend, die Herrschaften."

Koslowski atmete auf, als er einen seiner Nachbarn erkannte, der spät abends noch mit dem Hund unterwegs war. „Na, da hat Ihr Freund aber ganz schön einen über den Durst getrunken, was?"

Im ersten Moment verstand Koslowski nicht, was der Nachbar meinte. Britta Craven, die ihren Autoschlüssel schon in der Hand hielt, wandte sich dem Mann zu.

„Na, ich meine den älteren Herrn, der seit ein paar Tagen bei Ihnen wohnt. Hab mich gestern noch sehr nett mit ihm unterhalten." Der Nachbar beugte sich verschwörerisch vor. „Ein sehr intelligenter Mann, auch wenn er nicht so aussieht." Er schaute nach rechts und links, wie um sich zu vergewissern, dass ihn niemand anderes hören konnte. „Sie wissen schon, seine Kleidung und so."

Koslowski sah ihn aufmerksam an. „Aber was ist denn mit ihm?"

Der Nachbar zog seinen Dackel zu sich heran. „Na, ich habe nur gesehen, wie die beiden netten Männer ihn in den Wagen gehoben haben. Vorher muss er wohl da vorne gelegen haben." Er zeigte in Richtung Hindenburgstraße.

Koslowski ahnte Fürchterliches.

Doch der Nachbar war noch nicht fertig.

„Ich denke, Sie haben ihn bestimmt ins Krankenhaus gebracht. Ich konnte aber nicht sehen, ob er verletzt war. Das ging alles so schnell."

„Können Sie die beiden Männer beschreiben? Oder den Wagen?"

Man konnte förmlich sehen, wie der Mann nachdachte. „Die Männer? Nee, es war ja ziemlich dunkel an der Stelle, und außerdem ging alles so schnell. Aber auf jeden Fall waren beide gut zu Fuß und flink auf den Beinen. War schon erstaunlich, wie professionell die das gemacht haben." Dann kratzte er sich am Nacken. „Und der Wagen? Warten Sie mal, es war ein Transporter oder so was Ähnliches. Auf jeden Fall dunkel."

Koslowski fasste den Mann am Arm. „Na, das ist ja schon mal was. Fällt Ihnen noch was zu den Männern oder dem Wagen ein?"

Der Mann neigte nachdenklich den Kopf. „Ach ja, das war ja noch das Seltsamste. Ich habe richtig schmunzeln müssen. Da helfen die beiden Männer Ihrem Bekannten und verladen ihn dazu in den Wagen einer Sargfabrik."

Vierundvierzig

Weißt du wie viel Sternlein stehen ...?

Bernhard Mücks' Zunge fühlte sich an wie eine nasse Wolldecke, und genauso schmeckte sie auch. Eine Seite seines Gesichtes war eiskalt, denn er lag seitlich auf einem Betonfußboden. Gerne hätte er seinen Nacken und Kopf betastet, doch seine Hände waren gefesselt, und er war momentan keinesfalls in der Lage, sich aufzurichten. Jedenfalls signalisierte ihm das sein Kreislauf.

Mücks schloss resigniert wieder die Augen. Offen oder zu war egal, denn es war stockdunkel in dem Raum, in dem er lag. Wie hatte das alles bloß passieren können? Schließlich war er Professor für Archäologie und kein Geheimagent.

Mücks versuchte sich zu erinnern. Er war die Hindenburgstraße hinaufgelaufen, dann hatte ihn dieser Mann nach Feuer gefragt, und unmittelbar darauf hatte er einen Schlag auf den Kopf bekommen.

Dann hatte er das Bewusstsein verloren. Zum Glück konnte er sich an alles erinnern, was bedeutete, dass er vermutlich keine Gehirnerschütterung oder Schlimmeres hatte.

Bernhard Mücks atmete mehrmals tief durch. Übelkeit fühlte er auch nicht. Mühsam drehte er sich auf den Rücken. Die Decke des Raumes konnte er ebenfalls nicht erkennen. Aber ein durchdringender Geruch war vorhanden.

Mücks schnupperte. Holz! Hier roch es deutlich nach frischem Holz. Sollte er in einer Schreinerei gelandet sein? Aber welcher Schreiner hätte ein Interesse daran, ihn niederzuschlagen und in seine Werkstatt zu bringen?

Wer war bloß der Mann, der ihn nach Feuer gefragt hatte? An sein Gesicht konnte er sich nicht erinnern. Auf jeden Fall wiesen seine Fesselung und sein momentanes Gefängnis darauf hin, dass man ihn entführt hatte. Aber wieso? Sollte es mit der Antiquität zusammen hängen? Und warum musste man ihn dafür zusammenschlagen und entführen?

Mücks verstand die Welt nicht mehr. Und was noch schlimmer war, er wusste keinen Ausweg aus dieser misslichen Lage.

Minutenlang lag er regungslos auf dem Rücken und spürte die Kälte, die allmählich auch durch seinen Daunenmantel kroch. Zum Glück hatte er wenigstens den an.

Er wollte sich gerade auf die Seite drehen, als ihm einfiel, dass er das Mobiltelefon von Koslowski noch in der Manteltasche haben müsste. Vorausgesetzt, man hatte es ihm nicht abgenommen.

Mühsam rollte er sich auf die linke Seite und versuchte, mit seinen vor dem Bauch gefesselten Händen den Mantel abzuklopfen. Ein schwieriges Unterfangen, das ihm vor lauter Anstrengung den Schweiß auf die Stirn trieb.

Aber wie es schien, hatte man ihn durchsucht und das Handy gefunden. Enttäuscht ließ sich Mücks zurücksinken. Das wäre auch zu schön gewesen. In welche Tasche hatte er es eigentlich gesteckt?

Links innen, oder? Das war die Tasche mit dem Loch, durch die alles durchfiel. Sollte das Handy vielleicht auch?

Nach einiger Zeit machte sein Herz einen Luftsprung. Tief unten im Saum hatte er das Mobiltelefon ertastest und begann nun, es langsam durch den Stoff nach oben zu drücken. So sehr er sonst über die Dicke des Mantels froh gewesen war, so sehr verfluchte er das jetzt.

Nur mühsam gelang es ihm, das Handy wieder bis an die defekte Innentasche zu bugsieren, und er benötigte weitere fünf Minuten, bis er es geschafft hatte, es aus der Tasche zu ziehen. Erschöpft ließ er sich auf den Rücken sinken und versuchte, wieder ruhiger zu atmen.

Nach einer Verschnaufpause griff er nach dem Telefon. Als er eine der Tasten berührte leuchtete das Display auf. Gut so, dann war es auf jeden Fall noch an.

Mücks versuchte angestrengt, die kleinen Buchstaben zu erkennen. Verdammt, ohne Brille ging da gar nichts. Er hielt den Schlüssel zur Freiheit in der Hand und konnte ihn nicht benutzen.

Und wenn er wahllos irgendwelche Tasten drückte? Irgendwer würde sich schon melden. Vielleicht schaffte er es ja auch, die 110 zu wählen. Mücks hob das kleine Telefon vor sein Gesicht. Er konzentrierte sich und suchte die Ziffer eins.

Eins? Was war noch mit der Eins? Koslowski hatte doch dazu was gesagt. Ach ja, Kurzwahl.

Mücks atmete auf. Nur die Eins drücken und warten, dann würde er Koslowski gleich am Ohr haben. Verschwommen erkannte er, dass eine Verbindung aufgebaut wurde.

Mücks hielt sich das Telefon ans Ohr. Aber kein Ton war zu hören.

Hatte das Mistding etwa nicht gewählt? Wieder versuchte er auf dem Display etwas zu erkennen. Das sah aus wie zwei Worte. Mühsam konzentrierte er sich, und als er sie endlich entziffert hatte, sackte er so in sich zusammen wie die Hoffnung, die ihn gerade verließ. Das Telefon rutschte ihm aus der Hand und auf dem Display konnte man die Worte Kein Netz lesen.

Fünfundvierzig

Britta Craven sah gespannt zu Koslowski. Der hatte seinen Nachbarn zwar noch eindringlich befragt, doch an weitere Details wie zum Beispiel den Namen der Sargfabrik oder wenigstens den Firmenstandort konnte der sich beim besten Willen nicht erinnern.

Man merkte Koslowski förmlich an, wie es hinter seiner Stirn arbeitete. Die Anwesenheit der Anwältin hatte er augenscheinlich komplett vergessen. Britta Craven ahnte, dass sich die Ereignisse dramatisch zuspitzten, auch wenn sie nicht verstand, warum man Bernhard Mücks entführt haben sollte. Koslowski hatte ihr beim Abendessen von dem seltsamen Leben des Professors berichtet. Was war an dem Mann so außergewöhnlich?

Noch während sie überlegte, begann Koslowski zu handeln. Zunächst rief er bei Krameike an. Dieser fiel aus allen Wolken und lauschte dem Bericht atemlos. Als Koslowski vom Wagen der Sargfabrik erzählte, dämmerte in Krameikes Erinnerung ein Fünkchen auf. Als Koslowski endete, hatte Krameike den Funken soweit angefacht, dass er wusste, was es war.

„Du, der Langeland, der soll vor Kurzem eine Sargfabrik gekauft haben, aber schlag mich tot. Ich weiß nicht welche und wo."

Koslowski biss sich auf die Lippen. Doch so sehr er Krameike auch weiter drängte, der konnte sich an mehr absolut nicht erinnern. Irgendwer hatte irgendwo davon erzählt. Aber wer war das gewesen? Krameike verfluchte sein Alter und sein schlechtes Gedächtnis.

Noch während des Telefonats überlegte Koslowski, wer ihm eventuell noch weiterhelfen konnte.

Krameike bot an, sich an der Suche nach einer solchen Fabrik zu beteiligen, aber Koslowski lehnte ab. Die Suche danach war bloß ein Strohhalm, denn wer sagte, dass man Mücks auch tatsächlich in diese Sargfabrik gebracht hatte? Der Mann konnte überall sein.

Aber untätig herumzusitzen, das hätte Koslowski jetzt nicht ausgehalten. Irgendetwas musste er tun. Er brach das Gespräch mit Krameike ab und blätterte durch das Telefonbuch seines Handys. Nach ein paar Klicks hatte er gefunden, was er suchte, und ließ den Apparat die Nummer wählen.

Britta Craven stand still daneben und betrachte ihn. Er war hochkonzentriert und sein Gesichtsausdruck hatte sich verhärtet. Auf der Straße war es still, und sie konnte das Freizeichen am anderen Ende hören.

Koslowski begann wie ein Löwe im Käfig auf und ab zu laufen. Immer wieder klingelte es am anderen Ende der Leitung. Fast hatte er die Hoffnung schon aufgegeben, als ein langgezogenes und verschlafenes „Ja?" aus dem Telefon drang.

„Bernhard?" Koslowski wechselte das Telefon in die andere Hand.

Der Angerufene gähnte. „Koslowski, bist du das?", wollte er schlaftrunken wissen.

Bernhard Hilgenstöhler und Koslowski kannten sich von mehreren gemeinsamen Abenteuern. Zuletzt hatte Koslowski ihm in einem Fall geholfen, bei dem Hilgenstöhler als Privatdetektiv gescheitert war. Dabei stellte er sich als dieselbe Niete heraus wie in allen anderen Berufen, in denen er sich versucht hatte. Ganz besonders war der Handel mit fünftausend Wasserschildkröten in die Hose gegangen.

Danach hatte er sich als Geschäftsführer einer Bestattungsfirma versucht, aber der Laden musste nach dem Tod und der Beerdigung seines Chefs ebenfalls geschlossen werden.

Was Hilgenstöhler zurzeit machte, wollte Koslowski lieber gar nicht wissen. Er rief aus einem ganz anderen Grund an.

Hilgenstöhler hörte Koslowski zu, ausnahmsweise sogar mal ohne dazwischenzureden. Für ihn eine beachtliche Leistung, was aber vermutlich auf seine Verschlafenheit zurückgeführt werden konnte.

Als Koslowski geendet hatte, hörte er Bernhard am anderen Ende schnaufen.

„Muss mal eben aufstehen", stöhnte der beleibte Hilgenstöhler. „Mann, da bist du ja mal wieder in einen schönen Mist geraten. Du hast aber auch immer ein Pech. Schade, dass ich meinen Job als Privatdetektiv an den Nagel gehängt habe, das wäre mal ein Fall für mich gewesen."

Genau das hätte Koslowski jetzt noch gefehlt. Null-Null-Hilgenstöhler.

„Bernhard, quassel' nicht rum! Was kannst du mir über Sargfabriken oder Sarghandelsgesellschaften erzählen?"

Der Gefragte schien überhaupt nicht zugehört zu haben.

„Bernhard!?"

„Ja, ist ja gut. Also Sargfabriken. Ich kenne da mehrere, und dazu noch den einen oder anderen Sarghandel. Wie sagtest du? Wie soll der Besitzer heißen? Langeland?"

Hilgenstöhler dachte angestrengt nach. „Nein, den Namen habe ich noch nie gehört. Ich sage dir jetzt mal, welche Läden ich so kenne, aber nagele mich nicht fest, dass das alle sind."

„Moment, ich muss mir erst was zu schreiben organisieren", forderte Koslowski ihn auf. Hilfesuchend sah er sich um.

Britta Craven hatte mitgehört und einen Taschenkalender und einen Stift aus ihrer Handtasche geangelt. Wie eine Sekretärin, bereit zur Aufnahme eines Diktats stand sie neben Koslowski. Der lächelte sie dankbar an. „Kann losgehen, Bernhard!"

Kurze Zeit später hat sie eine Liste von Adressen notiert, die in Frage kommen könnten. Koslowski verabschiedete sich von Hilgenstöhler und sah Britta Craven an.

„Ich muss noch mal telefonieren, dann werde ich anfangen, die Adressen abzuklappern. Ich kann mir vorstellen, dass es gefährlich werden könnte. Vielen Dank, dass Sie mir bis jetzt geholfen haben. Ich denke aber, Sie sollten jetzt besser nach Hause fahren."

Britta Craven sah in belustigt an. „Jetzt, wo es anfängt spannend zu werden, wollen Sie mich loswerden? Auf gar keinen Fall. Sie ahnen ja gar nicht, wie sehr man sich bei all den Schreibtischfällen mal nach etwas Abwechslung sehnt."

Koslowski wusste nicht, ob er verärgert oder dankbar sein sollte, hatte aber auch nicht die Zeit, sich darüber lange Gedanken zu machen. Erneut wählte er eine Rufnummer. Diesmal ging der Angerufene schneller dran. Glücklicherweise war Walfried Eugelink noch im Dienst. Koslowski erklärte ihm in knappen Sätzen die Lage.

„Gut, dass du anrufst, ich werde sofort eine Fahndung einleiten. Sag mal, diese Liste, kannst du die kopieren?"

Koslowski verneinte.

„Schade, ich wollte nämlich vorschlagen, dass wir uns irgendwo in der Mitte treffen. Ich hätte unseren Leuten dann ein paar deiner Adressen gegeben, damit wir sie alle möglichst schnell und zeitgleich überprüfen können."

Noch während Koslowski darüber sinnierte, wie er die Liste kopieren konnte, tippte ihm Britta Craven auf die Schulter. „Ich kann die Adressen doch auf der Fahrt noch mal abschreiben", bot sie an.

Koslowskis Miene erhellte sich. „Walfried, wir haben das Problem soeben gelöst, wo sollen wir uns treffen?", wollte er wissen. Nachdem der Kriminalbeamte ihm einen geeigneten Ort vorgeschlagen hatte, zog Koslowski die Anwältin am Arm in Richtung Landrover.

Doch sie sperrte sich und deutete auf ihren Porsche. „Damit geht es vermutlich schneller, oder?"

Koslowski grinste. „Geil, Porsche fahren wollte ich immer schon mal."

Sechsundvierzig

Nicht nur die Halle an sich war ideal, sondern auch ihre Lage. Mitten im Bad Salzufler Industriegebiet nahe der Ostwestfalenstraße fiel sie überhaupt nicht auf.

Die rumänischen und bulgarischen Arbeiter wurden morgens mit einem Transporter gebracht, der sie abends auch wieder abholte und zu ihrer Unterkunft in einem alten Bauernhof fuhr. In der Zwischenzeit bauten sie für Christoph Langeland Billigsärge und Paletten zusammen. Das Holz dazu kam natürlich aus dem Sägewerk in Horn.

Der Betrieb war eine reine Sargfabrik gewesen, und als Langeland vom Verkauf erfuhr, hatte er sofort zugeschlagen. Eine gute Gelegenheit, noch etwas Geld nebenbei zu machen. Ohne, dass die Steuer etwas davon erfuhr. Die hier produzierten Särge wurden ganz offiziell als Brennholz getarnt nach Polen geliefert und kamen von dort, ebenfalls offiziell, als Importware wieder zurück. Überflüssig zu sagen, dass keiner der Särge jemals auch bloß in die Nähe der polnischen Grenze kam. Langelands Kunden stürzten sich auf diese billigen Särge, und das Geschäft lief gut.

Die Halle war in mehrere Sektionen geteilt. Anlieferung, Montage, Lackiererei, Lager und zwei kleine Büroräume, welche die Arbeiter als Aufenthaltsräume nutzten. Büros waren an diesem Standort unnötig, die Geschäfte wurden sowieso woanders abgewickelt.

Langeland ging durch die leere, dunkle Halle. Das Licht der Straßenlaternen, welche durch die lange Reihe von Scheiben im oberen Drittel der Hallenwände hereinfiel, reichte zur Orientierung. Die Pistole mit dem aufgeschraubten Schalldämpfer hielt er lässig in der Hand. Langeland hatte momentan das Gefühl, einfach unbesiegbar zu sein. Seine sämtlichen Pläne waren bisher aufgegangen. Zunächst die Sache mit der Entführung. Da hatte seine Frau sehr gut mitgespielt. Aber bei ihrem Aussehen und Auftreten war es für sie auch ein Leichtes, jeden halbwegs normalen Mann rumzukriegen. Als er ihr seinen Plan erklärte, hatte sie zunächst kurz aufbegehrt, doch als er ihr mitteilte, dass für sie 250.000 Euro für ein Leben in ihrem geliebten Spanien drin waren, hatte sie eingewilligt.

Dass sie mit so einem Idioten wie diesem Sommer würde ins Bett gehen müssen, hatte Langeland nicht gestört. Ihre Ehe war schon lange am Ende, und Langeland wäre es auch egal gewesen, wenn sie mit dem Papst in die Kiste gesprungen wäre. Hauptsache, es gelang, diese Entführung glaubhaft durchzuziehen und die Kohle freizuschaufeln. So durchzuziehen, dass das Finanzamt in dem Glauben bliebe, dass es im Rachen der Entführer gelandet war.

Die schwierigste Aufgabe bestand darin, diesen Henrik Sommer so hörig zu machen, dass er mitspielte. Seiner Frau hatte er erzählt, dass man den Jungen lediglich benutzen wollte. Davon, dass er als unliebsamer Mitwisser über die Klinge springen musste, war ihr gegenüber nie die Rede gewesen.

Und auch nicht, dass er nie vorgehabt hatte, ihr ihren Teil des Geldes auszuzahlen. Aber dann war das Luder plötzlich gierig geworden. Als sie damit drohte, ihn auffliegen zu lassen, war ihr Schicksal endgültig besiegelt. Der Trick dabei war, es so aussehen zu lassen, als ob der Entführer sie getötet hätte. So würde er zusätzlich auch noch in den Genuss ihrer Lebensversicherung kommen. Dass man Sommers Leiche so schnell fand, damit hatte er nicht gerechnet.

Für die Übergabe des Lösegeldes musste jemanden gefunden werden, dem man die Sache hinterher in die Schuhe schieben konnte. Einfach genial, dass er über seine Frau erfahren hatte, wo diese Lösegeldübergabe stattfinden sollte. Gar keine schlechte Idee von diesem Sommer, die Aktion im Café Vielfalt durchzuführen und anschließend nach hinten über die Echternstraße zu verschwinden. Gut, dass der Bursche aus seiner Zeit als Zivi noch einen Schlüssel hatte.

Dank der Information seiner Frau bestand dann kein Problem, ihm bei der Aktion aufzulauern, um ihn anschließend bei passender Gelegenheit zweier Dinge zu berauben: zum einen der Tasche und zum anderen seines Lebens. Sommer hatte ausgedient und musste entsorgt werden. So blieb nur noch die Aufgabe, die Leiche nach Wellentrup zu bringen und dort zu verstecken.

Leider hatte der junge Mann anders als erwartet in die Tasche geschaut und feststellen müssen, dass er verladen worden war. Statt einer Million Euro hatte er wertloses Altpapier bekommen. Dementsprechend verwirrt war er, und Langeland musste ihn sofort abfangen und töten. Auf die Idee mit dem Altpapier war er besonders stolz. Und darauf, wie geschickt es ihm gelungen war, diesen Blödmann aus Detmold reinzulegen. Koslowski, diesen überheblichen Versager, hatte ihm der Himmel geschickt.

Langeland hatte dessen Fall bereits seit längerer Zeit in der Presse verfolgt. Der Mann, der Logi zur Strecke gebracht hatte und dessen Freundin dadurch ihr Leben verlor. Anschließend war er abgestürzt und dem Alkohol verfallen.

Mit etwas Geschick hatte Langeland herausgefunden, wer zu Koslowskis Bekannten- und Freundeskreis gehörte und war so auf Krameike gestoßen. Den kannte er flüchtig, und es war einfach, ihm den besorgten Ehemann vorzuspielen. Ein kurzes Gespräch mit dem alten Maurer, und schon war eine glaubhafte Verbindung zu Koslowski hergestellt.

Alles hatte genauso funktioniert, wie Langeland es sich erhofft hatte.

Dann musste er nur noch zwei identische Sporttaschen kaufen. Eine füllte er mit Geld, die andere mit wertlosem Papier.

Dieser Koslowski war so blöd gewesen, das Bild seiner Frau aus dem Nachbarraum zu holen. Genug Zeit, die Taschen zu vertauschen und Koslowski mit dem Altpapier auf die Reise zu schicken. Besonders geschickt war es, ihn vorher sogar in die Tasche mit den Banknoten schauen zu lassen, das verringerte die Gefahr, dass er zwischendurch noch mal hineinsah.

Dass Koslowski mit dem Geld verschwinden würde, darüber hatte er sich keine Sorgen gemacht. Dazu hatte er zu viel Gutes über ihn gelesen und sich auf Krameikes Versicherungen verlassen, dass Koslowski eine grundehrliche Haut sei. Es war doch immer wieder schön, mit solchen Blödmännern zu arbeiten.

Nun musste er nur diesen komischen Professor dazu bekommen, das Schwert zu begutachten und ihm eine entsprechende Expertise auszustellen, dann wäre er am Ziel seiner Wünsche. Mit einem solchen Gutachten, auch wenn es nur handschriftlich gefertigt war, wäre es möglich, den Preis für das Schwert auf weit über eineinhalb Million hochzutreiben.

Dieser Brasilianer, den er da am Strick hatte, würde diesen Preis mit Sicherheit bezahlen. Der war total verrückt nach Antiquitäten aus Europa. Ja, Brasilien, da lag seine Zukunft. Langeland sah sich bereits mit ein paar kaffeebraunen Schönheiten an der Copacabana liegen.

Leider hatte Baumschulte, dieser Idiot, sich geweigert zu verkaufen und damit sein Todesurteil unterschrieben. Das Schwert anschließend aus dessen Tresor zu holen, war nur noch eine kleine Fingerübung gewesen.

Schön auch, die erste erfolgreiche Inaugenscheinnahme durch diesen Boron in Berlin. Zugegebenermaßen nicht für Boron und dessen Chauffeur. Aber wenn man in dieser Liga mitspielen wollte, dann mussten eben Opfer gebracht werden.

Langeland hatte jetzt die Halle durchschritten und war an der Tür des Sarglagers angelangt. Er fragte sich bloß noch, wie Baumschulte überhaupt an das Schwert gekommen war. Aber egal. Hauptsache, das Schwert war nun in seinem Besitz. Dazu eine Million Euro geschickt gewaschen und weitere eineinhalb Millionen Euro in Aussicht. So machte man Geschäfte. Langeland lachte. Das sollte ihm erst mal jemand nachmachen.

Er kramte in der Hosentasche nach dem Schlüssel für das Lager, als er hinter sich ein Geräusch wahrnahm. Langeland drehte sich um und lächelte.

„Ich will diesen Mücks holen, damit er das Schwert begutachtet. Dann muss er eine Expertise anfertigen. Mit so einem Papier dürfte jeder Käufer zu überzeugen sein. Dieser Mücks ist in der Szene als Autorität bekannt."

Langeland hatte den Schlüsselbund gefunden und suchte nach dem passenden Schlüssel. Die Person hinter ihm beobachtete ihn mit auf dem Rücken verschränkten Armen.

„Und wenn der Herr Professor uns diesen kleinen Gefallen getan hat, dann …" Langeland machte mit der Hand eine Schnittbewegung über seinen Hals und lachte boshaft. „Wie war das noch mit dem Mohr, der seine Schuldigkeit getan hat?" Wieder lachte er. Dann hatte er endlich den passenden Schlüssel gefunden.

„Ich denke, bevor wir den Professor für uns arbeiten lassen, sollten wir beide noch etwas Grundsätzliches klären", verlangte plötzlich die Person hinter ihm.

Langeland drehte sich erstaunt um.

„Meinetwegen, aber wir müssen uns beeilen, denn es wird langsam Zeit, die Kurve zu kratzen."

Siebenundvierzig

Koslowski trat das Gaspedal des Porsche voll durch. Sie hatten sich kurz mit Walfried Eugelink getroffen und ihm die Abschrift der Liste übergeben. Eugelink hatte sie überflogen und dann mit Koslowski vereinbart, welche Objekte von wem aufgesucht werden sollten. Für Koslowski und Craven blieben zwei übrig.

Zum Abschied gab Eugelink ihnen noch einen guten Rat und Koslowski ein technisches Hilfsmittel mit auf den Weg. „Hier nimm' das mit, und passt bloß gut auf euch auf. Ich glaube, dieser Langeland geht über Leichen!" Koslowski versprach, vorsichtig zu sein und sich nach der Kontrolle eines jeden Objektes telefonisch zu melden.

Jetzt waren sie auf dem Weg nach Bad Salzuflen. Das erste Objekt in Leopoldshöhe hatten sie bereits überprüft. Aber dort hatten sie weder einen Transporter noch irgendetwas anderes Auffälliges entdecken können.

Der Motor des Porsche schnurrte wie eine Raubkatze, und Koslowski sah kurz zu der Anwältin hinüber, die gerade dabei war, die nächste Adresse ins Navi zu tippen. Ihr ernster Gesichtsausdruck machte sie noch attraktiver. Koslowski seufzte, weil er in diesem Moment wieder an Lisa Brandes denken musste. Wie sehr hatte er sie doch geliebt. Geliebt und geglaubt, dass er endlich den ruhenden Pol in seinem Leben gefunden hatte.

„Alles in Ordnung?", wollte Britta Craven wissen.

Koslowski machte eine beschwichtigende Handbewegung. „Ja, ja, alles okay."

Britta Craven schüttelte zweifelnd den Kopf.

Der Porsche jagte weiter in Richtung Bad Salzuflen.

„Mir kommt da gerade ein Idee", meinte Koslowski plötzlich und suchte nach seinem Handy. Die gesuchte Nummer hatte er gespeichert. Vielleicht konnte ihnen ja Bockstegers weiterhelfen.

Nachdem er es lange hatte schellen lassen, vernahm Koslowski endlich die verschlafene Stimme von Langelands Partner. Der war sehr überrascht, als er hörte, dass man Langeland der Entführung von Mücks verdächtigte.

Nein, von einer Sargfabrik, die Langeland gekauft haben sollte, wisse er nichts. Aber dann fiel ihm ein, dass in letzter Zeit vermehrt Holz an eine Adresse in Bad Salzuflen geliefert worden sei, möglicherweise lag da ja die gesuchte Fabrik. Das war ihm schon seit längerer Zeit aufgefallen, nur war er noch nicht dazu gekommen, Langeland auf diese Aufträge anzusprechen.

Koslowski erklärte Bockstegers, wohin sie unterwegs waren.

Der gähnte laut und überlegte einen Moment. „Ja, ich glaube, das ist die Adresse. Mensch, seien Sie bloß vorsichtig!", riet er und fragte, ob Koslowski bereits die Polizei informiert habe.

Als der ihm erklärte, dass sie sich aufgeteilt hätten und er mit Britta Craven unterwegs sei, zeigte sich Bockstegers noch besorgter. „Ich drücke Ihnen die Daumen, dass Sie Erfolg haben. Wenn Sie was rausbekommen sollten, rufen Sie mich bitte wieder an. Ich mache mir große Sorgen." Damit endete das Gespräch.

***

Koslowski sah den Transporter schon von Weitem. Wenn man nicht wusste, dass er für eine Straftat benutzt worden war, dann wirkte er hier vor der alten Sargfabrik vollkommen unauffällig. Zumindest passte seine Werbeaufschrift zu dem unscheinbaren Firmenschild an der Halle.

Koslowski parkte den Porsche in gebührendem Abstand. Er wandte sich zu Britta Craven und sah sie eindringlich an. „Ich werde jetzt losmarschieren und nachsehen, ob ich irgendetwas finde. Sie bleiben hier sitzen! Verstanden?"

Als die Anwältin trotzdem Anstalten machte auszusteigen, hielt Koslowski sie am Arm fest. „Bitte, tun Sie mir den Gefallen. Ich will keineswegs schon wieder in die Situation kommen, dass ich möglicherweise eine Frau in Gefahr bringe. Also bleiben Sie hier und verriegeln Sie den Wagen, wenn ich ausgestiegen bin. Dann rufen Sie bitte Walfried an und bringen ihn auf den neusten Stand. Wo wir sind, und dass wir den Wagen gefunden haben."

Als Britta Craven noch etwas einwenden wollte, brachte Koslowski sie mit einer unwirschen Handbewegung zum Schweigen. „Es reicht, wenn einer sein Fell riskiert, und ich habe mit Langeland außerdem noch eine persönliche Rechnung offen."

Die Rechtsanwältin blickte ihn besorgt an. „Aber Sie sind völlig unbewaffnet." Sie beugte sich hinter den Fahrersitz und zog eine große Mag-Lite Taschenlampe hervor.

„Nehmen Sie wenigstens die mit", bat sie Koslowski.

Der bedankte sich und wollte aussteigen.

Diesmal hielt Britta ihn zurück. Sie beugte sich vor und gab ihm einen Kuss auf die Wange. „Bitte passen Sie auf sich auf!" Dann schob sie den verblüfften Koslowski aus dem Wagen und griff zu ihrem Handy.

Er hörte, wie die Türen verriegelt wurden. Draußen sah Koslowski sich noch einmal zu ihr um und winkte, dann lief er zur Fabrikhalle hinüber.

Hinter dem Transporter ging er in Deckung und lugte vorsichtig hinein. Der Wagen war, wie erwartet, leer. Langsam arbeitete er sich um das Fahrzeug herum und spähte hinüber zum Gebäude. An der Vorderseite konnte er nur wenige Fenster erkennen. Alle waren mit Pappkarton zugeklebt. Die anderen hatten alte, matte Drahtglasscheiben. Solange er nicht direkt davor herlief, würde man ihn nicht entdecken.

Koslowski holte tief Luft, spurtete zum Gebäude hinüber und stand einen Moment später vor einer Stahltür mit einem Knauf. Vorsichtig versuchte er, ihn zu drehen. Fehlanzeige.

Der war dafür nicht vorgesehen.

Geduckt lief er an den Fenstern vorbei und schaute vorsichtig um die Ecke. Mehrere große Hallentore, doch auch die waren geschlossen. Also wieder zurück!

Auch auf der gegenüberliegenden Seite gab es keinen weiteren Eingang. Koslowski stand wieder vor der Tür, die sich nur mit einem Schlüssel würde öffnen lassen. Oder?

Er zog seine Bankkarte aus dem Portemonnaie und schob sie in den Spalt zwischen Tür und Zarge. Mühsam versuchte er die Schlosszunge zurückzudrücken. Dieser Trick würde jedoch nur funktionieren, wenn die Tür nicht abgeschlossen war. Den Riegel konnte er so nicht überwinden.

Koslowski fummelte weiter, und Sekunden später sprang die Tür auf.

Er hielt den Atem an und bewegte sich nicht. Keinerlei Reaktion aus dem Gebäude.

Langsam zog er die Tür auf und hoffte, dass sie nicht quietschen würde. Völlig lautlos schlüpfte er ins Gebäude und kauerte sich sofort innen neben die Tür. Seine Augen gewöhnten sich nur langsam an die Dunkelheit in der Halle. Rechts gingen wieder Türen ab, und geradeaus erkannte er, dass es noch mindestens zwei weitere abgeteilte Bereiche gab. Wo mochten sie Bernhard Mücks gefangen halten?

Er entschied sich dafür, zunächst die Räume rechts von ihm zu inspizieren. Vorsichtig näherte er sich der ersten Tür und spähte in den Raum.

Mitten im Raum stand ein großer, verschmutzter Tisch, drum herum verschiedene Stühle. Überall standen leere Flaschen und lag Papier. Mehrere Aschenbecher quollen vor Unrat über. In einer Ecke standen ein alter Herd und darauf eine schmutzige Kaffeemaschine. Unter dem Fenster eine Art Anrichte mit benutzen Gläsern und Tassen. In einem schmuddeligen Waschbecken stapelte sich noch mehr ungespültes Geschirr. Anscheinend eine Art Aufenthaltsraum.

Koslowski huschte hinein und schlich zu einer weiteren Tür, die von diesem Raum abging. Wie er vermutet hatte, handelte es sich dabei um ein Badezimmer mit einer Dusche und einem WC. Auch diese Räume machten einen sehr ungepflegten Eindruck, waren aber leer.

Koslowski schlich wieder zurück und stand nun vor der zweiten Tür. Ob das auch ein Aufenthaltsraum war?

Vorsichtig öffnete er die Tür und lugte durch einen Spalt hinein. An einer Wand waren Kissen und Decken aufgestapelt. Alle in Folie verpackt und in reinstem Weiß. Der totale Kontrast zum sonstigen Schmutz und Unrat. Langsam dämmerte Koslowski, was er da vor sich hatte.

Die Innenausstattung für die Särge.

Vorsichtig drückte er die Tür weiter auf. Auf der anderen Seite des Raumes stand ein Schreibtisch. Aber keiner, der für Büroarbeiten benutzt wurde. Er war übersät mit Packpapier und Klarsichtfolien.

Vermutlich das Material, in das die Sargeinlagen verpackt gewesen waren.

Koslowski ließ die Mag-Lite aufblitzen und leuchtete einmal durch den ganzen Raum. Der Strahl seiner Lampe traf Christoph Langeland mitten ins Gesicht. Doch dieser zeigte keinerlei Reaktion. Was aber nicht weiter verwunderte, denn er war tot.

***

Britta Craven hatte die Polizei informiert und rutschte nun unruhig auf dem Beifahrersitz hin und her. Der sonst so agilen Frau passte es überhaupt nicht, hier zur Untätigkeit verdammt zu sein. Sie überlegte, ob sie Koslowski folgen sollte. Doch dann verwarf sie den Gedanken wieder. Womöglich würde sie ihn dadurch nur behindern. Aber was, wenn man ihn in der Halle bereits überwältigt hatte? Wo blieb bloß die Polizei?

Sie starrte so konzentriert auf das Gebäude, dass sie fast zu Tode erschrak, als jemand an die Seitenscheibe des Wagens klopfte. Britta Craven stockte der Atem. Neben der Beifahrerseite stand ein Mann, der sie mit besorgtem Gesichtsausdruck und den entsprechenden Handbewegungen aufforderte, das Fenster herunterzulassen. Britta Craven öffnete es vorsichtig einen Spalt breit.

Ein Mann in grüner Jägerjacke, der sich auf einen Spazierstock stützte, lächelte sie freundlich an. „Ich vermute, Sie sind wegen des Wagens hier, oder?" Dabei deutete er auf den Transporter, der vor der Halle stand.

Britta Craven nickte.

„Oh, entschuldigen Sie bitte, ich vergaß mich vorzustellen, mein Name ist Heinrich Bocksteggers. Ich bin der Geschäftspartner von Herrn Langeland. Herr Koslowski hatte vorhin mit mir telefoniert."

Ein Ausdruck des Verstehens erschien auf dem Gesicht der Anwältin. „Ich habe mir nach dem Anruf solche Sorgen gemacht, dass ich sofort hierher gefahren bin."

Britta Craven hatte zwischenzeitlich die Autotür geöffnet und war ausgestiegen. Sie reichte Bocksteggers die Hand. „Britta Craven, ich bin Anwältin und habe die verstorbene Frau Langeland vertreten."

Bocksteggers überlegte kurz, dann nickte er. „Ja, Christoph hat Ihren Namen mal erwähnt. Aber sagen Sie, wo steckt denn Herr Koslowski?" Suchend schaute er sich um.

Britta Craven deutete zur Halle hinüber. „Er wollte nachsehen, ob Professor Mücks dort drin ist. Auf die Polizei wollte er nicht warten."

Bocksteggers deutete auf die Halle und die angelehnte Tür. „Finden Sie nicht, dass wir ihm zu Hilfe kommen sollten?"

„Er hat mich eindringlich gebeten, hier zu warten. Er wollte unbedingt alleine reingehen. Und dazu noch unbewaffnet", erklärte die Anwältin.

Bockstegers stützte sich auf seinen Gehstock und griff in die Tasche seiner Lodenjacke. Daraus zog er eine Pistole hervor und zeigte sie Britta Craven. „Wie Sie sehen, gnädige Frau, bin ich nicht unbewaffnet. Das hier ist meine jagdliche Fangschusswaffe. Ich habe sie vorsorglich eingesteckt, denn ich glaube, ich kann für meinen Partner Langeland keine Hand mehr ins Feuer legen. Ich verstehe absolut nicht, was plötzlich in ihn gefahren ist." Bockstegers deutete auf die von Koslowski offen gelassene Eingangstür. „Ich werde reingehen und versuchen, Herrn Koslowski zu helfen. Wenn Sie mitkommen wollen? Aber ich glaube, in meiner Nähe sind Sie sicherer, als allein hier draußen."

Britta Craven sah das genauso, außerdem kam endlich Schwung in die Sache. Alles war besser, als hier herumzusitzen. Und so schlich sie hinter Bockstegers her, der auf seinen Stock gestützt zur Tür humpelte.

***

Koslowski war an Langelands Leiche herangetreten. Der Kopf lag auf der Brust und die Arme hingen seitlich am Körper herunter. Im Bereich des Herzens hatte sich auf dem Hemd ein großer Blutfleck ausgebreitet. Anscheinend hatte man Langeland erstochen. Aber wer?

Koslowski schaute sich um. Eine entsprechende Waffe konnte er nirgendwo entdecken. Das Loch der Einstichwunde wirkte erstaunlich klein. So als ob man ihn mit einem Florett erstochen hätte. Anscheinend hatte es keinen Kampf gegeben. Auch wenn der Raum schmutzig und unaufgeräumt war, die Spuren eines Kampfes hätte man sehen müssen. Offenbar war Langeland von seinem Mörder, den er anscheinend kannte, völlig überrascht worden. Er musste auf diesem Stuhl gesessen haben. Vermutlich hatte der Mörder vor ihm gestanden. Aber warum hatte Langeland nicht reagiert, als der Mörder zustach?

Koslowski zog die Schubladen des Schreibtisches auf. Jedoch ohne große Hoffnung darauf, dort verwertbare Hinweise zu finden.

Nun war also auch Langeland tot. Bislang hatte Koslowski ihn für den alleinigen Mörder gehalten. Auffällig war, dass es verschiedene Mordarten gegeben hatte.

Baumschulte und Langeland waren ebenso erstochen worden wie diese Leute in Berlin.

Clarissa Langeland und Henrik Sommer hingegen hatte man erschossen. Mit Langelands Tod stand nun fest, dass es zwei Killer geben musste. Mindestens. Aber wer war Mörder Nummer zwei? Und warum hatte er Langeland getötet?

Waren sie Komplizen gewesen und hatten sich nun zerstritten? Und wenn ja, was war der Grund?

Viel wichtiger war im Moment jedoch die Frage: Wo war Bernhard Mücks? Höchste Zeit, dass der Professor gefunden wurde. Lebend!

Eilig verließ er das Büro und begab sich in einen durch Wände abgeteilten Bereich der Halle. Hier standen Kapp- und Kreissägen sowie Werkbänke. In einer Ecke parkte ein Gabelstapler, und überall lagen Bretter herum, aus denen Paletten gefertigt wurden. Teilweise waren sie bereits komplett und an einer Hallenwand aufgestapelt, andere Teile lagen vorgefertigt zur Endmontage bereit.

Druckluftschläuche hingen von der Decke, und auf den Werkbänken lagen Druckluftnagler, mit denen man die Nägel in die Paletten schoss.

Koslowski umrundete eine der Werkbänke und steuerte auf eine weitere Tür zu, die sich am gegenüberliegenden Ende des Raumes befand. Er stutzte, als er einen Schlüssel im Schloss stecken sah. Daran hing an einem Ring auch ein Mercedesschlüssel.

Koslowski griff nach der Klinke und versuchte vorsichtig, die Tür zu öffnen. Sie war verschlossen.

Er legte die Taschenlampe auf eine Werkzeugkiste neben der Tür, und ohne ein Geräusch zu verursachen, drehte er den Schlüssel um. Dann öffnete er behutsam die Tür.

Ein schwacher Lichtschein fiel nun durch die Tür in den Raum, und Koslowski konnte sehen, dass an den Wänden Särge lehnten.

Viel interessanter war jedoch die Gestalt, die mit gefesselten Händen vor ihm auf dem Boden lag. Koslowski ging vor Bernhard Mücks in die Knie und atmete erleichtert auf, als dieser den Kopf drehte und ihn ansah. Er war am Leben, welch eine Erleichterung!

Bernhard Mücks versuchte zu lächeln. Als Koslowski ihm eine Hand in den Nacken legte, um ihn aufzurichten, spürte er etwas Feuchtes an den Fingern. Als er die Hand hervorzog, war sie voller Blut.

Plötzlich veränderte sich der Lichtschein im Raum. Koslowski drehte sich herum und sah eine Person im Türrahmen stehen. Im Gegenlicht konnte er jedoch nicht erkennen, wer es war. Er erhob sich. „Walfried bist du das?"

Statt einer Antwort hob die Person eine Waffe und drückte ab.

Lediglich ein heiseres Plopp und das Klimpern der ausgeworfenen Hülse auf dem Betonboden waren zu hören. Die Kugel traf Koslowski in Höhe des Herzens in die Brust.

Die Aufprallenergie sorgte dafür, dass er in einen Stapel mit hochkant aufgestellten Sargdeckeln geschleudert wurde. Diese fielen um und begruben Koslowskis Körper unter sich.

Diesmal war er zu unvorsichtig gewesen. Und diesmal hatte er seine Nase einmal zu oft in Dinge gesteckt, die ihn eigentlich nichts angingen.

Die Person in der Tür ließ die Waffe sinken und blickte vollkommen unbeteiligt auf den Holzhaufen unter dem Koslowski begraben lag. Sie steckte die Waffe in den

Hosenbund und zerrte Bernhard Mücks unsanft auf die Beine. Dann schleifte sie ihn hinter sich her und schlug von draußen die Tür zum Sarglager zu, das nun zu Koslowskis Mausoleum geworden war.

Die Gestalt lachte gehässig auf: „Ruhe sanft, Koslowski!"

***

Britta Craven wunderte sich, warum sie ihre Arme nicht mehr bewegen konnte und ihr Mund zugeklebt war.

Erst dann erinnerte sie sich, dass sie plötzlich einen elektrischen Schlag erhalten hatte. Der musste so heftig gewesen sein, dass sie ohnmächtig geworden war. Irgendjemand musste sie dann hier auf den Tisch gelegt haben. Vermutlich war es dieser Bockstegers gewesen.

Wo war der denn jetzt? Nachdem sie ihn bei der Überprüfung der Räume überholt hatte, war er hinter ihr her gehumpelt.

Warum war dieser Tisch denn bloß so kalt? Als Britta Craven versuchte sich umzudrehen, merkte sie, dass man ihre Arme und Beine daran gefesselt hatte. Was sollte das denn?

Sie versuchte sich aufzurichten, um zu sehen, wo sie lag, schaffte es aber nur, den Kopf zu heben. Ihr Herz blieb fast stehen, als sie sah, dass sie auf dem metallenen Tisch einer großen Kreissäge lag. „Oh Gott, nein", entfuhr es ihr. So etwas passierte doch nur in den B-Movies, diesen alten Kinofilmen, in denen der Held die Jungfrau retten musste. Panisch zerrte sie an den Stricken, doch sie gaben keinen Millimeter nach.

Sie war hilflos gefangen und starrte auf das grobzahnige Sägeblatt, was sich genau zwischen ihren gespreizten Beinen befand. Auf einmal wurde sie an eine Szene aus dem James-Bond-Film Goldfinger erinnert. Sean Connery hatte sich in dem Film in einer ähnlichen Situation befunden. Doch den hatte man mit einem Laser zerteilen wollen.

Britta Craven durfte gar nicht daran denken, was passieren würde, wenn jemand die Säge einschaltete. Resigniert ließ sie den Kopf wieder sinken.

In diesem Moment betrat eine Person den Raum und zog Bernhard Mücks hinter sich her. Neben einer der Werkbänke blieb die Gestalt stehen und schleuderte den Professor dagegen.

Britta Craven versuchte, den Kopf zu drehen, um zu erkennen, wer hereingekommen war, aber ihre Fesselung ließ es nicht zu. Dann hörte sie eine undeutliche Stimme, die dem Professor befahl, sich auf einen Stuhl neben die Werkbank zu setzen. Unmittelbar danach folgte ein metallisches Klicken. Aus dem charakteristischen Geräusch folgerte sie, dass man Mücks Handschellen angelegt hatte. Dann hörte sie nacheinander zwei Kofferschlösser aufschnappen. Der Koffer wurde geöffnet und Mücks anscheinend der Inhalt präsentiert, denn sie hörte, wie der Professor trotz seiner misslichen Lage anerkennend pfiff.

Endlich sprach die Person deutlicher und Britta Craven zuckte zusammen.

„Ich möchte, dass Sie sich das Schwert des Varus ansehen und mir in einem kurzen Gutachten die Echtheit bestätigen. Zumindest aus Ihrer Sicht, der des Experten." Was sie da hörte, war eindeutig die Stimme von Heinrich Bockstegers. Dieses Schwein hatte sie reingelegt. Der steckte mit Langeland unter einer Decke.

Bernhard Mücks blickte ehrfürchtig auf das Schwert des Varus. Er hatte schon so viel davon gehört. Aber das waren nur Gerüchte gewesen. Nun lag es tatsächlich vor ihm.

Er kannte bereits das Schwert des Tiberius, welches 1848 bei einer Ausgrabung in der Nähe des Winterhafens in der Mainzer Altstadt gefunden wurde und welches man heute im British Museum in London bewundern konnte. Aber dieses Schwert hier war wesentlich prächtiger und mit Sicherheit auch sehr viel wertvoller.

Mücks kannte auch die zahllosen Geschichten und Sagen, die sich um das Schwert des Varus rankten. Von vielen Morden aus Gier war die Rede, und davon, dass es den jeweiligen Besitzern immer Tod und Verdammnis gebracht hatte. Einen Arm hätte er dafür gegeben, dieses Kleinod legal und wissenschaftlich untersuchen zu dürfen. Aber er war nicht bereit, dies für Verbrecher wie diesen Mann zu tun.

„Ich weigere mich", lehnte er daher schlichtweg ab.

Bockstegers betrachtete den Professor mitleidig. „Werter Herr Professor, ich würde gerne mit Ihnen über den Sinn und Zweck meines Anliegens diskutieren, doch leider fehlt mir dafür die Zeit. Zwar ist die Halle verschlossen und ein Fluchtweg nach draußen vorbereitet, aber ich denke, dass die Herrschaften von der Polizei bald kommen werden. Denn diese Dame hier", dabei deutete er auf Britta Craven, „hat sie überflüssigerweise angerufen."

Mit boshaftem Gesichtsausdruck trat er einen Schritt zur Seite, sodass Mücks Britta Craven erst jetzt sehen konnte. Der Professor wollte aufspringen, wurde jedoch durch die Handschellen daran gehindert, mit denen ihn sein Peiniger an die Werkbank gekettet hatte.

Bockstegers legte die schallgedämpfte Waffe, die er Langeland abgenommen und mit der er Koslowski erschossen hatte, neben seinen Gehstock auf die Werkbank. Wohlweislich außerhalb der Reichweite von Mücks.

Dann trat er mit boshaftem Grinsen an die Säge, Mücks dabei nicht aus den Augen lassend. Er bewegte sich fließend, von einem Humpeln war nichts mehr zu erkennen. Als er bemerkte, wie Britta Craven ihn verwundert ansah, lächelte er gehässig. „Wundern Sie sich über meine plötzliche Genesung? Sie glauben ja gar nicht, wie viel Aufmerksamkeit und Rücksicht man einem Menschen mit Behinderung entgegenbringt. Für mich war diese Maskerade sehr von Vorteil." Dabei bückte er sich, warf Britta Craven augenzwinkernd einen Kussmund zu und schaltete die Säge ein.

Mit hohem, singendem Ton lief die Maschine an, und Bockstegers schaltete sie nach ein paar Sekunden Anlaufzeit auf die höchste Drehzahl. Über die Säge hinweg blickte er zu Mücks.

Bockstegers musste schreien, um das Geräusch der Säge zu übertönen. „Ich denke, meine Argumentation wird sie dazu veranlassen, ihre Begutachtung vorzunehmen. Ansonsten werden Sie Zeuge, wie der Trick mit der zersägten Jungfrau diesmal gründlich danebengeht." Dabei schaute er vollkommen mitleidslos auf Britta Craven hinunter. „Ich hoffe doch, Sie sind im September geboren, denn sonst würde das mit der Jungfrau auch noch schwer werden."

Lachend betätigte er den Schalter für den Vortrieb des Sägetisches. Langsam setzte sich dieser in Bewegung. Zentimeter um Zentimeter nahm das rotierende Sägeblatt seinen Weg in den Raum zwischen Britta Cravens gespreizte Beine.

Diese riss wie wild an ihren Fesseln, doch sie war auf dem Tisch fixiert. Bockstegers hatte ganze Arbeit geleistet. Der Sägewerksbesitzer drehte sich zum Professor um und nahm dabei seinen Spazierstock vom Tisch.

„Es gibt übrigens noch eine weitere Methode, Sie zur Mitarbeit zu überreden, falls Ihnen das Schicksal der Dame nicht genug zu Herzen geht." Er hielt den Griff seines Gehstockes in der Hand und zog dann ruckartig den Stiel ab. Zum Vorschein kam eine 45 Zentimeter lange, dünne und rund geschliffene Klinge. Diese setzte er Mücks auf die Brust. „Nun, wie denken Sie darüber, als Schaschlik zu enden? Und noch ein kleiner Tipp, ich habe wenig zu verlieren, Sie hingegen Ihr Leben."

Voller Entsetzen starrte Mücks mehr auf die Säge, als auf die Klinge auf seiner Brust. Das Sägeblatt hatte bereits die Höhe von Britta Cravens Füßen erreicht und setzte seinen Weg unaufhaltsam fort.

Auch Bockstegers drehte sich zu der Säge um. Sein Stockdegen zeigte nun in diese Richtung und über seinen ausgestreckten Arm hinweg zielte er auf die Frau. Britta Craven wand sich wie ein Aal. Aus ihrem mit Klebeband verschlossenen Mund hörte man gurgelnde Geräusche.

Als er sich wieder umdrehte, um sich erneut dem Professor zuzuwenden, wurde ihm der Degen plötzlich aus der Hand geschlagen. Er flog auf den Boden und rutschte unter eine der Werkbänke. Bockstegers glaubte seinen Augen nicht zu trauen.

Vor ihm stand Koslowski, das Schwert des Varus in der Hand. Der Kerl war doch tot! Den hatte er doch vorhin erschossen! Wie konnte der plötzlich hier stehen?

Koslowski hielt Bockstegers mit dem antiken Schwert auf Distanz, und fegte die Waffe mit dem Schalldämpfer von der Werkbank in eine Spänekiste, als Bockstegers Anstalten machte, danach zu greifen. Ihn im Auge behaltend ging er zur Säge hinüber und suchte nach dem Ausschalter.

Er musste sich bücken, um an den Schalter zu gelangen. Diesen Moment nutzte Bockstegers aus und trat ihm mit aller Kraft gegen den Arm. Koslowski schrie laut auf und ließ das Schwert fallen. Er hatte das Gefühl, dass sein Arm gebrochen war.

Aus den Augenwinkeln erkannte er, wie Bockstegers zur Werkbank hechtete und darunter nach seinem Stockdegen griff. Koslowski kam kaum auf die Beine, neben ihm surrte die Säge, und nur mit einem Sprung zurück, konnte er dem ersten Stich von Bockstegers entgehen.

Das Sägeblatt näherte sich unaufhörlich dem Körper von Britta Craven und erreichte mittlerweile die Höhe ihrer Knie. Bernhard Mücks riss wie ein Irrer an seinen Handschellen, konnte sich aber nicht befreien.

Koslowski musste einem weiteren Stich ausweichen und prallte rückwärts gegen eine Werkbank. Als Bockstegers merkte, dass er nicht weiter zurückweichen konnte, sprang er vor, packte ihn am Hals und drückte ihn unerbittlich auf die Werkbank hinunter.

Dann hob er den Stockdegen, warf ihn kurz in die Luft und fasste den Griff dann so, dass die Spitze jetzt nach unten zeigte. Mit irrem Blick starrte er Koslowski in die Augen. „Fahr zur Hölle, du Bastard!", zischte er.

Koslowski flog der Speichel ins Gesicht. Mit einer Hand hatte er Bockstegers Hand mit dem Degen ergriffen und versuchte, ihn am Zustechen zu hindern. Mit der anderen Hand tastete er auf der Werkbank nach einem Gegenstand, den er als Waffe benutzen konnte.

In wenigen Sekunden würde die Säge beginnen Britta Craven zu zerfetzen. Und wenn es Bockstegers gelang, ihn zu töten, würde er anschließend auch Mücks als unliebsamen Zeugen aus dem Weg räumen. Koslowski spürte, wie seine Kraft nachließ.

Plötzlich bemerkte er gedrehte Schläuche, die von der Decke hingen. Es gelang ihm, einen davon zu sich heranzuziehen und den daran hängenden Druckluftnagler zu fassen. Koslowski griff zu und hielt jetzt eine schwere Nagelpistole in der Hand.

Als Bockstegers bemerkte, was er vorhatte, verstärkte er seinen Druck noch mehr. Koslowski wusste, dass das hier ein Kampf auf Leben und Tod war. Mühsam gelang es ihm, die Druckluftpistole zu heben und Bockstegers unter den Kiefer zu drücken.

Es konnte sich nur noch um Sekunden handeln, bis einer von ihnen dem Angriff des anderen nicht mehr standhalten konnte. Inbrünstig hoffte er darauf, dass der Nagler noch genug Druck hatte. Dann löste er den Abzug aus.

Ein zehn Zentimeter langer, gedrehter Nagel mit seitlichen Auslegern wurde von der Druckluft aus dem Magazin geschossen und drang durch den Kiefer in den Schädel ein. Er durchschlug den Gaumen und bohrte sich von unten in das Gehirn. Bockstegers war auf der Stelle tot.

Koslowski konnte den Arm mit dem Stockdegen zur Seite drücken und den erschlaffenden Körper seitlich hinunterschieben. Am liebsten wäre er liegen geblieben, so ausgepumpt war er.

Doch jetzt nahm er über den Lärm der Säge hinweg die Schreie von Bernhard Mücks wahr, der immer wieder seinen Namen rief. Ächzend erhob er sich und sah entsetzt, dass die Säge den Körper von Britta Craven fast erreicht hatte. An den Schalter, der sich auf der anderen Seite des Sägetisches befand, würde er nicht mehr rechtzeitig herankommen. Panisch sah Koslowski sich um.

Britta Craven spannte ihren Körper an und versuchte ihn hochzudrücken. Auf einer Werkbank lag ein Handbeil mit einem Kunststoffstiel. Mit einem Satz war Koslowski da und schnappte sich das Beil. Mit einem Blick fand er die Starkstromsteckdose und kappte mit einem wuchtigen Schlag das dicke Stromkabel, welches die Säge mit dem Stromnetz verband. Ein heftiger Funkenregen spritzte durch die Werkstatt, doch ohne den notwendigen Strom stoppte der Vortrieb des Sägetisches, und die Säge lief langsam aus. Koslowski eilte zu Britta Craven und erkannte, dass die Säge nur Zentimeter vor ihrem Körper angehalten hatte. Der Tisch war durch den Stromausfall blockiert worden, sodass Koslowski ihn nicht zurückschieben konnte. Jetzt galt es solange auszuharren, bis die Säge zum Stillstand kam.

Eilig löste er bereits die Fesseln an den Händen und als das Sägeblatt endlich stillstand, auch die an den Füßen. Dann hob er Britta Craven vom Tisch und stellte sie auf ihre Beine. Mit einem heftigen Ruck riss er ihr das Klebeband vom Mund. Sie versuchte ein Schritt auf ihn zuzugehen, aber ihre Beine versagten ihr den Dienst. Mit einem Schlag löste sich ihre Schockstarre und sie begann heftig zu schluchzen. Koslowski hielt sie in den Armen. „Alles in Ordnung, es ist vorbei!"

Angewidert blickte sie an ihm vorbei auf die Leiche von Bockstegers hinunter. Koslowski drehte ihren Kopf weg.

„Du hast mir das Leben gerettet", seufzte sie unter Tränen.

„War mir ein Vergnügen!", lachte er gezwungen. Gleich würde er umfallen, so erschöpft war er. Gut, dass sie sich wenigstens gegenseitig stützten.

„Ich will ja nicht aufdringlich sein, aber könntet Ihr mich bitte auch losmachen?", fragte Bernhard Mücks. Und wie er so da stand, angekettet und hilflos, mussten die beiden tatsächlich lachen.

Achtundvierzig

Koslowski schämte sich immer noch, im Bistro Knispel aufzutauchen. Aber irgendwann musste auch er seinen Gang nach Canossa antreten. Die anderen hatten sich dort verabredet, und so blieb ihm nichts anderes übrig.

Mit hochrotem Kopf betrat er gegen 18.00 Uhr das Bistro an der Hiddeser Hauptkreuzung. Volkmar Strunte stand hinter dem Tresen und machte gerade die Tischaufsteller für das neue Wochengericht fertig. Koslowski ging langsam bis an die Theke. „Hallo Volkmar!", sagte er leise.

Der Wirt des Knispel blickte ihn mit ernster Miene an und begann zu zapfen. „Tach, der Herr! Und, was willst du? Ein Herbes?"

Koslowski nickte. „Ja, wenn ich hier noch willkommen bin."

Volkmar Strunte reagierte nicht, sondern zapfte ungerührt weiter. Koslowski fiel es schwer das Schweigen zu ertragen.

„Hier ist dein Detmolder", meinte der Wirt und stellte einen weißen Pappbecher voller Bier auf die Theke. Als Koslowski ihn fragend ansah, schob Strunte ihm den Becher hin.

„Kannste wenigstens keine Gläser mit zerdeppern." Als er Koslowskis dümmlichen Gesichtsausdruck sah, begann er lauthals zu lachen.

Koslowski fiel ein Stein vom Herzen. Zum Glück hatte Strunte ihm seinen mehr als peinlichen Auftritt offenbar nicht übel genommen. Und er bewies Sinn für Humor, denn er lachte immer noch aus vollem Hals.

„Wurde auch langsam Zeit, dass du kommst, den Pappbecher habe ich hier schon seit zwei Wochen für dich stehen!" Dann tauschte er ihn gegen ein frisch gezapftes Bier aus.

Dankbar nahm Koslowski einen Schluck und hob anerkennend das Glas. „Ich bin aber nicht bloß gekommen, um mich zu entschuldigen, ich wollte auch die Gläser bezahlen, die ich beim letzten Mal kaputt gemacht habe."

Volkmar Strunte winkte ab. „Ist schon erledigt." Er wies zur Tür. „Da kommt der Mann, der deine Rechnung beglichen hat."

Als Koslowski sich umdrehte, erkannte er Friedrich Krameike mit Bernhard Mücks und Walfried Eugelink im Schlepp. Jetzt fehlte nur noch Britta Craven, dann waren sie komplett.

Die Bielefelder Rechtsanwältin ließ nicht lange auf sich warten. Zusammen mit Volkmar Strunte nahm man einen Tisch auf der Empore in Beschlag, und Koslowski bestellte Getränke. Nachdem sich alle begrüßt hatten, ergriff Eugelink das Wort und berichtete über die letzten Ergebnisse der Ermittlungen.

Bockstegers hatte die Morde in Berlin begangen und auch Baumschulte getötet. Clarissa Langeland und Henrik Sommer hatte Langeland auf dem Gewissen. Das Schwert war sichergestellt worden und lag nun gut geschützt im Tresor des Lippischen Landesmuseums.

Bockstegers und Langeland hatten vorgehabt, das Schwert meistbietend zu verkaufen. Den Erlös wollten sie sich zunächst noch teilen, doch dann war Bockstegers' Gier vermutlich zu groß geworden und er hatte letztendlich auch seinen Komplizen aus dem Weg geräumt. Die ganze Sache hatte damit angefangen, dass ihr Sägewerk in erhebliche finanzielle Schieflage geraten war, und sie mussten befürchteten, endgültig in die roten Zahlen zu rutschen, falls der Nationalpark kam. Denn dann würde es unrentabel werden, das Holz aus größerer Entfernung anliefern zu lassen.

Schon heute war ein Lastzug aus Litauen, inklusive Fahrer und Ladung, billiger, als einen eigenen LKW in den Wald zu schicken. In Antiquitätensammlerkreisen hatte sich herumgesprochen, dass Baumschulte im Besitz des berühmten

Schwertes war und es verkaufen sollte. Gemeinsam planten sie, das Schwert in ihren Besitz zu bringen und damit einen hohen Gewinn zu erzielen. Nebenbei entstand die Idee mit der Entführung. Alles entwickelte sich planmäßig. Auch Koslowski hatte ursprünglich wie geplant funktioniert, doch irgendwie lief die Sache aus dem Ruder. Er ließ sich nicht wie erwartet zum Sündenbock machen, sondern schnüffelte herum. Langeland hatte erwartet, dass Koslowski nur noch ein Wrack war und schnell aufgab.

Walfried Eugelink schaute seinen Freund an. „Gut, dass es letztendlich so ausgegangen ist." Eugelink strich sich übers Kinn. „Nur ich bekomme noch ein paar Probleme, denn ich werde die Schussweste, die ich dir geliehen habe, wohl oder übel bezahlen müssen."

Koslowski rieb sich den Brustkorb. Das Geschoss aus Bockstegers Waffe war von der Weste zwar abgefangen worden, hatte aber doch eine ordentliche Prellung hinterlassen.

Britta Craven legte ihre Hand auf Eugelinks Schulter. „Machen Sie sich mal keine Sorgen wegen der Bezahlung, das übernehme ich. Und wenn man disziplinarisch gegen Sie ermitteln sollte, werde ich kostenlos auch Ihre Verteidigung übernehmen." Die Anwältin lächelte Eugelink an. „Das ist es mir wert. Gut, dass die zweite Weste in Ihrem Dienstwagen lag."

„Gegen eine Kreissäge hätte auch die nichts genutzt", warf Bernhard Mücks ein. Er schüttelte sich bei dem Gedanken an die Situation in der Sargfabrik. Alle schwiegen für ein paar Sekunden.

Friedrich Krameike brach das Schweigen. Er sah Bernhard Mücks herausfordernd an. „Na, alter Trödelsammler, haste denn nun den alten Krempel untersuchen dürfen?"

Der Professor lachte amüsiert und stellte sein Wasserglas auf den Deckel zurück. „Ja, das habe ich und dazu habe ich auch eine Neuigkeit."

Die anderen blickten ihn erwartungsvoll an.

Mücks lehnte sich zurück und faltete die Hände vor seinem Bauch. „Zunächst mal muss ich sagen, dass so eine Untersuchung wohl einen Höhepunkt im Leben eines jeden Wissenschaftler darstellen dürfte. Dementsprechend aufgeregt war ich auch, was aber meine Objektivität nicht trüben konnte."

Koslowski sah Mücks erwartungsvoll an. „Was bedeutet denn das?"

Mücks grinste breit, aber auch sichtlich enttäuscht. „Das bedeutet, dass es sich keinesfalls um das Schwert des Varus handelt."

Diese Nachricht schlug ein wie eine Bombe. „Vermutlich ist es irgendwann im Mittelalter, so um 1400 herum, gefertigt worden. Älter ist es auf keinen Fall."

Alle Beteiligten sahen ihn erstaunt an.

Mücks strich sich übers Kinn. „Nicht, dass dieses Schwert nicht auch wertvoll ist, aber es ist und bleibt eine Fälschung. Gut gemacht, jedoch trotzdem falsch. Aber das war mit bloßem Auge nicht zu erkennen. Nur mit unseren wissenschaftlichen Mitteln haben wir das herausgefunden." Er blickte von einem zum anderen. „Es gibt ein Gerücht, dass das Schwert schon im Mittelalter ausgetauscht worden sei. Einige sprechen vom Jahr 1405, aber wie und wo das genau geschehen sein soll, werden wir wohl nie erfahren."

„Und dafür sind Menschen getötet worden", sinnierte Britta Craven.

Mücks stimmte ihr zu. „Wir wissen nur von denen in den letzten Tagen, wer weiß, wer in der Vergangenheit bereits alles dafür sterben musste?"

Minutenlang saßen alle schweigend am Tisch. Jeder hing seinen Gedanken nach.

„Tja, und wie geht es nun weiter?", wollte Friedrich Krameike wissen.

Koslowski ergriff das Wort. „Ich muss mich noch einem staatsanwaltschaftlichen Ermittlungsverfahren wegen der

Tötung von Bockstegers stellen, aber das wäre reine Routine, denn eine klassischere Form von Notwehr gebe es wohl nicht, meinte der Staatsanwalt."

Britta Craven stimmte ihm zu.

Koslowski musste an die Situation in der Sargfabrik denken. Wieder mal hatte jemand versucht ihn umzubringen. Wieder mal musste er sich mit letzter Kraft wehren und wieder einmal hatte jemand versucht, eine Frau, die ihm nahe stand, zu töten.

Er fragte sich, wie oft das in seinem Leben noch geschehen würde. Seine Gedanken eilten voraus in die Zukunft.

Der nächste Satz von Bernhard Mücks holte ihn jedoch schnell wieder in die Gegenwart zurück. „Ich werde heute noch weiterziehen", verkündete er. „Ich könnte mir zwar gut vorstellen, hier in Lippe bei solch netten Menschen zu leben, aber noch ist mein Drang nach Freiheit und Ungebundenheit zu groß. Vielleicht komme ich irgendwann zurück, wer weiß?"

Allen Versuchen aus der Runde, ihn umzustimmen, widerstand der Professor. „Bist herzlich willkommen, auch wenn du keinen Wacholder trinkst", flachste Friedrich Krameike.

Britta Craven wandte sich Koslowski zu. „Ich habe Sie als Mensch und als Ermittler schätzen gelernt. Könnten Sie sich vorstellen, des Öfteren mal für mich tätig zu werden?"

Koslowski sah sie erstaunt an. „Ich dachte, wir wären beim Du, seit neulich nachts?"

Die Anwältin errötete.

Koslowski zwinkerte ihr zu. „Wie soll das gehen? Ich als Josef Matula wie in Ein Fall für Zwei?"

Britta Craven lachte hell auf. „Ja, so ungefähr."

Koslowski sah in die Runde, dann lächelte er ihr zu. „Mal sehen, was die Zeit bringt, oder um es mit einem Spruch von Franz Beckenbauer zu sagen, Schau'n mer mal!" Wobei er sich insgeheim etwas Schlechteres vorstellen konnte, als mit dieser attraktiven Rechtsanwältin zusammenzuarbeiten.

Alle lachten, und Krameike setzte noch einen drauf. „Da sitzen wir nun hier und feiern wie nach einer gewonnenen Schlacht. Dabei müssen wir Lipper immer ganz schön aufpassen, wie die Vergangenheit gezeigt hat!"

„Wieso?", wollte Bernhard Mücks wissen, dessen geschichtliches Interesse sofort geweckt war.

Krameike grinste verschmitzt. „Na, ihr kennt doch alle die Ruine Falkenburg in Berlebeck, oder?"

Alle Beteiligten nickten.

„Tja, die wurde nie eingenommen. Sie hat 1447 sogar dem Ansturm von 20.000 kurkölnischen Soldaten getrotzt. Aber während man nach einem erfolgreichen Raubzug ein Festmahl vorbereitete, brannte sie ab. Vermutlich haben die schon vorgefeiert. Also Vorsicht!" Damit blies er das Teelicht auf dem Tisch aus und rief: „Wirtschaft, noch eine letzte Runde, und dann Tschüßing!"

Neunundvierzig

Bernhard Mücks' Fahrrad mit den Tüten am Lenker stand wieder am Kaiser-Wilhelm-Platz. Angelehnt an das 55er Denkmal. Hier hatte die ganze Geschichte begonnen, und hier nahm sie jetzt auch ihr Ende.

Der Mann im Daunenmantel kramte in den Plastiktüten und kontrollierte, ob alles noch an seinem Platz war. Der Abend im Knispel war noch sehr nett gewesen, doch jetzt kam die Zeit, aktiv zu werden. Immerhin ging es bereits auf Mitternacht zu. Als er wieder aufsah, bemerkte er die drei Jugendlichen, denen es Spaß machte, andere Leute zu schikanieren oder zu quälen.

Auch sie hatten ihn soeben entdeckt und kamen nebeneinander auf ihn zu. Sergej hatte eine fast leere Wodka-Flasche in der Hand. Als sie an einer Bank vorbeikamen, schlug er die Flasche darauf kaputt und hielt nun den scharfkantigen Flaschenhals in der Hand.

Seine Freunde lachten laut und hämisch, als er schon von Weitem seinen Standardspruch abließ. „Ey, Rotarsch, wir haben noch eine Rechnung offen, weißt du?"

Der Mann im Daunenmantel steckte resigniert die Hände in die Manteltaschen. Weglaufen hatte sowieso keinen Sinn, dafür war seine Kondition nicht gut genug. Aber er hatte auch nicht vor, einer Konfrontation aus dem Weg zu gehen. Er tastete in der Manteltasche nach der Dose mit dem Pfefferspray. In diesem Moment musste er an den dreibeinigen Hund denken, den diese drei Burschen auf dem Gewissen hatten, und den er vor nicht allzu langer Zeit begraben musste.

Das Tier, das ihm gezeigt hatte, was Mut ist. Gleichzeitig kam ihm ein altes Sprichwort in den Sinn. Gottes Mühlen mahlen langsam, aber gründlich.

***

Mithat Tuncel gähnte, als er die Zeitung zuklappte. Die Nacht war mal wieder todlangweilig gewesen. Er hatte nur drei Fahrten mit seinem Taxi bekommen.

Den Leuten saß das Geld nicht mehr so locker in der Tasche wie noch vor ein paar Jahren. Heute sparte man auch am Geld fürs Taxi.

Er sah auf die Uhr im Cockpit seines Wagens und entschloss sich, für heute Schluss zu machen. Er drehte die Sitzlehne wieder höher und legte die Zeitung auf den Beifahrersitz.

Das war mal wieder einer dieser Sonntage, an denen ganz Detmold früh morgens noch tief und fest schlief.

Tuncel startete den Motor und lenkte sein Taxi aus der Reihe der anderen Droschken vor dem Bahnhof. Immer noch gähnend bog er an der Paulinenstraße nach rechts ab und freute sich schon auf sein Bett.

Die Ampel an der Post zeigte Rot, und Mithat Tuncel drehte die Seitenscheibe etwas herunter, um frische Luft zu bekommen. Dann bog er nach links in die Bismarckstraße ab. Bald würde er zu Hause sein und heute Nachmittag wollte er zusammen mit seinem kleinen Sohn dessen neue Eisenbahn aufbauen.

Das Taxi rollte gemächlich in Richtung Woldemarstraße. Als Mithat Tuncel am Landestheater vorbeikam, trat er plötzlich so heftig auf die Bremse, dass er dabei sogar den Motor abwürgte.

Er glaubte seinen Augen nicht zu trauen.

Den Eingang des Landestheaters schmückten sechs dicke Säulen auf quadratischen Sockeln und auf dreien dieser Sockel stand je ein Jugendlicher. Es wirkte, als ob sie die Säulen umarmten. Bei genauerem Hinsehen konnte der Taxifahrer jedoch erkennen, dass jemand sie dort festgebunden haben musste.

Mithat Tuncel drückte den Schalter des Funkgerätes. Sofort meldete sich die Dame aus der Zentrale.

„Helga, du musst mal die Polizei informieren. Ich stehe gerade am Landestheater. Hier hat jemand unsere drei stadtbekannten Großmäuler an die Säulen gefesselt."

Er konnte seine Kollegin über Funk kichern hören, die natürlich sofort wusste, um wen es sich handelte. „Das geschieht denen doch mal ganz recht."

Tuncel musste grinsen. „Klar, aber ich denke, das hier könnte zu einem gesundheitlichen Problem für die drei werden. Denn derjenige, der die hier angebunden hat, der hat ihnen nicht nur Hosen, sondern auch die Unterhosen heruntergezogenen."

„Willst du damit sagen, die drei stehen da mit blankem Hintern?" erkundigte sich die Dame aus der Zentrale belustigt.

Noch bevor Tuncel das bejahen konnte, hörte er schon die Stimme eines Kollegen über Funk. „Wartet mal mit den Bullen, ich hab 'ne Kamera an Bord, das muss ich fotografieren." Anscheinend waren nun auch all seine anderen Kollegen wach geworden, denn ein Pulk von Taxis setzte sich in Richtung Landestheater in Bewegung.

„Da muss sich aber einer ganz gewaltig über die drei geärgert haben", vermutete die Dame über Funk.

Tuncel blickte aus dem Fenster seines Taxis. „Und du glaubst gar nicht, wie sehr." Er schüttelte ungläubig den Kopf. „Derjenige, der sie dort angebunden hat, hat ihnen nämlich auch noch ihre Hintern mit roter Farbe besprüht."

Ende

Nachwort

Ich gebe zu, auch ich konnte diesmal dem Reiz vieler Krimischriftsteller nicht widerstehen, so viel wie möglich zu verwirren und die Leser dadurch in die Irre zu führen. In dem Film *Eine Leiche zum Dessert* beschimpft genau deshalb der exzentrische Millionär Lionel Twain seine Gäste, die Parodien der größten Kriminalisten der Literatur.

Und weil seine Rede so schön ist, nehme auch ich sie zerknirscht zur Kenntnis, gelobe Besserung, will sie Ihnen aber an dieser Stelle nicht vorenthalten:

„Ihr Kriminalhelden seid so lange so clever gewesen, dass ihr euch inzwischen wie Götter vorkommt. Mit der billigsten Effekthascherei führt ihr eure Leser an der Nase herum. Ihr quält sie mit aus den Fingern gesogenen Schlüssen, die keinen Sinn ergeben. Noch auf den fünf letzten Seiten führt ihr Charaktere ein, die im ganzen Buch mit keinem Federstrich erwähnt werden. Informationen werden zurückgehalten, damit ja keiner errät, wer der Täter ist."

Nun hoffe ich, dass Ihnen der neue Koslowski trotzdem (oder gerade deshalb?) gefallen hat. Auch für diesen Roman waren eine Menge Recherchen nötig. Dafür braucht man Leute, die sich wirklich auskennen.

Daher gilt mein Dank besonders Herrn Dr. Christian Miks vom Römisch-Germanischen Zentralmuseum in Mainz, der mich wissenschaftlich beraten hat, was das „Schwert des Varus" und die Ausrüstung der römischen Legionäre anging.

Meine Informationen über die Evensteiner Fehde stammen aus der freien Enzyklopädie *Wikipedia* und vor allem aus dem Artikel *Verbrannt und beraubt* aus der Feder von Willy Gerking aus Lügde-Niese. Die Person des Waffenschmieds Odermarus ist frei erfunden.

Meine Informationen für die ebenfalls frei erfundene Erzählung des Essener Jungen auf dem Senner Gestüt stammen aus der Abschrift des Tagebuches von Frau Immink *(Stallbuch des Sennergestüts ab Mitte 1945)*. Man findet es im Buch *Lopshorn– Eine Chronik* von Prinz Armin zur Lippe. Ebenfalls verlegt bei topp+möller.

Die Episode aus dem Jahr 1958 ist ebenfalls frei erfunden.

Als „Rucksack-Lipper" habe ich mich für dieses Buch sowohl mit der Geschichte Lippes wie auch mit den Schauplätzen des Buches beschäftigt. Ich hatte angenommen, dass für mich mit Vollendung des Manuskriptes dieses Thema abgeschlossen sei. Aber das Gegenteil war der Fall. Sich mit der lippischen Geschichte zu beschäftigen, ist wie Erdnüsse zu essen, einmal damit angefangen kann man schlecht wieder aufhören. Es ist einfach faszinierend. Zum Beispiel, wenn man erst mal auf der Seite www.falkenburg-lippe.de gelandet ist.

Wie immer gilt mein besonderer Dank meiner Freundin Inge aus dem „Rotstift-Milieu" die, wie immer unerschrocken den ersten Entwurf überarbeitet hat. Des Weiteren den vielen Testlesern, die mir bei der Suche nach Fehlern aller Art geholfen haben.

Last but not least geht mein Dank an meinen Verlag topp+möller, der mich wie immer mit all seinen Mitarbeitern professionell und sehr engagiert unterstützt hat.

Und nun zum Schluss noch das versprochene Rezept für Lippischen Pickert:

Zutaten:
1,5 kg Kartoffeln (am besten mehlige)
1 kg Mehl
6 Eier
50 g Hefe
2 Teelöffel Salz
1 Teelöffel Zucker
Rosinen (nach Geschmack)
250-500 ml Milch

Zubereitung:

- Hefe zerkleinern, einen Teelöffel Zucker, sowie etwas lauwarme Milch dazugeben – gehen lassen.
- Kartoffeln schälen, reiben und die restliche Milch darüber gießen.
- Alles gut verrühren und je nach Geschmack, Rosinen dazugeben.
- Den Hefeansatz, Mehl, Eier und Salz hinzufügen und gut verrühren.
- Den Teig etwa 60 Minuten gehen lassen.
- Den Pickert (in der Größe von Reibeplätzchen, aber etwas dicker) in einer Pfanne von beiden Seiten in Pflanzenöl knusprig backen.

Guten Appetit!

Detmold, Februar 2012
Joachim H. Peters

Joachim H. Peters

Geboren? Ja, und zwar im Jahre 1958, im soeben noch westfälischen Gladbeck. Nach aktiver Kindergartenverweigerung und Absolvieren diverser Grundschulen folgte der Besuch der einstmals städtischen Realschule für Jungen mit abschließender mittlerer Reife und einem folgerichtigen Wechsel in die mittlere Beamtenlaufbahn.
Seit 1975 arbeitet er als Polizeibeamter u.a. in Oberhausen, im Kreis Recklinghausen und mittlerweile in Lippe.
Nach dem Verfassen von Kurzgeschichten und Kinderbüchern erschien im Jahre 2009 mit „Koslowski und der Schattenmann" sein Debütkrimi in der Reihe der Lippe-Krimis.
Joachim H. Peters lebt in Detmold und arbeitet in Lage.
Wenn er in seiner Freizeit gerade mal keine Krimis schreibt, aus seinen Büchern liest oder aus irgendeinem anderen Grund auf einer Bühne steht, geht er seinen Hobbys Jagd und Hund nach.

www.koslowski-krimis.de

Lippe-Krimi®

Bereits erschienene Lippe-Krimis von Joachim H. Peters

Koslowski und die lebenden Puppen
272 Seiten, ISBN 978-3-936867-38-1, Detmold, 2011

Kein Raki für Koslowski
280 Seiten, ISBN 978-3-936867-34-7, Detmold, 2010

Koslowski und der Schattenmann
256 Seiten, ISBN 978-3-936867-32-9, Detmold, 2009

Erhältlich im Buchhandel!

topp+möller
Medien optimal genutzt!

Lippe-Krimi®

Der aktuelle Lippe-Krimi von Reitemeier/Tewes

Explosiv
280 Seiten
ISBN 978-3-936867-39-8
Detmold, 2011

Lippe-Krimi® HÖRBÜCHER!

Erhältlich im Buchhandel!

topp+möller
Medien optimal genutzt!

Weitere spannende Krimis

Maria Piechulek
Drachenherz
186 Seiten, ISBN 3-936867-04-6, Detmold, 2003
Der Kopffüßer
219 Seiten, ISBN 3-9807369-2-X, Detmold, 2001

Günter R. E. Richter
Mordsbrüder
208 Seiten, ISBN 3-936867-10-0, Detmold, 2004

Erhältlich im Buchhandel!

topp+möller
Medien optimal genutzt!

Historien-Krimi

Cornelia Müller-Hisje
Cornelius Lupus – Der Wolf des Arminius
336 Seiten, ISBN 978-3-936867-33-6, Detmold, 2009

Erhältlich im Buchhandel!

topp+möller
Medien optimal genutzt!